20
24

Ana Carolina Fortes
André Abelha
Andressa Magalhães
Bruna de Andrade Laba
Daiane Camargo
Daniel Bushatsky
Danielle Portugal de Biazi Lamster
Fábio de Oliveira Azevedo
Fernando Maluf
Guilherme Freitas
Guilherme Neves Rodrigues Fernandes
Gustavo Bandeira
Gustavo Favero Vaughn
Haroldo Lourenço
Jaques Bushatsky
João Pedro Marques
Karin Regina Rick Rosa
Laís Rondinelli
Leandro Sender
Leonardo Fajngold
Luana Francini
Luis Arechavala
Marcelo Peruffo

Marina **Cavalli**
Leandro **Sender**
COORDENADORES

PREFÁCIO
Melhim **Chalhub**

DIREITO IMOBILIÁRIO 4.0

Marcelo Prata
Marcio Romano
Mariana Moschiar Almeida
Marisa Dreys
Nathalia Lopes
Pedro Rizzo Batlouni
Rafaella Nogueira de Carvalho Corti
Sérgio Barbosa da Silva Filho
Victor Tulli

Dados Internacionais de Catalogação na Publicação (CIP) de acordo com ISBD

D598
Direito Imobiliário 4.0 / Ana Carolina Fortes ... [et al.] ; coordenado por Leandro Sender, Marina Cavalli. - Indaiatuba, SP : Editora Foco, 2024.

264 p. : 16cm x 23cm.

Inclui bibliografia e índice.

ISBN: 978-65-6120-077-6

1. Direito. 2. Direito Imobiliário. I. Fortes, Ana Carolina. II. Abelha, André. III. Magalhães, Andressa. IV. Laba, Bruna de Andrade. V. Camargo, Daiane. VI. Bushatsky, Daniel. VII. Lamster, Danielle Portugal de Biazi Fábio de. VIII. Azevedo, Oliveira. IX. Maluf, Fernando. X. Freitas, Guilherme. XI. Fernandes, Guilherme Neves Rodrigues. XII. Bandeira, Gustavo. XIII. Vaughn, Gustavo Favero. XIV. Lourenço, Haroldo. XV. Bushatsky, Jaques. XVI. Marques, João Pedro. XVII. Rosa, Karin Regina Rick. XVIII. Rondinelli, Laís. XIX. Sender, Leandro. XX. Fajngold, Leonardo. XXI. Francini, Luana. XXII. Arechavala, Luis. XXIII. Peruffo, Marcelo. XXIV. Prata, Marcelo. XXV. Romano, Marcio. XXVI. Almeida, Mariana Moschiar. XXVII. Dreys, Marisa. XXVIII. Lopes, Nathalia. XXIX. Batlouni, Pedro Rizzo. XXX. Corti, Rafaella Nogueira de Carvalho. XXXI. Silva Filho Sérgio Barbosa da. XXXII. Tulli, Victor. XXXIII. Cavalli, Marina. XXXIV. Título.

2024-678   CDD 342.1242   CDU 347.235

Elaborado por Vagner Rodolfo da Silva – CRB-8/9410
Índices para Catálogo Sistemático:
1. Direito Imobiliário 342.1242
2. Direito Imobiliário 347.235

Ana Carolina Fortes
André Abelha
Andressa Magalhães
Bruna de Andrade Laba
Daiane Camargo
Daniel Bushatsky
Danielle Portugal de Biazi Lamster
Fábio de Oliveira Azevedo
Fernando Maluf
Guilherme Freitas
Guilherme Neves Rodrigues Fernandes
Gustavo Bandeira
Gustavo Favero Vaughn
Haroldo Lourenço
Jaques Bushatsky
João Pedro Marques
Karin Regina Rick Rosa
Laís Rondinelli
Leandro Sender
Leonardo Fajngold
Luana Francini
Luis Arechavala
Marcelo Peruffo
Marcelo Prata
Marcio Romano
Mariana Moschiar Almeida
Marisa Dreys
Nathalia Lopes
Pedro Rizzo Batlouni
Rafaella Nogueira de Carvalho Corti
Sérgio Barbosa da Silva Filho
Victor Tulli

Marina **Cavalli**
Leandro **Sender**
COORDENADORES

PREFÁCIO
Melhim **Chalhub**

DIREITO IMOBILIÁRIO 4.0

2024 © Editora Foco

Coordenadores: Marina Cavalli e Leandro Sender

Autores: Ana Carolina Fortes, André Abelha, Andressa Magalhães, Bruna de Andrade Laba, Daiane Camargo, Daniel Bushatsky, Danielle Portugal de Biazi Lamster, Fábio de Oliveira Azevedo, Fernando Maluf, Guilherme Freitas, Guilherme Neves Rodrigues Fernandes, Gustavo Bandeira, Gustavo Favero Vaughn, Haroldo Lourenço, Jaques Bushatsky, João Pedro Marques, Karin Regina Rick Rosa, Laís Rondinelli, Leandro Sender, Leonardo Fajngold, Luana Francini, Luis Arechavala, Marcelo Peruffo, Marcelo Prata, Marcio Romano, Mariana Moschiar Almeida, Marisa Dreys, Nathalia Lopes, Pedro Rizzo Batlouni, Rafaella Nogueira de Carvalho Corti, Sérgio Barbosa da Silva Filho e Victor Tulli

Diretor Acadêmico: Leonardo Pereira
Editor: Roberta Densa
Assistente Editorial: Paula Morishita
Revisora Sênior: Georgia Renata Dias
Capa Criação: Leonardo Hermano
Diagramação: Ladislau Lima e Aparecida Lima
Impressão miolo e capa: META BRASIL

DIREITOS AUTORAIS: É proibida a reprodução parcial ou total desta publicação, por qualquer forma ou meio, sem a prévia autorização da Editora FOCO, com exceção do teor das questões de concursos públicos que, por serem atos oficiais, não são protegidas como Direitos Autorais, na forma do Artigo 8º, IV, da Lei 9.610/1998. Referida vedação se estende às características gráficas da obra e sua editoração. A punição para a violação dos Direitos Autorais é crime previsto no Artigo 184 do Código Penal e as sanções civis às violações dos Direitos Autorais estão previstas nos Artigos 101 a 110 da Lei 9.610/1998. Os comentários das questões são de responsabilidade dos autores.

NOTAS DA EDITORA:

Atualizações e erratas: A presente obra é vendida como está, atualizada até a data do seu fechamento, informação que consta na página II do livro. Havendo a publicação de legislação de suma relevância, a editora, de forma discricionária, se empenhará em disponibilizar atualização futura.

Erratas: A Editora se compromete a disponibilizar no site www.editorafoco.com.br, na seção Atualizações, eventuais erratas por razões de erros técnicos ou de conteúdo. Solicitamos, outrossim, que o leitor faça a gentileza de colaborar com a perfeição da obra, comunicando eventual erro encontrado por meio de mensagem para contato@editorafoco.com.br. O acesso será disponibilizado durante a vigência da edição da obra.

Impresso no Brasil (4.2024) – Data de Fechamento (3.2024)

2024
Todos os direitos reservados à
Editora Foco Jurídico Ltda.
Rua Antonio Brunetti, 593 – Jd. Morada do Sol
CEP 13348-533 – Indaiatuba – SP
E-mail: contato@editorafoco.com.br
www.editorafoco.com.br

PREFÁCIO

É com grande entusiasmo que tenho a honra de prefaciar a obra coletiva *Direito Imobiliário 4.0*, que nos conduz por uma jornada fascinante pela integração do ambiente dos negócios imobiliários em geral ao universo digital, envolvendo intensa atividade de adaptação do Direito à tecnologia eletrônica em constante evolução.

A obra abarca os mais relevantes aspectos das novas tecnologias aplicáveis ao Direito e reúne profissionais dotados de reconhecida qualificação não só pelos seus trabalhos doutrinários no Direito Privado, mas, também, pela intensa atuação na área do direito aplicável aos negócios imobiliários.

Parabenizo os autores tratam pela excelência acadêmica dos textos em que apreciam com grande sensibilidade didática os aspectos mais relevantes que marcam esse movimento de transição do documento em papel para o eletrônico, fornecendo os subsídios necessários ao adequado empego das novas tecnologias no âmbito do direito imobiliário.

A obra preenche importante lacuna e se mostra oportuna, na medida em que, como é de conhecimento corrente, desde a concepção da World Wide Web, conhecida como Web, como o espaço de comunicação aberto pela interconexão mundial dos computadores, até os dias atuais, temos testemunhado um avanço extraordinário na forma como interagimos, compartilhamos informações e conduzimos negócios.

Ao longo dos anos, as tecnologias vêm sendo sofisticadas e diversificadas, abrindo caminho para novas fases da Web, cada uma dotada de peculiaridades que dão origem a significativas transformações e se espraiam para todos os campos da atividade humana. Inicialmente, vivenciamos a era da Web 1.0, nos anos 90 e 2000, quando a internet começava a se popularizar e os sites, estáticos, limitavam a interação dos usuários, que assumiam uma postura mais passiva. A despeito dessas limitações, essa fase pavimentou o caminho para o mundo conectado em que vivemos atualmente.

A Web 2.0 marcou uma mudança radical, permitindo maior interação, compartilhamento de informações e o surgimento das chamadas big techs, as gigantes tecnológicas que se tornaram as principais centralizadoras de dados dos usuários. A interatividade se expandiu, transformando a forma como nos relacionamos por meio da Web, seja em redes sociais ou no comércio eletrônico.

Em seguida, nos anos 2010, a Web 3.0 emergiu com uma visão voltada para a otimização da segurança de dados, a personalização de serviços e a descentralização dos bancos de informações, abrindo perspectiva para formalização por meio eletrônico das mais variadas atividades comerciais sem necessidade da presença física dos contratantes, seja para compra, venda, pagamento, recebimento.

Surgem e ganham destaque novas tecnologias e novos termos, como metaverso, NFTs (tokens não fungíveis), blockchain e smart contracts (contratos inteligentes). Essas inovações abriram um novo horizonte de possibilidades e nos conduzem por um período de transição entre o mundo do papel mudaram a maneira como interagimos e realizamos negócios no mundo virtual.

No ambiente jurídico, a base legal para o desenvolvimento regular do processo de transição do papel para o eletrônico existe há mais de 20 anos, desde a edição da Medida Provisória 2.200-2/2001, que introduziu no direito positivo disciplina específica sobre a validade do documento eletrônico e das assinaturas eletrônica.

No contexto do mercado imobiliário, tem merecido atenção a tokenização envolvendo direitos relativos a imóveis, que pode servir a diversas relações jurídicas, como a promessa de compra e venda, a incorporação imobiliária, a multipropriedade e a locação de imóveis, trazendo maior acessibilidade à propriedade de imóveis e reduzindo os custos de captação para obras ao diluir os custos entre investidores. Essa tecnologia pode se mostrar especialmente útil na gestão de multipropriedade, facilitando o compartilhamento entre coproprietários.

O metaverso, uma extensão do mundo digital onde a interação e a imersão são ampliadas, representa uma nova dimensão da experiência humana. As NFTs revolucionaram a indústria do entretenimento e das artes, proporcionando autenticidade e exclusividade a bens digitais. As blockchains, tecnologias de registro distribuído e segurança criptográfica, tornaram possível a descentralização das informações, gerando maior confiança e transparência nas transações.

Junto com as blockchains, os smart contracts surgiram como uma inovação transformadora, permitindo a execução automática e autônoma de contratos, sem a necessidade de intermediários. O futuro nos reserva uma Web 4.0, na qual a inteligência artificial assumirá um papel relevante e até decisivo, viabilizando a tomada de decisões de forma autônoma, ainda que se possa vislumbrar nesse processo a ocorrência de relevantes desafios e questionamentos éticos.

Atentos a essas questões, os autores de debruçam na busca da identificação e compreensão dessas tecnologias e suas implicações, tratando com propriedade da segurança e autenticidade dos documentos eletrônicos, passando pelas assinaturas eletrônicas e suas diferentes modalidades, até a aplicação das garantias fiduciárias em um mundo digital em constante transformação.

Com maestria e conhecimento técnico, analisam os diversos aspectos dessas inovações e lançam luz sobre as questões que envolvem a evolução tecnológica no contexto do direito e da sociedade como um todo.

A qualidade dos textos produzidos pelos autores me inspira a convidar os leitores a embarcar nesta jornada de ingresso no mundo digital.

Que esta obra inspire reflexões, debates e inquietações deste momento de transição e sobre o futuro que estamos construindo, onde a tecnologia desempenha um papel fundamental na transformação de nossas vidas e no rumo de nossa sociedade, com a inevitável repercussão no campo do Direito.

Boa leitura!

Melhim Chalhub

Especialista em Direito Privado pela Universidade Federal Fluminense, no qual apresentou monografia intitulada Negócio Fiduciário contendo anteprojeto de lei que deu origem às disposições da Lei 9.514/1997 relativas à alienação fiduciária de bens imóveis, à cessão fiduciária de títulos e à securitização de crédito imobiliário. Membro efetivo do Instituto dos Advogados Brasileiros. Membro da Academia Brasileira de Direito Civil. Membro da Academia Brasileira de Direito Registral Imobiliário. Cofundador e conselheiro do Instituto Brasileiro de Direito Imobiliário – IBRADIM. Autor das obras: a) Alienação Fiduciária – Negócio fiduciário (Gen-Forense, 6. ed., 2019); b) Incorporação Imobiliária (Gen-Forense, 5. ed., 2019); c) Direitos Reais (Revista dos Tribunais, 2. ed., 2014); d) Alienação Fiduciária, Incorporação Imobiliária e Mercado de Capitais – Estudos e Pareceres (Renovar, 2012); e) Trust – perspectivas do direito contemporâneo da transmissão da propriedade para administração de investimentos e garantia (Renovar, 2001); f) Propriedade imobiliária: função social e outros aspectos (Renovar, 1999); Participação em obras coletivas, entre elas Tratado de Direito Comercial, coordenador Fábio Ulhoa Coelho, capítulo Garantias nos contratos empresariais (São Paulo: Saraiva, 2015); O Novo Código de Processo Civil Brasileiro, coordenadores Thereza Alvim, Luiz Henrique Volpe Camargo, Leonard Ziesemer Schmitz e Nathália Gonçalves de Macedo Carvalho, capítulo Primeiras impressões: Direito Imobiliário e o Novo CPC (Rio de Janeiro: Gen-Forense, 2015). Autor de anteprojetos de lei, entre os quais: a) Alienação fiduciária de bens imóveis (Lei nº 9.514/1997); b) Patrimônio de afetação das incorporações imobiliárias (arts. 31A a 31F da Lei nº 4.591/1964, com a redação dada pelo art. 53 da Lei 10.931/2001), apresentado e debatido no Instituto dos Advogados Brasileiros; c) Sugestões de Emendas convertidas em disposições do novo CPC, relativas ao processo de execução, apresentadas e debatidas no Instituto dos Advogados Brasileiros.

CARTA DE APRESENTAÇÃO
SELO *FUTURE LAW*

Queridas e Queridos leitores,

É com grande satisfação que escrevemos a presente carta de apresentação do Selo *Future Law*. A *Future*, é assim que nos chamam os mais íntimos, é uma *EdTech* que tem por PTM[1] preparar e conectar os profissionais do Direito à realidade exponencial. Nascemos para contribuir nesse ambiente de grandes transformações por que passa a sociedade, a economia, e, portanto, o mundo jurídico. Rapidamente fomos abraçados por uma comunidade de carinhosos *future lawyers* que amam nossos cursos, eventos, *podcasts*, periódicos, livros e projetos especiais.

Nós esperamos que você tenha uma excelente experiência com a obra que está em suas mãos, ou no seu leitor digital. Buscamos sempre encantar nossos leitores, e, para tanto, escolhemos os melhores autores e autoras, todos expoentes nos temas mais inovadores, e com uma clara missão: rechear nossas publicações através de trabalhos práticos, teóricos e acadêmicos.

Do fundo de nossos corações, almejamos que advogadas (os), juízas (es), defensoras (es), membros do MP, procuradoras (es), gestoras (es) públicas (os) e privadas (os), *designers*, analistas de dados, programadoras (es), CEOs, CTOs, *venture capitalists*, estudantes e toda uma classe de profissionais que está nascendo sejam contempladas (os) pelo nosso projeto editorial.

Juntamente com a profusão e complexidade de temas abarcados pelo Direito, a *Future Law* se propõe a compreender como as Novas Tecnologias advindas da Quarta Revolução Industrial impactaram a sociedade e, por consequência, o Direito. Temas como Metaverso, NFTs, Inteligência Artificial, Ciência de Dados, Justiça Digital, Internet das Coisas, Gestão Ágil, Proteção de Dados, *Legal Design*, *Visual Law*, *Customer Experience*, *Fintechs*, *Sandbox*, *Open Banking*, *Life Sciences* e *Legal Operations*, estão difundidos ao longo de todas as nossas publicações.

---

1. PTM ou Propósito Transformador Massivo é uma declaração do propósito e objetivo maior da empresa. Representa um fator essencial na alavancagem organizacional, pois é o princ.;ipio que norteia as decisões estratégicas e os processos de criação e inovação. O Google, por exemplo, tem como PTM: "Organizar a informação do mundo". Ver: ISMAIL, Salim; VAN GEES, Yuri; MALONE, Michael S. Organizações exponenciais: por que elas são 10 vezes melhores, mais rápidas e mais baratas que a sua (e o que fazer a respeito). Alta Books Editora, 2018.

Somos jovens, mas intensos e através deste projeto, alcançamos uma fração do nosso intuito, produzindo conteúdo relevante e especializado, a profissionais e estudantes obstinados, que compartilham do nosso propósito e que compreendem que o futuro do Direito será daqueles que, hoje, conseguirem absorver este conhecimento e aplicá-lo em prol da inovação e de um Direito mais acessível, intuitivo, diverso, criativo e humano.

Não vamos gastar mais seu tempo... Passe para as próximas páginas e aproveite a leitura!

Metaverso, Outono de 2024.

Tayná Carneiro
CEO Future Law

Bruno Feigelson
Chairman Future Law

Saiba mais sobre nossos projetos em:

SUMÁRIO

PREFÁCIO
Melhim Chalhub... V

CARTA DE APRESENTAÇÃO SELO *FUTURE LAW*
Tayná Carneiro e Bruno Feigelson.. IX

PARTE I
INOVAÇÃO E NOVAS TECNOLOGIAS

OS CAMINHOS PARA DESJUDICIALIZAR O BRASIL
Guilherme Freitas... 3

TOKENIZAÇÃO, COMPRA E VENDA DE IMÓVEIS E CARTÓRIOS
Gustavo Bandeira... 11

METAVERSO, NFT, *BLOCKCHAIN*, *SMART CONTRACT* E SUAS APLICAÇÕES NO MERCADO IMOBILIÁRIO
Leandro Sender e Luana Francini.. 27

UTILIZAÇÃO DE CRIPTOMOEDAS EM OPERAÇÃO DE AQUISIÇÃO DE IMÓVEIS
Laís Rondinelli, Leandro Sender e Leonardo Fajngold 37

ONDE ESTÁ O DINHEIRO – O DESAFIO DA MONETIZAÇÃO NAS TRANSAÇÕES IMOBILIÁRIAS EM UM AMBIENTE DIGITAL
Marcelo Prata 49

IMPACTOS DA TECNOLOGIA CRIPTO NO MUNDO JURÍDICO
Haroldo Lourenço 59

SERÁ O FIM DA NECESSIDADE DA DILIGÊNCIA IMOBILIÁRIA?
Ana Carolina Fortes 69

A TECNOLOGIA COMO FACILITADOR DOS MEIOS DE EXECUÇÃO DE CONTRATOS IMOBILIÁRIOS

Andressa Magalhães e Daiane Camargo 79

ASSINATURAS ELETRÔNICAS: UM NOVO TEMPO PARA O DIREITO IMOBILIÁRIO

André Abelha e Karin Regina Rick Rosa 89

TOKENIZAÇÃO IMOBILIÁRIA E SEUS EFEITOS REGULATÓRIOS

Bruna de Andrade Laba 111

A INTELIGÊNCIA ARTIFICIAL COMO FERRAMENTA PARA O MERCADO IMOBILIÁRIO

Victor Tulli 119

PARTE II
NOVAS PERSPECTIVAS PARA O DIREITO IMOBILIÁRIO

EXECUÇÃO DE TÍTULO EXTRAJUDICIAL GARANTIDO POR ALIENAÇÃO FIDUCIÁRIA: BREVES NOTAS À LUZ DO RESP 1.965.973/SP

Pedro Rizzo Batlouni, Sérgio Barbosa da Silva Filho e Gustavo Favero Vaughn 131

COLIVING: A EVOLUÇÃO DA VIDA EM SOCIEDADE

Fernando Maluf e João Pedro Marques 143

LOCAÇÃO POR PLATAFORMAS DIGITAIS: ENTENDIMENTO DOUTRINÁRIO E CONTEXTO JURISPRUDENCIAL SOBRE A RESPONSABILIDADE DAS CONVENÇÕES DE CONDOMÍNIO

Guilherme Neves Rodrigues Fernandes e Nathalia Lopes 155

ACORDOS PROCESSUAIS NOS CONTRATOS DE LOCAÇÃO DE IMÓVEL URBANO

Jaques Bushatsky 169

ADJUDICAÇÃO COMPULSÓRIA EXTRAJUDICIAL: PASSO FIRME RUMO À DESJUDICIALIZAÇÃO E À CONCREÇÃO DE DIREITOS

Fábio de Oliveira Azevedo 179

INOVAÇÃO CONTRATUAL POSSIBILITA ATUAÇÃO EM ESCALA DO SETOR PRIVADO NA PRODUÇÃO DE HABITAÇÕES DE INTERESSE SOCIAL

Mariana Moschiar Almeida 191

A FUNÇÃO SOCIAL DA PROPRIEDADE NO SÉCULO XXI: INSTRUMENTOS CONTRATUAIS COMO FERRAMENTAS POTENCIALIZADORAS

Danielle Portugal de Biazi Lamster 203

NEGÓCIO JURÍDICO PROCESSUAL EM CONTRATOS DE COMPRA E VENDA DE IMÓVEIS

Luis Arechavala e Marisa Dreys 213

HOLDING: INSTRUMENTO EFICAZ DE PLANEJAMENTO PATRIMONIAL SUCESSÓRIO?

Daniel Bushatsky 223

A MULTIPROPRIEDADE E A COPROPRIEDADE IMOBILIÁRIA

Marcelo Peruffo e Rafaella Nogueira de Carvalho Corti 231

O REGISTRO DO MEMORIAL DE INCORPORAÇÃO FRENTE ÀS RECENTES ALTERAÇÕES LEGISLATIVAS

Marcio Romano 243

Parte I
Inovação e Novas Tecnologias

OS CAMINHOS PARA DESJUDICIALIZAR O BRASIL

Guilherme Freitas

Bacharel em Direito e Especialista em Direito Tributário pela PUC/MG. Diretor Jurídico na MRV. Membro da Comissão Especial de Desjudicialização do Conselho Federal da OAB. Vice-presidente da Comissão de Advocacia Corporativa da OAB/MG.

E-mail: guilherme.sfreitas@mrv.com.br.

Sumário: 1. O tamanho do "problema" – 2. Duas excelentes chances de mudança; 2.1 Justiça gratuita; 2.2 Litigância predatória – 3. Tecnologias – 4. Conclusão – Referências.

Anualmente o Conselho Nacional de Justiça – CNJ faz um trabalho muito cuidadoso e necessário para levantar e demonstrar os dados que refletem a situação do Poder Judiciário brasileiro. O anuário "Justiça em Números" é um exemplo de análise séria, baseada exclusivamente em dados e que pode ser usada para reflexões importantes sobre o tamanho do "problema" e, consequentemente, sobre as iniciativas que podem ajudar a reduzir a judicialização no Brasil.

O presente artigo pretende explorar algumas delas.

1. O TAMANHO DO "PROBLEMA"

O Brasil enfrenta um desafio importante em relação à quantidade de processos judiciais em andamento, como revelam os dados divulgados pelo Conselho Nacional de Justiça no último anuário "Justiça em Números" (com dados de 2021[1]). Esses números nos fornecem uma visão abrangente do sistema judiciário brasileiro e destacam a necessidade de implementar iniciativas eficazes urgentes de desjudicialização.

De acordo com o CNJ, o número de processos pendentes no Brasil é alarmante. Apenas em 2021, o total de processos em tramitação ultrapassou a marca de 62 milhões. O número de novas ações foi de 27,7 milhões, um aumento de 10,4% em relação ao ano anterior. Dos 26,9 milhões de processos concluídos no ano, somente 12% foram encerrados por meio de conciliação entre as partes.

Além disso, o tempo médio de tramitação dos processos judiciais é outro indicador preocupante. Segundo os dados do CNJ, o tempo médio para concluir um processo é de 26 meses na Justiça Comum, um aumento de dois meses em

---

1. Disponível em: https://www.cnj.jus.br/wp-content/uploads/2022/09/justica-em-numeros-2022-1.pdf.

relação a 2020. O aumento provavelmente se deve ao volume crescente de processos novos por magistrado, que em 2021 chegou ao número assustador de 1.631.

É igualmente alarmante o índice de litigiosidade demonstrado pelo Conselho Nacional de Justiça. De acordo com o levantamento, em média, a cada grupo de cem mil habitantes, 11.339 ingressaram com alguma ação judicial, um aumento de aproximadamente 10% em relação a 2020. Em alguns tribunais (como o TJRO), o número chega a quase 16.000 processos por cem mil habitantes.

Fechando os indicadores, o CNJ informou que as despesas totais com o Judiciário foram de R$ 103,9 bilhões em 2021, sendo 91,5% dos gastos com recursos humanos.

Os números não refletem apenas o tamanho do problema dos processos judiciais no Brasil, mas também destacam a urgência de se implementar medidas efetivas de desjudicialização.

O ponto positivo é que parece que estamos no caminho certo. Basta mencionar a criação, pela própria OAB, de uma Comissão Especial de Desjudicialização no âmbito do Conselho Federal, feito inédito. Recentemente a Comissão conseguiu aprovar a criação do "Selo Nacional de Desjudicialização", que certificará iniciativas de redução de processos no Brasil.

2. DUAS EXCELENTES CHANCES DE MUDANÇA

O Superior Tribunal de Justiça – STJ irá se debruçar sobre dois temas que podem reduzir drasticamente a judicialização do Brasil: critérios de concessão de justiça gratuita e os métodos de combate à litigância predatória.

2.1 Justiça gratuita

A Corte Especial do Superior Tribunal de Justiça (STJ) afetou três Recursos Especiais (1.988.686, 1.988.687 e 1.988.697), de relatoria do ministro Og Fernandes, para definir, sob o rito dos repetitivos, se a concessão do benefício da justiça gratuita pode ser decidida a partir de critérios objetivos.

O que está em discussão é verificar se as decisões judiciais que adotam parâmetros objetivos para a concessão da gratuidade de justiça estão de acordo com as determinações legais sobre o tema.

A questão submetida a julgamento (Tema 1178[2]) será a seguinte: "definir se é legítima a adoção de critérios objetivos para aferição da hipossuficiência na

---

2. Disponível em: https://processo.stj.jus.br/repetitivos/temas_repetitivos/pesquisa.jsp?novaConsulta=true&tipo_pesquisa=T&cod_tema_inicial=1178&cod_tema_final=1178

apreciação do pedido de gratuidade de justiça formulado por pessoa natural, levando em conta as disposições dos artigos 98 e 99, parágrafo 2º, do Código de Processo Civil".

Em razão da relevância e da repercussão social da matéria, o ministro relator convidou algumas entidades potencialmente interessadas em participar do julgamento do repetitivo como *amici curiae*, a exemplo da Ordem dos Advogados do Brasil, da Defensoria Pública da União, da Associação dos Magistrados Brasileiros, da Associação dos Juízes Federais do Brasil e do Instituto Brasileiro de Direito Processual.

O tema é muito relevante no processo de desjudicialização do Brasil.

De acordo com o anuário "Justiça em Números", o percentual de casos solucionados com Assistência Judiciária Gratuita foi de 30% no ano de 2021, um aumento de 2,3% em relação ao ano anterior. E o próprio CNJ destaca que o número é impreciso (e pode ser muito maior), considerando a falta de utilização da movimentação específica de decisão de gratuidade de justiça no DataJur.

Conforme demonstra o gráfico abaixo, em alguns tribunais o percentual de processos arquivados com o benefício é impressionante.

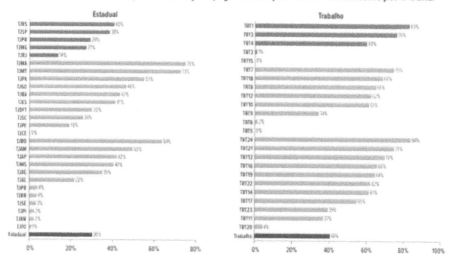

Figura 66 - Percentual de processos de justiça gratuita arquivados definitivamente por tribunal

Fonte: Justiça em Números 2022, Conselho Nacional de Justiça.

Não é simples fazer uma correlação direta entre os níveis de Assistência Judiciária Gratuita e os índices de litigância no Brasil, que podem advir de diversos fatores. Não obstante, percentuais muito elevados de concessão do benefício por alguns tribunais podem sim estar incentivando a judicialização em alguns estados brasileiros.

Sobre o tema, destacamos abaixo trechos de um artigo muito interessante elaborado pelo brilhante Luciano Benetti Timm:[3]

"Dessa forma, necessário ter em mente que o atual sistema processual oferece uma enorme gama de possibilidades de ingresso e de revisão das decisões que são proferidas no seu âmbito. Nesse contexto, inafastável ponderar acerca das questões relativas aos custos sociais de utilização desse sistema. Hoje, por exemplo, o benefício da gratuidade judiciária não possui padrão uniformizado para a sua concessão, assim como a estrutura da sucumbência tem sido aplicada, muitas vezes, sem a devida consideração do alcance (potencial ou de fato) dos seus efeitos, sobremaneira no que tange à conformação dos incentivos que daí são irradiados ao comportamento das partes litigantes e mesmo potenciais litigantes.

Assim, considerando-se o conjunto dessas variáveis e ainda diversas outras que fazem parte do sistema processual civil brasileiro, é possível constatar que tais circunstâncias servem de estímulo tanto para o excessivo ajuizamento de demandas judiciais, muitas delas inegavelmente temerárias ou frívolas (por exemplo, com baixíssima expectativa ou probabilidade de êxito, em decorrência da inadequação ou insuficiência de fundamentos fáticos e jurídicos), quanto para a interposição de expedientes recursais, tendo em conta os baixos ônus e riscos de utilização desse sistema."

(...)

"Por conseguinte, percebe-se que o abarrotamento e a consequente morosidade do Poder Judiciário são consequências de elementos tanto internos quanto externos ao sistema judicial. E é o conjunto desses elementos, insolúveis até o momento, que oferece riscos para que a tragédia da exaustão da prestação judicial se torne real. Ou seja, se o quadro acima diagnosticado continuar evoluindo da mesma forma, o nível da prestação judicial tenderá a decair até o ponto em que a satisfação dos direitos passará a não ser mais atendida, o que, aliás, de certo modo já parece estar ocorrendo.

E quem paga a conta dessa tragédia, de um lado é o contribuinte, que precisa arcar com pesada carga tributária, que em parte é destinada ao custeio da máquina judiciária; e, de outro lado, paga também a parte que tem razão, que fica à espera de uma solução na "fila" da justiça."

Portanto, espera-se que o Superior Tribunal de Justiça assegure a possibilidade de haver critérios objetivos para a concessão da justiça gratuita nos processos judiciais. Certamente muitas ações desnecessárias não irão mais chegar ao Judiciário.

---

3. "A tragédia da Justiça: não existe Justiça de graça", publicado no Jota (Jota.info).

2.2 Litigância predatória

O Tema Repetitivo 1198 do STJ foi aprovado para julgar a seguinte questão: "a possibilidade de o juiz, vislumbrando a ocorrência de litigância predatória, exigir que a parte autora emende a petição inicial com apresentação de documentos capazes de lastrear minimamente as pretensões deduzidas em juízo, como procuração atualizada, declaração de pobreza e de residência, cópias do contrato e dos extratos bancários".

Além de ser bastante óbvio, o tema reflete o movimento do Judiciário de se proteger contra a litigância predatória, uma prática que vem inundando os tribunais com processos desnecessários, muitas vezes criados por advogados (ou partes) exclusivamente para buscar ganhos ilegítimos.

O problema tem despertado a atenção e movimentado muitas entidades setoriais a buscarem mecanismos de defesa, especialmente pela energia despendida por empresas e pelo próprio Judiciário com a prática.

Em um trabalho realizado pela Associação Brasileira de Incorporadoras – ABRAINC, foi possível identificar que a litigância predatória focada em vícios construtivos já movimentou aproximadamente 140 mil processos judiciais contra a Caixa Econômica Federal e tem a possibilidade de gerar um rombo de mais de 10 bilhões ao Fundo de Arrendamento Residencial – FAR.

O estudo identificou alguns dados que demonstram a existência de uma estrutura baseada em interesses exclusivos advogados, que visivelmente movimentam o Judiciário para buscar ganhos pessoais com as demandas. O trabalho (baseado em dados p[públicos dos processos) demonstrou que aproximadamente 55% das demandas foram ajuizadas por apenas seis advogados.

E o movimento é identificado em diversos outros setores, especialmente bancário, telefonia, aviação e varejo. E a prática vem se sofisticando.

De acordo com dados processados pela plataforma de desjudicialização Jupp,[4] os advogados "ofensores" estão montando teias complexas de relações para burlar os mecanismos de identificação e de combate criados pelas empresas e pelos próprios tribunais.

As formas de atuação são diversas e dependem muito do setor econômico que é vítima da prática predatória. No setor bancário, por exemplo, é muito comum o compartilhamento de consumidores/autores entre vários advogados e a distribuição de diversas ações contra um mesmo banco.

A plataforma identificou, por exemplo, que um mesmo consumidor distribuiu aproximadamente noventa ações contra dezenove bancos diferentes,

---

4. Jupp.com.br.

utilizando-se do mesmo grupo de advogados, o que claramente demonstra uma judicialização irregular.

As inúmeras artimanhas utilizadas pelos advogados acabam gerando reflexos no Judiciário. A partir de indícios de que estão diante de litigância predatória, muitos magistrados acabam deferindo medidas destinadas à comprovação de que as demandas são "reais", especialmente a complementação de documentos, atualização de procurações e declarações das partes.

Trata-se da representação pura e legítima do poder geral de cautela dos juízes e que deve ser mantido (e até incentivado), razão pela qual precisa ser preservado pelo Superior Tribunal de Justiça no julgamento do Tema 1198. Eventual restrição pode ser uma "porta aberta" para o aumento da litigância predatória no Brasil.

3. TECNOLOGIAS

Nós nunca tivemos tantas oportunidades e ferramentas para realmente reduzir o número de litígios que inundam o Poder Judiciário Brasileiro. Além das iniciativas de pacificação dos dois temas que, como tratado, podem afetar positivamente os nossos principais indicadores de judicialização, o ambiente de inovação jurídica no Brasil está em pleno crescimento e pode ser considerado hoje um dos mais maduros e abrangentes do mundo.

O encontro anual da Associação Brasileira de Legaltechs e Lawtechs (chamado de AB2L Lawtech Experience) reuniu em São Paulo no dia 1º de agosto de 2023 aproximadamente 3.500 pessoas, em um ambiente intencionalmente construído para viabilizar a troca de experiências e, principalmente, facilitar a demonstração das iniciativas ofertadas por mais de 85 *startups* do mercado jurídico.

São números impressionantes, ainda mais para um mercado historicamente tradicional e avesso a grandes movimentos transformacionais.

Os produtos apresentados na feira são muito abrangentes, com oportunidades para aplicação em escritórios de advocacia, departamentos jurídicos e órgãos da administração pública, inclusive no próprio Poder Judiciário.

De acordo com um radar de iniciativas organizado pela AB2L,[5] as principais *startups* jurídicas do Brasil estão focadas em ferramentas de gestão, seguidas por tecnologias focadas em métodos de soluções alternativas de litígios (conhecidas mundialmente como *ODR – Online Dispute Resolution*).

Normalmente as ODRs são ferramentas que facilitam a interação entre as partes com foco na solução rápida e econômica de processos (judiciais e extrajudiciais). Apesar de exigirem um certo grau de maturidade por parte das empresas que contratam tais ferramentas (especialmente a existência de políticas internas

---

5. Disponível em: https://ab2l.org.br/ecossistema/radar-de-lawtechs-e-legaltechs/.

de solução de conflitos), as *startups* de *Online Dispute Resolution* podem efetivamente mudar o cenário de judicialização no Brasil, eliminando do Judiciário os processos que as próprias partes reconhecem serem desnecessários.

Outra ferramenta poderosa no processo de desjudicialização é a estatística jurídica (ou "jurimetria"). A lógica é simples: com base no histórico de resultados, tempo médio de duração e os valores relacionados a determinadas demandas encerradas no passado, pode-se identificar com certa precisão as chances de êxito de processos similares. São informações preciosas nas mãos de quem precisa decidir sobre o destino de determinada ação judicial e, se for considerada "desnecessária" (que economicamente não faz sentido seguir com uma demanda com poucas chances de êxito no Judiciário), certamente o caminho da composição será mais inteligente e eficiente.

Finalmente, uma nova área está surgindo no ambiente de inovação jurídica: inteligência de dados para combater a litigância predatória, que, como visto, inunda artificial e indevidamente os tribunais brasileiros.

4. CONCLUSÃO

Nunca se falou tanto em "desjudicialização". Aliás, é impressionante a força que o tema ganhou nos últimos anos, apesar da própria expressão e o movimento que se formou em torno desse propósito serem relativamente novos.

Mas é inegável que estamos diante do melhor momento para angariarmos forças para realmente enfrentarmos os gatilhos da judicialização exagerada no País, especialmente em função da recente definição dos Temas 1178 (Justiça Gratuita) e 1198 (Litigância Predatória) pelo Superior Tribunal de Justiça.

Em paralelo, outras forças igualmente importantes impulsionam o movimento da desjudicialização, especialmente a criação do "Selo Nacional de Desjudicialização" pelo Conselho Federal da Ordem dos Advogados do Brasil, além de diversas ferramentas tecnológicas que já estão disponíveis no mercado brasileiro.

Portanto, certamente o caminho não tem volta e ainda vamos falar muito das inciativas com o propósito de "desjudicializar o Brasil", pelo menos até que o objetivo seja efetivamente alcançado.

REFERÊNCIAS

AB2L. Radar de *lawtechs* e *legaltechs*. Disponível em: https://ab2l.org.br/ecossistema/radar-de-lawtechs-e-legaltechs/.

CNJ. *Justiça em números*. Disponível em: https://www.cnj.jus.br/wp-content/uploads/2022/09/justica-em-numeros-2022-1.pdf.

TIMM, Luciano Benetti. A tragédia da Justiça: não existe Justiça de graça. *JotaInfo*. Disponível em: https://www.jota.info/opiniao-e-analise/colunas/coluna-da-abde/a-tragedia-da-justica-nao-existe-justica-de-graca-29112018.

TOKENIZAÇÃO, COMPRA E VENDA DE IMÓVEIS E CARTÓRIOS

Gustavo Bandeira

Mestre em Novos Direitos. Professor da EMERJ-Escola da Magistratura do Rio de Janeiro. Lecionou em diversas faculdades, foi coordenador do curso de direito da UNESA. Presidiu o Fórum de Direito Notarial e Registral da EMERJ. Foi Membro Titular da Banca do Concurso Público-2021 para a Atividade Notarial e Registral do Estado de Santa Catarina e Relator Geral do Novo Código de Normas da CGJ/RJ. Foi magistrado do Tribunal de Justiça do RJ, onde foi juiz titular da 1ª Vara Empresarial do RJ e da 5ª Vara de Fazenda Pública do RJ. Foi relator geral do Novo Código de Normas da CGJ/RJ. Tabelião Titular do 8º Ofício de Notas da Capital/RJ desde 2008, quando assumiu a função por concurso público. Entusiasta da tecnologia, publicou diversos artigos na área direito e tecnologia.

E-mail: gustavobandeira@8oficio.com.br.

Sumário: 1. Introdução – 2. Direitos pessoais e direitos reais. Contrato e propriedade. – 3. A função do sistema notarial e registral no país – 4. Internet-*tokenização* – 5. *Tokenização* e mercado imobiliário. A realidade – 6. *Tokenização* de direitos obrigacionais – 7. Conclusão – Referências.

1. INTRODUÇÃO

O homem é, por excelência, um ser criativo. A criação, a evolução e a tecnologia são conceitos que se entrelaçam. A história revela que a criatividade humana, capaz de levar o homem a extremos – saindo da caverna para o espaço – é infinita. É inconcebível prever onde chegaremos quando a criatividade humana é aplicada à tecnologia.

A teoria das mudanças aceleradas e aceleração exponencial do progresso tecnológico, desenvolvida por Raymond Kurzweil e Vernon Vinge, segundo as quais a rápida e progressiva evolução tecnológica ocorre em espaços de tempo cada vez menores, sendo que em determinado ponto ultrapassará os limites da própria compreensão humana.[1]

Essa realidade já se faz presente hoje, sendo a IA o maior exemplo. Sundar Pichai, CEO do Google, afirmou em entrevista recente à CBS News 60 Minutes que ele não possui uma compreensão completa da Inteligência Artificial, comparando-a a "uma caixa preta assim como o cérebro humano". Elon Musk, por sua

---

1. Sobre a teoria, conferir em: https://en.wikipedia.org/wiki/Vernor_Vinge, https://en.wikipedia.org/wiki/Accelerating_change e https://pt.wikipedia.org/wiki/Raymond_Kurzweil último acesso em 13 de maio de 2023.

vez, alertou via Twitter que essa tecnologia pode até ser perigosa. Sam Altman, CEO da OpenAI, afirmou ter "medo de sua criação", o ChatGPT.[2]

E o que isso tem a ver com o nosso tema? Tudo! A tecnologia repercute diretamente na convivência social e, consequentemente, em nosso ordenamento jurídico. A convivência pacífica em sociedade exige uma ordem jurídica capaz de responder às questões que possam surgir das diferentes relações jurídicas que ocorrem nela. Norberto Bobbio[3] afirma que "o direito é o conjunto de normas que regulam o comportamento humano na sociedade, visando garantir a justiça e a paz social".

Por outro lado, Miguel Reale[4] argumenta que "as normas jurídicas são o reflexo dos valores e interesses da sociedade em que se inserem, bem como das transformações sociais e culturais que a afetam", daí o brocardo *ubi jus ubi societatis*.

No contexto do tema em estudo, a tecnologia que devemos enfrentar e buscar uma adequação jurídica surge com a internet 3.0. Esse é um avanço da internet tal qual conhecemos hoje (internet 2.0), centralizada nas grandes empresas de tecnologia e com sérias discussões sobre privacidade, uso indevido de algoritmos, fake news, fraudes e muito mais. A internet 3.0, baseada na tecnologia *blockchain*, envolve uma rede descentralizada por meio do uso de DLTs (tecnologias de registro distribuído), onde são realizados registros de operações em múltiplos dispositivos conectados por "nós" dentro de uma rede descentralizada, devidamente criptografados e com carimbo de tempo. Trata-se de um ambiente completamente diferente daquele que estamos acostumados.

O processo de *tokenização*, como veremos, reside nessa tecnologia e nosso desafio é analisar a compatibilidade das relações envolvendo bens e direitos imobiliários *tokenizados* com a nossa realidade jurídica. De fato, a *tokenização* de imóveis tem suscitado diversas dúvidas no mundo jurídico, tais como:

- É possível *tokenizar* o direito de propriedade imóvel?
- O sistema notarial e registral – "Os cartórios" – representam um obstáculo à *tokenização*?
- Como o nosso sistema notarial e registral lida com essa tecnologia?
- É possível adquirir um bem imóvel através de pagamento com criptoativo?
- Qual é a realidade atual da *tokenização* no mercado imobiliário diante do nosso ordenamento jurídico?

Essas perguntas envolvem, de um lado, aspectos do direito real e pessoal e, de outro, aspectos tecnológicos como *blockchain*, *token* e contratos inteligentes. Como podemos conciliá-los?

---

2. Disponível em: https://www.indiatoday.in/technology/news/story/google-ceo-sundar-pichai-says-he-does-not-fully-understand-it-musk-calls-it-a-danger-experts-warn-about-ai-2361965-2023-04-19. Acesso em: 13 maio 2023.
3. *Teoria do Ordenamento Jurídico*. 2. ed. Trad. Ari Marcelo Solon: São Paulo: Edipro, 2014.
4. REALE, Miguel. *Lições preliminares de direito*. São Paulo: Saraiva, 2018.

2. DIREITOS PESSOAIS E DIREITOS REAIS. CONTRATO E PROPRIEDADE

O homem pode ser considerado um ser contratual, no sentido de que diariamente estamos realizando contratos, seja na compra de um cafezinho, ao pegar um Uber ou ao iniciar uma união estável ou casamento. Os contratos são parte integrante de nossas vidas e sempre que firmamos um acordo, uma relação jurídica surge, na maioria das vezes envolvendo duas partes, que se vinculam pelo contrato.

Diz-se que o contrato gera efeitos apenas *inter partes*, ou seja, entre os contratantes, o que é compreensível, pois não seria razoável que terceiros pudessem ser obrigados pela manifestação de vontade de outras pessoas. Os contratos compõem, portanto, o que chamamos de direitos pessoais ou relativos, que se referem apenas às partes envolvidas, jamais atingindo ou obrigando terceiros.

Diferentemente dos direitos pessoais, os direitos reais envolvem a relação da pessoa com as coisas. O proprietário de um bem possui um direito real, no sentido de que todas as pessoas devem respeito (obrigação negativa de não violar, não perturbar a posse) à sua propriedade. Daí a característica distintiva deste direito, de ser oponível a todos (*erga omnes*).

San Tiago Dantas,[5] em seu didático Programa de Direito Civil, v. III, distingue os direitos pessoais (ou obrigacionais) e os direitos reais:

> São dois os elementos que caracterizam o direito real: a aderência do vínculo jurídico a uma coisa determinada e a circunstância de o direito prevalecer erga omnes. A aderência do vínculo jurídico à coisa corresponde mesmo à diferenciação terminológica que se faz entre o direito real e o pessoal. No direito pessoal ou de crédito, que pertence à categoria dos direitos relativos, o vínculo se refere a uma pessoa, que é a pessoa do devedor. Até mesmo quando se visa a alcançar uma coisa que deve ser prestada pelo devedor, o que se encontra em primeiro plano não é a coisa, mas sim o devedor, de tal maneira que, se este transferir a coisa ao patrimônio de um terceiro, o credor não tem melhor recurso senão cobrar do devedor perdas e danos. Não pode ir buscar a coisa nas mãos do terceiro que a adquiriu; tem de contentar-se com uma sanção indireta, que é, no caso, a indenização a ser reclamada do devedor. No direito real ocorre o oposto. A pessoa do devedor, se existe (como se verá, algumas vezes há um sujeito passivo nos direitos reais), é secundária. Apaga-se diante da primordial importância da res; é com esta que o vínculo jurídico se estreita, de tal maneira que o titular do direito pode perseguir a coisa, onde quer que ela se encontre, seja quem for o devedor.

Essa distinção possui extrema relevância para o tema *tokenização* e compra e venda de imóveis, na medida em que se demonstrará que *todo negócio imobiliário celebrado na rede blockchain envolvendo tokens*, na verdade, tem fundamento no direito pessoal ou obrigacional, não gerando um direito real.[6]

---

5. *Programa de Direito Civil*, v. III, p. 11-12.
6. A afirmativa diz respeito aos bens imóveis, na medida em que bens móveis possuem outros requisitos para transferência de propriedade, que escapam ao objeto deste trabalho.

Aqui encontramos a primeira resposta à questão "se a *tokenização* de bens imóveis exige lei". Isso porque, nosso sistema jurídico estabelece que a propriedade imóvel só se concretiza com o registro do título (escritura pública para bens acima de 30 salários-mínimos, conforme artigo 108[7] do Código Civil) perante o RGI (artigos 1.227 e 1.245 do Código Civil[8]).

Isso significa que, enquanto o contrato de compra e venda não é levado a registro, a relação jurídica existente entre as partes é exclusivamente pessoal ou de direito obrigacional, a qual só se transforma em direito real com o registro. O registro do contrato de compra e venda no Registro de Imóveis é, portanto, constitutivo da propriedade e de suas consequências legais de usar, gozar, dispor e reaver o bem.

Essa consequência é de grande relevância prática, na medida em que, se o fundamento da relação jurídica é delimitado pelo direito obrigacional, os casos de inadimplemento, como a não entrega do imóvel adquirido, se resolvem em perdas e danos. Do outro lado, em se tratando de relação fundada no direito real, o adquirente teria a seu favor um direito de sequela sobre a própria coisa, podendo buscá-la onde quer que esteja ou com quem quer que a tenha.

A partir daí surge a segunda indagação. O nosso sistema notarial e registral seria um obstáculo à *tokenização* de imóveis? A resposta exige a compreensão da função do referido sistema e se a referida tecnologia poderia ser ou não incorporada à referida atividade.

3. A FUNÇÃO DO SISTEMA NOTARIAL E REGISTRAL NO PAÍS

Uma pesquisa do Datafolha[9] aponta que os cartórios (sistema notarial e registral) do País ocupam o primeiro lugar no quesito confiança perante a população.

---

7. Art. 108. Não dispondo a lei em contrário, a escritura pública é essencial à validade dos negócios jurídicos que visem à constituição, transferência, modificação ou renúncia de direitos reais sobre imóveis de valor superior a trinta vezes o maior salário mínimo vigente no País.
8. Art. 1.227. Os direitos reais sobre imóveis constituídos, ou transmitidos por atos entre vivos, só se adquirem com o registro no Cartório de Registro de Imóveis dos referidos títulos (arts. 1.245 a 1.247), salvo os casos expressos neste Código.
Art. 1.245. Transfere-se entre vivos a propriedade mediante o registro do título translativo no Registro de Imóveis.
§ 1º Enquanto não se registrar o título translativo, o alienante continua a ser havido como dono do imóvel.
9. Disponível em: https://www.anoreg.org.br/site/pesquisa-aponta-que-cartorios-brasileiros-sao-a-instituicao-com-maior-confianca/. Segundo a matéria, a análise mostrou que os Cartórios se mantêm como o serviço confiável com média 7,9, seguido das Forças Armadas e Polícia com média 7,0 e dos Correios e empresas privadas com média 6,9. A pesquisa também apontou que as serventias brasileiras se mantêm como mais bem avaliada para 76% dos entrevistados, sendo seguido pelos Correios com 55%. Já em relação a importância dos serviços prestados, a pesquisa aponta que 72% consideram importante o serviço que os Cartórios prestam à sociedade.

Confiança e credibilidade estão intimamente ligados à segurança jurídica, função primordial do nosso sistema notarial e registral, tal como previsto no artigo 1º da Lei 8.935/94,[10] que regulamenta a referida atividade.

O Min. Luiz Fux, relator do acórdão do STF proferido nos autos do RE 842846 / SC (responsabilidade civil do Estado e da atividade notarial e registral), foi preciso ao referendar esta função e seus aspectos históricos, *verbis*:

> A atividade notarial e de registro *atende a uma relevante necessidade da sociedade:* a de comunicar a vontade dos indivíduos de modo *seguro, confiável* e perene por meio de assentamentos públicos. E a história dá conta da existência de tal atividade nas mais diversas civilizações antigas. Não se trata, pois, de criação contemporânea. Em verdade, "a função notarial tem entre seus representantes mais antigos os escribas egípcios, que redigiam os atos jurídicos para o monarca, bem como anotavam as atividades privadas" (FLACH, Marcelo Antônio Guimarães. *Responsabilidade Civil do Notário e do Registrador.* Porto Alegre: Editora AGE, 2004. p. 13).
>
> A análise do Direito Comparado, por sua vez, nos permite identificar três grandes modelos de sistema notarial, quais sejam o latino, anglo-saxão e o administrativo. Ressalto a arguta análise de Sheila Maria Ribeiro (Público, porém Privado: Uma Visão sobre as Funções Notariais e Registrais no Brasil. p. 4), *in verbis*:
>
> No *modelo latino*, as funções notarias são realizadas por *profissionais do direito* que, em princípio, prestam *assessoria jurídica aos cidadãos, conferem autenticidade e fé pública* aos atos nos quais intervêm, estando sujeitos ao controle pelo Poder Público. O desempenho profissional das atividades notariais requer conhecimentos nas áreas especializadas do Direito: direito das pessoas, direito das coisas, direito das obrigações e direito das sucessões, e, em menor grau, direito internacional privado e direito tributário.

Com efeito, a atividade notarial e registral tem, por essência, conferir *segurança jurídica* aos negócios que encerra, função de extrema importância para o desenvolvimento da economia, em especial no setor imobiliário, dada a relevância econômica e jurídica do direito de propriedade.

No âmbito registral, a natureza constitutiva do direito real, cujo nascimento depende do registro do título (contrato) no registro de imóveis decorre de uma evolução histórica. Até a publicação do Código Civil de 1916, a transmissão da propriedade imóvel no Brasil se operava pelo simples título (contrato), sendo dono aquele detinha o título, tal qual o sistema francês e português, sendo a função do registro apenas de publicidade.

Ocorre que, a necessidade de aperfeiçoamento do referido sistema, dada a sua *insegurança jurídica* para a sociedade, resultou na adoção de um modelo

---

10. Lei 8.935/94, Art. 1º Serviços notariais e de registro são os de organização técnica e administrativa destinados a garantir a publicidade, autenticidade, segurança e eficácia dos atos jurídicos.

misto entre o francês e o alemão, no qual o registro do título passa a ser *elemento constitutivo* (modo) do direito de propriedade.[11]

No entanto, ainda há quem veja o referido sistema como burocrático, retrógrado e dispensável, ignorando que a sua função prioritária é garantir a segurança jurídica das relações por ele tuteladas, sem falar no importante papel que desempenha na desjudicialização, que desafoga o judiciário levando para os "cartórios" a resolução rápida de inventários, divórcios, usucapião, adjudicação compulsória, mediação etc. A rapidez de uma solução extrajudicial aliada à redução de processos judiciais, gerou uma economia aos cofres públicos de R$ 433 milhões reais de 2007 para cá, conforme Revista Veja.[12]

Por outro lado, a tecnologia deve ser vista como uma aliada do referido sistema, no sentido de aperfeiçoá-lo, porém, jamais podendo substituí-lo, como pensam alguns.

Uma renomada ministra do Supremo Tribunal Federal, apesar do brilhantismo que lhe é peculiar e de toda admiração que merece, deixou de atentar para esta relevante função social do nosso sistema notarial e registral, ao sustentar em seu voto (RE 842846/SC) que o referido sistema seria "substituído pela tecnologia", a qual acabaria com a "instituição cartorial no Brasil",[13] sem considerar as consequências de sua fala e o impacto que tal projeção teria em nossa sociedade.

Ocorre que, assim como magistrados não podem ser substituídos pela IA, em que pese países como a Estônia (cujo sistema notarial e registral, como o nosso, tem berço no sistema latino-romano), ter projeto em andamento para viabilizar um juiz robô para julgamento de pequenas causas (até 8 mil euros), como publicado no artigo "Your Honor, AI", pela Harvard International Review,[14] a atividade notarial e registral, que em muitos pontos exerce função de "juiz preventivo", também não pode prescindir do elemento humano.

O fato do *blockchain*, como veremos, ser um sistema aparentemente incorruptível, "imune a fraudes" – imunidade relativa, pois nada impede que o

---

11. Sobre o tema, confira-se artigo do Prof. Vitor Frederico Kümpel, publicado em Migalhas: https://www.migalhas.com.br/coluna/registralhas/352661/sistemas-de-transmissao-da-propriedade-imobiliaria---parte-vi.
12. Leia mais em: https://vejario.abril.com.br/cidade/numero-divorcios-inventarios-sobe-142-apos-cartorios-mudanca-regras.
13. Extrato do citado voto: "Acho que, em algum momento, *vai acabar essa instituição cartorial no Brasil. Com a tecnologia que temos*, se conseguimos fazer um imposto de renda sem precisar de nenhum intermediário por uma ação do Estado, vai-se chegar a hora em que *esses atos vão poder ser praticados com o auxílio de uma tecnologia*, da Administração Pública, *valendo-se de dados que estão devidamente armazenados e com segurança, para que não seja mais preciso o serviço cartorial*, o que, de resto, em alguns Estados nacionais não existe mais (RE 842846/ SC)."
14. PARK, Joshua. Your Honor, AI. *Harvard International Review*, 03.04.2020. Disponível em: https://hir.harvard.edu/your-honor-ai/. Acesso em: 19 fev. 2024.

conteúdo posto na rede originariamente seja falso ou que haja bugs nos contratos inteligentes – por si só, não basta para garantir a segurança jurídica dos atos de alienação de propriedade imóvel.

Por mais avançada que seja a tecnologia e os contratos inteligentes que integram tais sistemas, esses contratos não passam de linhas de código de programação, que possuem limitações na medida em que é impossível prever todas as condicionantes que regem um determinado sistema, mormente quando envolve relações dinâmicas como a propriedade.

Não há como se prescindir da figura do tabelião e do oficial de registro, o primeiro qualificando as partes, verificando a sua capacidade e legitimação para o negócio pretendido, e o segundo qualificando o título para registro, cujo ato complexo envolve a análise de outros atos que, eventualmente, possam influir, positiva ou negativamente, no seu registro.

É o que ocorre, por exemplo, com uma decisão liminar de bloqueio de matrícula, uma anotação de indisponibilidade de bem, uma penhora, ou até mesmo a apresentação de outro título a registro que seja contraditório com a venda, como uma doação. Tal função qualificadora, tanto do tabelião como do registrador, exige necessariamente a sensibilidade humana, única capaz de avaliar, por exemplo, se o vendedor está lúcido e consciente, orientado, sob coação, se há fato superveniente ao registro que impeça a transferência segura, ou seja, elementos objetivos e subjetivos que exigem o *feeling* humano insubstituível pela máquina.

Contratos inteligentes dependem de condicionantes, se isso então aquilo, sendo impossível ao homem prever, por mais avançada que seja a tecnologia empregada em um sistema, todas as variáveis possíveis decorrentes da multiplicidade de elementos que as diversas relações jurídicas fazem surgir.

O que se espera em termos de evolução tecnológica, tanto no sistema judicial como extrajudicial, é que a tecnologia esteja presente e seja utilizada de forma a melhorar e tornar a prestação do respectivo serviço mais eficiente. No caso dos serviços notariais e registrais, vale ressaltar, o uso de certas tecnologias na atividade fim (lavratura de ato notarial e registro do título), por mais que seja o desejo do notário e do registrador, depende *sempre de lei e do próprio Poder Judiciário*, órgão regulamentador da referida atividade.

É o que ocorreu com a autorização de lavratura de atos eletrônicos, através do Prov. 100/20 CNJ, que autorizou o ato notarial 100% digital, atendendo a um pleito antigo do CNB/CF, Colégio Notarial do Brasil, sendo certo que muitos notários aguardavam ansiosos a regulamentação para prática do ato notarial eletrônico.

Compreendido que o sistema notarial e registral não é, por si só, óbice à *tokenização* de imóveis, pelo contrário, apenas busca compatibilizar toda e qualquer tecnologia com a segurança jurídica que deve recair sobre as transações, passamos a analisar aspectos da tecnologia envolvida no processo de *tokenização*.

4. INTERNET-*TOKENIZAÇÃO*

A internet, tal como conhecemos, passou por três grandes fases, chamadas internet 1.0, 2.0 e 3.0. A internet 1.0 teve início ainda nos anos 90 até cerca de 2004, tendo por base uma relação unilateral entre os domínios e os usuários, os quais apenas navegavam em "um único sentido", consumindo conteúdo. Pós 2004 até a presente data surge a internet 2.0, na qual o usuário passa a ter um papel ativo, em especial através das redes sociais, sendo concentrada nas "big techs", como Google, Meta, Apple. Essas empresas possuem controle total e exclusivo de tudo que é postado, a privacidade é muitas vezes questionada e o uso de algoritmos é uma constante para mapear o perfil dos seus usuários.

A internet 3.0 é tida como a evolução da internet 2.0, tendo por base a rede *blockchain*, protocolos de consenso e contratos inteligentes, permitindo a criação de aplicativos e serviços totalmente descentralizados, sem necessidade de intermediários, diferentemente do que hoje ocorre com as big techs na internet 2.0, que concentram dados e tecnologia em suas bases próprias.

O surgimento da internet 3.0 e da rede denominada *blockchain* traz novos conceitos ao mundo digital, novas formas de contratação e, consequentemente, novos desafios ao ambiente jurídico. *Negócios encadeados em blocos distribuídos em rede e criptografados*, de tal forma que as operações nela realizadas tornam-se inalteráveis, "imunes à fraude" e imunes ao inadimplemento, graças aos chamados contratos inteligentes.

Essa é a principal ideia da *blockchain*, como o nome já diz, uma rede de blocos contendo dados codificados – este é o seu maior diferencial – que é ser um banco de *dados distribuído* por várias centenas ou milhares de computadores,[15] de forma que não basta quebrar o código e alterar os dados de uma única máquina, pois os dados continuarão intactos nas demais máquinas.

É baseado na rede *blockchain* que se construiu a ideia de *tokenização* de bens e direitos. *Tokenização é um processo de representação do mundo físico no digital*, ou seja, um ativo, um bem tangível ou intangível, um serviço ou um direito existente no mundo físico são transportados para o mundo digital e inseridos na rede *blockchain*, onde são negociados através de *contratos inteligentes ou token contracts*.[16]

---

15. Já se fala em celulares com poder de mineração, pretensão do CEO da Tesla, Elon Musk, cujo celular em desenvolvimento seria capaz de minerar blocos na rede *blockchain*.
16. Much of the confusion surrounding tokens comes from two concepts getting mixed up: *token contracts* and the actual *tokens*.

Os *tokens* podem ser definidos conforme a sua função, podendo ser divididos em *Payment Tokens*, os quais replicam as funções de moeda, notadamente de unidade de conta, meio de troca e reserva de valor; *Utility Tokens*, utilizados para adquirir ou acessar determinados produtos ou serviços; *Non-fungible tokens* (NFT), que representam algo singular – infungível: Arte, música, imóveis, coisas singulares; e *Security Tokens*, que representam algum valor mobiliário/ativo financeiro, como ações, títulos ou commodities (ambiente regulado).

Sempre que um *token* é inserido na rede *blockchain*, a sua função será definida através de contratos inteligentes, que são linhas de programação vinculadas ao *token*,[17] de forma que a execução das ordens independe da vontade humana. Costuma-se fazer uma comparação entre contratos inteligentes com as *vending machines*. Quando se coloca a moeda de R$1,00 (a qual sairia de sua carteira digital) e faz-se a escolha do produto apertando a tecla equivalente (Mate, água etc.), a máquina automaticamente entrega o mesmo ao cliente, sem intervenção humana e sem possibilidade de recusa (inadimplemento).

O mesmo ocorre com os contratos inteligentes. As regras são previamente definidas pelos programadores, que escrevem os códigos correspondentes, conhecidos como *"if this then that"* ou "se isso então aquilo), que são as condicionantes. Assim, os contratos são executados automaticamente, sem qualquer intervenção humana.

Assim, na prática, se fosse possível processar uma verdadeira *tokenização* do direito real de propriedade em nosso sistema jurídico, a propriedade seria transferida de forma *automatizada* entre os contratantes, de forma que o proprietário que colocasse à venda seu imóvel na rede não precisaria se preocupar com pagamento nem fraudes, tendo a certeza de que a transferência da sua propriedade somente ocorreria quando o comprador interessado comandasse a transferência de sua wallet do valor respectivo (criptoativo ou moeda digital tipo CBDC-Central Bank Digital Coin[18]), sendo assegurado ao comprador que, uma

---

A *token contract* is simply an Ethereum smart contract. "Sending tokens" actually means "calling a method on a smart contract that someone wrote and deployed". At the end of the day, a token contract is not much more a mapping of addresses to balances, plus some methods to add and subtract from those balances.

It is these balances that represent the *tokens* themselves. Someone "has tokens" when their balance in the token contract is non-zero. That's it! These balances could be considered money, experience points in a game, deeds of ownership, or voting rights, and each of these tokens would be stored in different token contracts.

17. Sobre ERC-20, contract token fungível padrão na rede Ethereum, confira https://ethereum.org/pt-br/developers/docs/standards/tokens/erc-20/.
18. O Banco Central do Brasil possui projeto envolvendo a moeda digital, que poderia em tese ser utilizada em negócios realizados na *blockchain*. Sobre o tema, veja: https://www.bcb.gov.br/estabilidadefinanceira/real_digital. Acesso em: 15 maio 2023.

vez realizado o pagamento, a propriedade seria automaticamente transferida, sem risco de inadimplemento.

Ocorre que, ainda que nosso sistema legal fosse alterado para permitir a referida forma de alienação, fato é que o direito de propriedade imóvel é dinâmico por natureza, sendo que o dono de hoje pode, no dia seguinte, deixar de ter a disponibilidade plena do seu imóvel, por fatos até mesmo alheios à sua vontade, como ocorre, v.g. com uma desapropriação por interesse público, um decreto de indisponibilidade e assim por diante. Logo, na prática, a *tokenização* de imóveis esbarra em diversas questões jurídicas, como:

Quem seria responsável por conferir se aquela propriedade de fato pertence ao pretenso vendedor? E se o imóvel foi desapropriado?

Quem seria responsável em verificar se o pretenso vendedor de fato pode alienar o bem ou se possui algum ônus pessoal ou real que impeça a venda ou imponha riscos ao comprador?

Quem seria responsável em verificar se entre a colocação do bem a venda e a efetiva compra, o vendedor não sofreu qualquer mudança jurídica, seja de estado civil ou de solvabilidade, que coloque em risco aquela venda?

Quem seria responsável em verificar se os impostos devidos nas referidas operações de fato foram recolhidos?

Quem verificaria a capacidade civil daquele que está vendendo e comprando?

Hoje os notários e registradores fazem tudo isso, atuando como assessores jurídicos das partes, seguradores do negócio e representante do Estado, seja fiscalizando o recolhimento de impostos e contribuindo para com o Poder Judiciários no cumprimento de decisões judiciais que incidem sobre imóveis, como penhora, desapropriação, hipoteca legal, averbação premonitória, seja contribuindo para evitar atos de lavagem de dinheiro e financiamento à atividade ilícitas, como tráfico de drogas e terrorismo.

Em resumo, a prática não nos parece tão simples como a teoria. A ideia de que nas relações travadas na rede *blockchain* as partes não precisam confiar umas nas outras, na medida em que as operações são realizadas através dos contratos inteligentes e, uma vez registradas nos blocos, tornam-se imutáveis, não basta, por si só, para atribuir segurança jurídica à alienação, ignorando tudo que se expôs acima, ao menos quando se trata de propriedade imóvel.

O que poderia ser avaliado é o uso desta tecnologia também por partes dos serviços notariais e registrais, de forma a conferir-lhes mais rapidez e agilidade na prestação do serviço à sociedade. Aliás, a rapidez do serviço notarial hoje só não é maior porque os municípios levam de 3 a 5 dias para liberar o pagamento do imposto de transmissão (ITBI) e outros 2 dias para certificar o recolhimento, sem o qual a escritura, lamentavelmente, ainda não pode ser lavrada, em que pese a tese já fixada pelo STF de que o fato gerador do ITBI somente ocorre com o registro.[19]

Frise, quanto a referida tecnologia, que os serviços notariais já fazem uso de uma *blockchain* privada denominada Notarchain,[20] na qual os próprios notários atuam como nós (computadores[21]), através de sua rede própria, dando autenticidade e segurança aos atos eletrônicos hoje praticados, graças ao citado Prov. 100/20 CNJ.

Neste sentido, o CNB/CF possui estudo para viabilizar, em breve, as chamadas Escrituras Inteligentes, que funcionariam exatamente como contratos inteligentes na rede *blockchain*, permitindo a previsão de comandos autoexecutáveis, de acordo com o ato jurídico pretendido, porém, contando com a segurança que decorre da fé pública do notário, seja quanto ao conteúdo do documento e seus efeitos jurídicos, seja quanto a eficácia da programação do contrato, que seria mais uma responsabilidade assumida pelo notário.

5. *TOKENIZAÇÃO* E MERCADO IMOBILIÁRIO. A REALIDADE

Como vimos, *tokenização* de bens imóveis, enquanto direito real representado no mundo digital, ainda é um sonho do mercado imobiliário que encontra obstáculos no direito civil, conforme já demonstrado. Não obstante, algumas startups buscam caminhos alternativos para contornar os obstáculos legais e, de certa forma, viabilizar a *tokenização* do bem ou direito sobre o imóvel.

O primeiro caso em que se pretendeu *tokenizar* a propriedade imóvel (direito real) para negociação na rede *blockchain* ocorreu através da empresa Netspaces, no Rio Grande do Sul. A operação se dava da seguinte forma: A empresa Netspaces desenvolveu uma rede *blockchain* para compra e venda de imóveis *tokenizados*. Para tanto, o usuário interessado em *tokenizar* o seu imóvel contratava a permuta, por escritura pública, de sua propriedade com a Netspace, recebendo em troca um *Token* Netspace. A Netspaces então registrava a escritura no RGI e se tornava proprietária do imóvel. Com isso, ela "assegurava" que o bem em questão não seria

---

19. Por unanimidade, o Supremo Tribunal Federal (STF) reafirmou sua jurisprudência dominante de que o Imposto sobre Transmissão de Bens Imóveis (ITBI) só é devido a partir da transferência da propriedade imobiliária, efetivada mediante o registro em cartório. A questão foi analisada no Recurso Extraordinário com Agravo (ARE) 1294969, com repercussão geral (Tema 1124), em sessão do Plenário Virtual.
20. Sobre a Notarchain dos cartórios de notas, acessar: https://colegionotarialdobrasil.freshdesk.com/support/solutions/articles/43000592251-notarchain-instalac%C3%A3o-t%C3%A9cnica.
21. Nós na *blockchain* são computadores ou dispositivos conectados à rede *blockchain* que participam do processo de validação e registro de transações na rede. Cada nó mantém uma cópia do registro completo de transações, chamado de "livro-razão" (ledger), e usa algoritmos de consenso para verificar a validade das transações e garantir que todas as cópias do livro-razão permaneçam atualizadas e sincronizadas.

alienado no mundo real enquanto transacionado no mundo digital (em que pese o bem ainda poder ser penhorado, desapropridado etc.).

No contrato de *tokenização* com o proprietário real, paralelo à permuta, eram estabelecidas as regras (direitos e obrigações) do negócio, ficando estipulado que a posse do bem seria do titular do *token* e que a Netspaces se obrigava a transferir, através de nova escritura de permuta, a propriedade do imóvel para quem fosse o último titular do *token*. Neste cenário, em tese, seria possível que o referido *token* fosse negociado diversas vezes na rede *blockchain* da Netspaces, sem qualquer intervenção humana, até que fosse requerida a transferência da propriedade real pelo titular do *token*.

A questão acima, evidentemente, suscita diversas questões envolvendo direito civil e tributário. A transferência de propriedade ocorre com a transferência do *token*? Há de fato permuta entre as partes? Em caso negativo, qual seria o imposto devido, ITBI ou ITD? Referida permuta pode ser registrada? E os demais aspectos tributários, como ganho de capital nas operações subsequentes?

O caso em questão, dado o ineditismo, acabou sendo levado ao exame da CGJ/RS (Processo Adm. SEI/TJRS – 3245601[22]), tendo por fundamento pedido de providências da

Associação dos Notários e Registradores do Estado do Rio Grande do Sul – ANOREG-RS e pelo Fórum de Presidentes das entidades extrajudiciais gaúchas.

Questionava-se a legalidade do negócio de *tokenizar* a propriedade imóvel e se seria possível o ingresso no fólio real do referido negócio. A CGJ/RS examinou a fundo a questão para concluir, em resumo, que a *tokenização*, enquanto direito obrigacional, é de todo possível, sendo vedado, entretanto, atribuir ou vincular a propriedade imóvel ao *token*, não podendo se confundir propriedade real com propriedade digital. Além disso, restou decidido que a hipótese em análise não caracterizaria contrato de permuta, dado inexistir equivalência econômica entre os bens permutados, no caso, um imóvel avaliado em R$ 110.000,00 e um *token* cujo valor atribuído fora de R$ 2.776,08, caracterizando a hipótese, dada a discrepância de valores, verdadeira doação com reserva de usufruto. Após proferida a decisão, a CGJ/RS editou o Prov. 038/2021, normatizando a hipótese. A CGJ/RJ, por sua vez, ao publicar o seu Novo Código de Normas, no qual participamos como relator geral, também previu a hipótese de permuta de bem imóvel com criptoativo, nos termos do seu artigo 363.[23]

---

22. Disponível em: https://www.irib.org.br/app/webroot/files/downloads/files/SEI_TJRS%20-%20 3245601%20-%20Despacho.pdf.

23. Art. 363. A lavratura de escritura de permuta entre bem imóvel e criptoativos observará o seguinte:
   I – declaração do titular do criptoativo quanto ao seu valor, em reais, tendo por base a cotação do dia da escritura segundo avaliação de mercado;
   II – declaração das partes de que reconhecem o conteúdo econômico do criptoativo objeto da permuta, especificando no título o seu valor para fins da permuta;

6. *TOKENIZAÇÃO* DE DIREITOS OBRIGACIONAIS

Enquanto a *tokenização* do direito de propriedade sobre o imóvel não se revela possível em nosso sistema jurídico, o campo do direito obrigacional, ao contrário, é apto a absorver os mais variados modelos de negócios envolvendo *tokenização* de imóveis, o que já vem ocorrendo com alguma frequência.

A *tokenização* do contrato de promessa de compra e venda vem sendo defendida por alguns, no sentido de que

> uma vez levado a registro com a especificação das regras relativas à *tokenização*, especialmente em relação à quantidade de *tokens* que deverão ser adquiridos para formalização do contrato ou aquisição dos direitos lá disciplinados, o contrato poderia ser incluído como metadado de um *token* criado para a finalidade de *tokenização* imobiliária.[24]

Deixando de lado a controvérsia acerca da forma pública ou particular da promessa de compra e venda,[25] não se questiona a possibilidade de *tokenização* do direito obrigacional que a promessa de compra e venda encerra, qual seja, exigir a outorga da escritura uma vez quitado o preço.

O que é controvertido é a *tokenização* do direito real à aquisição, que surge com o registro da promessa de compra e venda.

Com efeito, ainda que o instrumento particular de compra e venda seja levado a registro e resulte no direito real de aquisição, como previsto nos artigos 1.417 e 1.418[26] do CC, fato é que esse direito, ao ser transacionado na rede *blockchain*,

---

III – declaração das partes de que o conteúdo dos criptoativos envolvidos na permuta não representa direitos sobre o próprio imóvel permutado, seja no momento da permuta ou logo após, como conclusão do negócio jurídico representado no ato; e

IV – a declaração do titular do criptoativo indicativa da "*exchange*" envolvida, a saber, a pessoa física ou jurídica que realiza a operação com o criptoativo, tanto de custódia, intermediação ou negociação, incluindo nome, nacionalidade, domicílio fiscal, endereço, número de inscrição no CPF ou CNPJ ou número de identificação fiscal (NIF) no exterior, se for situada fora do País.

Parágrafo único. Todos os atos notariais e registrais envolvendo negociação com criptoativos deverão ser comunicados ao Conselho de Controle de Atividades Financeiras – COAF, na forma do Provimento CNJ 88/2019.

24. Fernando Lopes em artigo publicado em seu LinkedIn. Disponível em: https://www.linkedin.com/pulse/propchains-e-natureza-jur%25C3%25ADdica-da-tokeniza%-25C3%25A7%25C3%25A3o-fernando-lopes/?trackingId=rDPFBdNwTVGM0M4Bh2QJ2g%3D%3D.

25. Sobre o tema consultar: https://www.irib.org.br/obras/a-promessa-de-compra-e-venda-no-ncc-reflexos-das-inovacoes-nas-atividades-notarial-e-registral.

26. Art. 1.417. Mediante promessa de compra e venda, em que se não pactuou arrependimento, celebrada por instrumento público ou particular, e registrada no Cartório de Registro de Imóveis, adquire o promitente comprador direito real à aquisição do imóvel.

Art. 1.418. O promitente comprador, titular de direito real, pode exigir do promitente vendedor, ou de terceiros, a quem os direitos deste forem cedidos, a outorga da escritura definitiva de compra e venda, conforme o disposto no instrumento preliminar; e, se houver recusa, requerer ao juiz a adjudicação do imóvel.

ficará circunscrito ao plano obrigacional – presumindo-se que todas as transferências ocorridas no meio digital não serão levadas ao RGI – de forma que somente quando o último da cadeia resolver efetivar o negócio, é que surgirá o direito real envolvendo as cessões, de forma a atender ao princípio da continuidade registral.

Essa realidade impõe alguns riscos à segurança jurídica dos atos de transferência ocorridos na rede *blockchain*, por diversas razões, como a possível penhora do direito real de aquisição, o bloqueio dos bens e direitos do cedente, ou até mesmo a má-fé do promitente vendedor, que poderia após *tokenizar* o contrato e negociá-lo na rede, realizar a cessão no plano físico para terceiro de boa-fé, o qual levando a registro a cessão, passaria a ser titular do direito real em tela, restando ao eventual adquirente no plano digital apenas as perdas e danos.

Outra opção de *tokenização* envolvendo direito obrigacional relativo a imóveis envolve a incorporação imobiliária. É sabido que o custo de captação para financiamento de uma obra pode chegar de 4% enquanto que, no caso da *tokenização*, pode chegar a 1%. Neste modelo, a incorporadora pode *tokenizar* os direitos de compra de determinada unidade, fracionando a mesma em vários *tokens* representativos deste direito, diluindo o custo de aquisição para potenciais investidores e, com isso, facilitando a captação de recursos para a obra. Esses *tokenistas* receberão ao final do empreendimento o retorno financeiro decorrente da valorização do bem. O cuidado que se deve ter, nesses casos, é de não se prometer uma determinada rentabilidade, a fim de não restar caraterizada uma operação envolvendo *tokens mobiliários*, os quais sofrem regulação por parte da CVM, nos termos do seu Parecer 40 de 11.10.2022 exigindo autorização da CVM para sua emissão.

No entanto, a garantia no caso seria meramente obrigacional, reforçada pela credibilidade de mercado do incorporador, que certamente ao final da obra, de acordo com as obrigações assumidas, poderia alienar as referidas unidades *tokenizadas*, distribuindo os lucros dentre os diversos adquirentes/*tokenistas*.

A *tokenização* também pode ser uma ferramenta útil na gestão de multipropriedade imobiliária, modelo de negócio que envolve o compartilhamento de um imóvel entre diferentes donos, previsto nos artigos 1.358-B e seguintes do CC, dispondo o artigo 1.358-C que:

> Art. 1.358-C. Multipropriedade é o regime de condomínio em que cada um dos proprietários de um mesmo imóvel é titular de uma fração de tempo, à qual corresponde a faculdade de uso e gozo, com exclusividade, da totalidade do imóvel, a ser exercida pelos proprietários de forma alternada. (Incluído pela Lei 13.777, de 2018).

Com efeito, a *tokenização* representativa das frações de tempo de cada coproprietário, de forma a facilitar a gestão deste *time sharing* por parte da empresa responsável, também se revela em ferramenta útil neste controle. Assim, as frações de tempo *tokenizadas* são entregues aos seus respectivos titulares que, de acordo com a sua vontade, podem transferir para a empresa gestora os *token*s sempre que pretender utilizar o bem, incluindo a possibilidade de "destravar" o acesso ao imóvel, através de fechaduras inteligentes vinculadas ao referido *token*.

Outra possibilidade que já foi utilizada pelo mercado imobiliário é para distribuição de receita de aluguel de loja comercial existente em determinado empreendimento, entre os adquirentes das unidades. Assim, o adquirente de um apartamento faz jus a receita proporcional do aluguel da loja comercial existente no prédio, o que ocorre de forma automatizada através de sua wallet na *blockchain*.

Além dessas, muitas outras soluções são viáveis e podem ser desenvolvidas para uso de *token*s junto ao mercado imobiliário

7. CONCLUSÃO

Apesar de a *tokenização* do direito real de propriedade não encontrar amparo em nosso sistema legal atual, é inegável que essa tecnologia emergente pode ser explorada de maneira criativa e segura no ambiente do direito obrigacional. Diversas relações, como a promessa de compra e venda, a incorporação imobiliária, a multipropriedade e a locação de imóveis, são apenas alguns exemplos onde essa tecnologia pode ser utilizada de forma eficaz, adicionando valor significativo ao mercado imobiliário.

É imperativo destacar que a atividade notarial e registral, por sua natureza e função também deve estar atenta às inovações, adaptando-se e adotando novas tecnologias para melhor atender às demandas da sociedade. Com a implementação de tecnologias como *blockchain* para a prática de atos notariais digitais, o desenvolvimento de *smart* escrituras, o serviço notarial demonstra estar pronto para ingressar na era da internet 3.0, tornando-se um catalisador de mudanças positivas e uma parte integral do avanço tecnológico em curso.

Em última análise, a jornada da *tokenização* no mercado imobiliário é um lembrete do quão intrincadamente conectados estão o direito e a sociedade. Com cada avanço tecnológico, vemos que o direito deve ser flexível, adaptável e sempre atualizado para refletir as mudanças na sociedade. Como o adágio latino nos lembra, "Ubi jus, ubi societas".

REFERÊNCIAS

ANOREG. (n.d.). Pesquisa aponta que cartórios brasileiros são a instituição com maior confiança. Recuperado em 13 de maio de 2023, de https://www.anoreg.org.br/site/pesquisa-aponta-que-cartorios-brasileiros-sao-a-instituicao-com-maior-confianca/.

BOBBIO, N. *Teoria do ordenamento jurídico*. 2. ed. Trad. Ari Marcelo Solon: São Paulo: Edipro, 2014.

DANTAS, San Tiago. *Programa de Direito Civil*. Programa de Direito Civil. Rio de Janeiro. v. III.

ETHEREUM. (n.d.). *Tokens ERC-20*. Recuperado em 13 de maio de 2023, de https://ethereum.org/pt-br/developers/docs/standards/tokens/erc-20/.

Harvard International Review. (n.d.). Your Honor, AI. Recuperado em 13 de maio de 2023, de https://hir.harvard.edu/your-honor-ai/.

INDIA TODAY. (2023, 19 de abril). Google CEO Sundar Pichai says he does not fully understand it, Musk calls it a danger, experts warn about AI. Recuperado em 13 de maio de 2023, de https://www.indiatoday.in/technology/news/story/google-ceo-sundar-pichai-says-he-does-not-fully-understand-it-musk-calls-it-a-danger-experts-warn-about-ai-2361965-2023-04-19.

IRIB. (n.d.). *A promessa de compra e venda no NCC*: reflexos das inovações nas atividades notarial e registral. Recuperado em 13 de maio de 2023, de https://www.irib.org.br/obras/a-promessa-de-compra-e-venda-no-ncc-reflexos-das-inovacoes-nas-atividades-notarial-e-registral.

KÜMPEL, Vitor Frederico. *Sistemas de transmissão da propriedade imobiliária* – Parte VI. Disponível em: https://www.migalhas.com.br/coluna/registralhas/352661/sistemas-de-transmissao-da-propriedade-imobiliaria--parte-vi.

LOPES, F. (n.d.). PropChains e a natureza jurídica da *tokenização*. Recuperado em 13 de maio de 2023, de https://www.linkedin.com/pulse/propchains-e-natureza-jur%25C3%25ADdica-da-tokeniza%25C3%25A7%25C3%25A3o-fernando-lopes/?trackingId=rDPFBdNwTVGM0M4Bh2QJ2g%3D%3D.

REALE, M. *Lições preliminares de direito*. São Paulo: Saraiva, 2018.

VINGE, V. (n.d.). Vernor Vinge – Wikipedia. Recuperado em 13 de maio de 2023, de https://en.wikipedia.org/wiki/Vernor_Vinge.

METAVERSO, NFT, *BLOCKCHAIN*, *SMART CONTRACT* E SUAS APLICAÇÕES NO MERCADO IMOBILIÁRIO

Leandro Sender

Pós-graduado em Direito Imobiliário pela ABADI. Professor de Direito Imobiliário. Presidente da Comissão de Direito Condominial da ABA/RJ. Diretor de Relações Institucionais do NEED – Núcleo de Estudos e Evolução do Direito. Líder da Comissão de Leilões Judiciais e Extrajudiciais de Bens Imóveis da ABAMI. Membro da Comissão de Direito Imobiliário do IAB. Membro das Comissões de Direito Imobiliário e Condominial da OAB/RJ. Coordenador do Núcleo Imobiliário de Arbitragem da Cames. Palestrante, Autor de diversos artigos jurídicos. Sócio do Escritório Sender Advogados Associados.

E-mail: leandro@sender.com.br.

Luana Francini

Pós-graduada em Direito Processual Civil pela Pontifícia Universidade Católica do Rio de Janeiro (PUC-Rio) e em Direito Privado pelo Curso Fórum. Graduou-se em Direito pela Universidade Federal do Estado do Rio de Janeiro (UniRio) em 2018. Durante a graduação, cursou 1 ano acadêmico na Universidade de Coimbra, onde estudou principalmente Direito Constitucional e Direito Processual Civil. Atua como colíder na Comissão de Leilões Judiciais e Extrajudiciais da Associação Brasileira de Advogados do Mercado Imobiliário (ABAMI). Membro da Ordem dos Advogados do Brasil/RJ com inscrição n. 221.855.

E-mail: luanafrancini@gmail.com.

Sumário: 1. Fases da web – um mundo em constante evolução – 2. Metaverso, terrenos virtuais e sua natureza jurídica – 3. O NFT, sua natureza e a possibilidade de ser ofertado como garantia locatícia – 4. *Blockchain* e registros notariais – 5. *Smart contract* – 6. Real digital – Referências.

1. FASES DA WEB – UM MUNDO EM CONSTANTE EVOLUÇÃO

World Wide Web, www ou simplesmente Web, como é usualmente referida, é entendida como a materialização do ciberespaço,[1] ou seja, do "espaço de comunicação aberto pela interconexão mundial dos computadores e das memórias dos computadores".[2] A intenção da Web é, primordialmente, interligar as pessoas, de forma que, não à toa, é uma rede mundial possibilitadora de interações.

Com o avançar dos anos e o refinamento das tecnologias, a Web avança, e atinge novas fases, nas quais cada vez mais essas interações ganham complexidade.

---

1. VECHIATO, 2013, p. 49.
2. Lévy. P., p. 92.

Em um primeiro momento, especialmente entre nos anos 90 e 2000, se tinha o que hoje chama-se Web 1.0. Àquela época a internet ainda se popularizava, e o objetivo principal era a construção da rede em si. Nesta fase, os sites disponíveis eram estáticos, ou seja, prestavam-se principalmente às consultas das informações neles contidas, e os usuários da rede possuíam uma postura mais passiva, de consumidores de tais informações.

Nos anos 2000, contudo, esse cenário começou a mudar, a vislumbrar uma segunda fase da Web: a Web 2.0. Neste período, a passividade dos usuários deu lugar à maior interação, com efetiva troca e compartilhamento de informações, bem como com o advento e popularização do *e-commerce*. Nesta fase surgiram as *big techs* (Google, Amazon, Microsoft e Facebook) que acabaram se tornando as principais centralizadoras de dados dos usuários. E esta é a fase por qual passamos até hoje.

Mais recentemente, passou-se a falar em uma Web 3.0. Nesta nova fase, o foco é a otimização da segurança de dados, a personalização de serviços e a descentralização dos bancos de informações. E, em suma, esta fase funda-se principalmente *no que está por vir*. E é aqui que se passa a falar em metaverso, em *NFTs*, em *blockchains* e em *smart contracts*.

Por último, alguns pesquisadores já vislumbram que, futuramente, advirá a Web 4.0, por meio da qual será possível que tecnologias de inteligência artificial sejam capazes de tomar decisões.

2. METAVERSO, TERRENOS VIRTUAIS E SUA NATUREZA JURÍDICA

Em poucas palavras, o metaverso é um ambiente virtual, imersivo, coletivo e hiper-realista. Neste ambiente, é possível a construção e a participação em um modelo do mundo baseado na vida cotidiana, no qual tanto o real quanto o irreal coexistem.[3]

Neste cenário, no qual é possível que as pessoas interajam por meio de avatares, é possível executar diversos atos similares aos da vida cotidiana, o que enseja a necessidade de correlacionar, cada vez mais, as atividades ali desenvolvidas com os direitos e deveres comuns aos cidadãos, bem como a proteção a eles inerente.

No que concerne ao Direito Imobiliário, um grande exemplo disto é a compra de terrenos virtuais. Esses espaços, que são concebidos por desenvolvedores e existem estritamente no mundo virtual, compõem determinados universos e são amplamente comercializados. A exemplo da vida real, uma vez adquirido aquele *pedaço de terra virtual*, ele passa à titularidade do comprador, e pode ser

---

3. PEREIRA et al., p. 2-3.

por ele utilizado para diferentes fins (a depender do universo e plataforma em que se localiza, nele podem ser desenvolvidos jogos, realizados eventos virtuais ou veiculados anúncios), inclusive com vistas a beneficiar-se da especulação imobiliária.

E fala-se em especulação imobiliária aqui porque, a exemplo da vida real, um terreno virtual tem determinado valor de mercado, que pode se valorizar ou desvalorizar com o tempo, e pode ser revendido ou, até mesmo, alugado.

E como o terreno é virtual, toda a negociação e pagamento implica em mecanismos absolutamente digitais. Isto porque esses terrenos são NFTs (*tokens* não fungíveis) hospedados em *blockchain*, cuja negociação deve feita por meio de pagamento em criptoativos.

Por todo o exposto, é possível depreender que, a despeito de os terrenos do metaverso corresponderem a pedaços de terras virtuais, na realidade eles não se aproximam da definição dada pelo Direito Civil brasileiro ao bem imóvel, ou seja, aos terrenos reais, no sentido de que *"são bens imóveis o solo e tudo quanto se lhe incorporar natural ou artificialmente"* (art. 79 do Código Civil de 2002).

Nessa esteira, os terrenos do metaverso, por serem NFTs, se subsomem ao conceito de bem móvel, sendo prudente apontar que esta é a sua natureza, nos termos do art. 82 do Código Civil de 2002, que prevê que *"são móveis os bens suscetíveis de movimento próprio, ou de remoção por força alheia, sem alteração da substância ou da destinação econômico-social"*.

O tema será melhor tratado no tópico a seguir.

3. O NFT, SUA NATUREZA E A POSSIBILIDADE DE SER OFERTADO COMO GARANTIA LOCATÍCIA

NFT é a sigla para *non-fungible token*, que nada mais é que um token não fungível, ou seja, um ativo digital, estabelecido via *blockchain* (tecnologia que permite, através de um banco de dados público, descentralizado e imutável, que todas as transações sejam criadas e controladas pelos próprios usuários), que representa a identidade digital de um item. Pela sua própria definição, consiste em um bem digital único, exclusivo e que nenhuma outra pessoa terá igual.

Muito se pergunta, porém, sobre o que pode vir a ser um NFT. Basicamente, qualquer tipo de ativo digital, como, a título exemplificativo, imagens, textos, vídeos, áudios ou imóveis no metaverso.

É de bom grado registrarmos que não existe uma posição clara, seja jurisprudencial ou doutrinária, sobre a natureza jurídica de um NFT. Contudo, através de uma análise extensiva do Código Civil, podemos classificar os NFTs como bens móveis, se assim considerarmos sua natureza econômico-social, conforme art. 82 do Código Civil.[4]

Além disso, há muito, a doutrina já se consolidou no sentido de estabelecer que a distinção entre bens móveis e imóveis não deve levar em consideração tão somente questões inerentes à mobilidade do bem ali discutido.

O doutrinador Anderson Schreiber, brilhantemente traz a definição moderna de bens móveis, destacando que a referência à destinação econômica-social vem flexibilizar o antigo posicionamento segundo o qual a distinção entre coisas móveis e imóveis atendia simplesmente a um critério físico ou natural.[5]

Dito isto, inobstante a possibilidade deste ativo digital ser utilizado como garantia contratual em geral, vamos aqui abordar a possibilidade de um NFT ser utilizado como garantia locatícia. Note-se que a Lei 8.245/91, em seu artigo 37,[6] enumera as modalidades de garantia passíveis de apresentação em um contrato de locação. Por questões lógicas, eis que o diploma legal possui mais de 30 (trinta) anos desde sua entrada em vigor, a legislação não acompanhou a evolução tecnológica, competindo a nós, operadores do direito, trazer novas interpretações e adequações de acordo com o cenário global.

E não nos parece nenhum contrassenso jurídico, a partir desta premissa, que as partes, de comum acordo, ajustem que um NFT figurará como garantia em um contrato de locação.

Seguindo essa linha de raciocínio, poderíamos caracterizar a garantia locatícia representada por um NFT como uma caução correspondente a bem móvel, atraindo, portanto, a aplicação do art. 38, § 1º, da Lei 8.245/91.[7] Muito embora a Lei do Inquilinato exija o registro da caução de bens móveis em cartório de títulos e documentos, considerando a natureza do ativo digital, nada mais coerente que tal registro seja levado à *blockchain e,* paralelamente, o contrato de locação seja registrado no referido cartório.

Veja que a utilização de um NFT pode vir a ser bastante interessante para ambos os contratantes, pelos seguintes motivos: i) as partes podem, de comum acordo, escolher o NFT que será indicado ou adquirido pelo locatário e utilizado

---

4. Art. 82. São móveis os bens suscetíveis de movimento próprio, ou de remoção por força alheia, sem alteração da substância ou da destinação econômico-social.
5. SCHREIBER, Anderson. *Manual de Direito Civil Contemporâneo.* 5. ed. São Paulo: SaraivaJur, 2022, p. 196.
6. Art. 37. No contrato de locação, pode o locador exigir do locatário as seguintes modalidades de garantia: I – caução; II – fiança; III – seguro de fiança locatícia; IV – cessão fiduciária de quotas de fundo de investimento.
7. Art. 38. A caução poderá ser em bens móveis ou imóveis.
§ 1º A caução em bens móveis deverá ser registrada em cartório de títulos e documentos; a em bens imóveis deverá ser averbada à margem da respectiva matrícula.

como garantia; ii) considerando as limitações de garantias impostas pela Lei 8.245/91, o NFT se mostra uma alternativa segura para o locador e um possível bom investimento para o locatário, já que o ativo pode se valorizar durante a vigência do contrato; iii) existem NFTs de qualquer valor, podendo as partes analisar aquele que melhor se encaixa de acordo com os numerários envolvidos.

Em linhas práticas, o procedimento recomendado para adoção desta garantia é a elaboração de um *smart contract* anexo ao contrato de locação, estabelecendo as condições da garantia e formas de execução. Esses "contratos inteligentes" são, na realidade, programas que se executam de forma automática no momento em que as condições do negócio são atendidas e, ante a utilização da tecnologia *blockchain*, os *smart contracts* não podem ser alterados ou perdidos, trazendo ainda mais segurança aos contratantes. Vale apenas o alerta sobre a vulnerabilidade destes contratos, uma vez que, ante a desnecessidade de habilidades avançadas de codificação para escrever um *smart contract*, dependendo de como for elaborado, pode deixar os contratantes vulneráveis a ataques hacker, razão pela qual o ideal é sempre contar a o auxílio de um especialista.

Na hipótese de inadimplemento do locatário ou qualquer outro motivo que justifique a execução da garantia, se iniciará a atuação do oráculo da blockchain. O oráculo é a forma de interação de um *smart contract* com o mundo real, ou seja, ele é nutrido com informações externas à blockchain e pode acionar uma ação específica de acordo com as cláusulas e condições constantes no *smart contract*.

Em outras palavras, na hipótese de não pagamento ou infração contratual, o oráculo será acionado para que se proceda à venda do NFT, o que poderá ocorrer até mesmo em decorrência de uma decisão judicial, tudo a depender da forma estipulada pelas partes no contrato.

A adoção dos *smart contracts* e a imediaticidade dos efeitos do contrato, caso adimplidas ou inadimplidas as condições, remete-nos à questão do pacto comissório.

O art. 1.428 do Código Civil de 2002, em poucas linhas, proíbe o pacto comissório, ao dispor que "é nula a cláusula que autoriza o credor pignoratício, anticrético ou hipotecário a ficar com o objeto da garantia, se a dívida não for paga no vencimento".

Por outro lado, o inciso IV do art. 1.433 do mesmo diploma legal autoriza ao credor pignoratício "a promover a execução judicial, ou a venda amigável, se lhe permitir expressamente o contrato, ou lhe autorizar o devedor mediante procuração".

Neste cenário, e talvez uma das grandes vantagens da utilização desta modalidade de garantia, no caso inadimplência do locatário, desde que previsto expressamente em contrato, o *smart contract* pode prever a venda do *token* sem a necessidade de ajuizamento de processo, conforme previsão do inciso IV do art. 1.433 acima mencionado.

Podemos indicar, como forma de fomentar e garantir ainda mais segurança ao locador, que se utilize um SBT (*soulbound token*), que se distingue de um NFT comum em razão da impossibilidade de comercializar tal ativo digital. Dessa forma, o locador terá a tranquilidade que este token não será vendido durante a vigência do contrato. Contudo, vale a ressalva de que os SBTs são extremamente recentes e pouco regulamentados, sendo de mais fácil acesso a todos a utilização de NFTs tradicionais.

Para aqueles que possam suscitar eventual ilegalidade ou impossibilidade na utilização de NFTs como garantia locatícia, vale lembrar que a Lei de Liberdade Econômica (13.874/19) garante aos contratantes a existência de uma relação paritária e simétrica, em que poderão livremente definir a alocação de riscos aos quais se sujeitam, sendo certo que, ante ao princípio da intervenção mínima (art. 421, parágrafo único, do Código Civil), o Estado apenas poderá agir de forma excepcional e limitada.

Portanto, considerando a velocidade exponencial na qual a Web 3.0 vem se expandindo, a escolha de um NFT como garantia locatícia se mostra interessante e em consonância com o processo de descentralização do mundo atual.

4. *BLOCKCHAIN* E REGISTROS NOTARIAIS

Blockchain é um sistema que funciona como um grande banco de dados. As informações são carregadas em blocos de códigos e, uma vez inseridas, tornam-se imutáveis, ou seja, não podem ser modificadas ou excluídas. Cada bloco de informação é selado em outro, criando "correntes".

Os ativos a serem inseridos em *blockchain* podem ser tangíveis, a exemplo de imóveis, veículos e dinheiro, ou intangíveis, tal como NFTs, patentes e marcas.

Por sua imutabilidade, a *blockchain* se apresenta como alternativa altamente confiável ao registro de informações e transações. Ademais, a ideia de corrente, ou seja, de informações interligadas em sequência, em muito remete ao princípio da continuidade registral, cuja aplicação é fundamental no Direito Imobiliário, e que preleciona que cada imóvel deve possuir uma cadeia de titularidades, de forma que só pode ser repassado e outrem por seu efetivo titular.[8]

---

8. Em suma, o princípio da continuidade é assim explicado por Melhim Namem Chalhub (CHALHUB, Melhim Namem. Direitos reais. 2. ed. rev., atual. e ampl. São Paulo: Editora Revista dos Tribunais, 2014. p. 104):

Assim, a utilização ostensiva da tecnologia *blockchain* não apenas reduziria a possibilidade de fraudes, aumentando a segurança da informação dos cartórios, como também diminuiria a burocracia cartorária.

Tanto é assim que, apesar de inovadora, essa tecnologia já está em uso por Cartórios de Notas de todo o Brasil por meio da *Notarchain*, a rede *blockchain* privada dos notários brasileiros, que foi criada em 2020.

Por meio da *Notarchain* já é possível autenticar documentos e reconhecer assinaturas por autenticidade sem a necessidade de comparecimento pessoal das partes.

Ademais, existem, também, *smart* escrituras, que é a constituição e transferência de tokens de seus ativos mediante escritura pública, elaborada por um Tabelião de Notas. Todas as transações de tokenização serão registradas na *Notarchain*.

Comprovando o incentivo perpetrado pelos órgãos a nível nacional, em dezembro de 2022, o Conselho Federal de Corretores de Imóveis (Cofeci) autorizou, por meio da Resolução Cofeci 1.487/2022, o uso de tecnologia *blockchain* para o registro de negociações e documentos no setor. A iniciativa inédita, tal como esclarece a própria resolução, tem como finalidade modernizar o processo de fiscalização do exercício da atividade de intermediação imobiliária ante às novas tecnologias utilizadas pelo mercado imobiliário.

Mais recentemente, em 19 de outubro de 2023, através da Resolução-Cofeci 1.504/23, este mesmo órgão instituiu, em seu Art. 1º,[9] os Contratos-Padrão para determinados serviços de corretagem, que utilizará o sistema *blockchain* para

---

"Está aí presente, também, o princípio da continuidade, pelo qual, em relação a cada imóvel adequadamente individualizado, *deve existir uma cadeia de titularidade, à vista da qual só se fará o registro de uma venda se o outorgante desse ato de alienação figurar na matrícula do imóvel como titular do domínio*. De acordo com esse princípio, não pode ser registrado um título aquisitivo se o imóvel não estiver registrado em nome daquele que, no contrato de venda, aparece como transmitente, ou, em outras palavras, não pode ser registrado um título aquisitivo se o nome que figura no contrato como transmitente é diferente do nome que figura no Registro de Imóveis como proprietário.

O princípio é intuitivo, pois "continuidade quer dizer ligação não interrompida das partes de um todo (…) e não transcrever o título anterior implicaria na ilegal quebra de um dos elos da corrente da sucessividade, imposta pela lei". Esse aspecto merece especial atenção por causa da presunção *juris tantum* que caracteriza nosso sistema, só valendo o registro se realizado regularmente, pois a titularidade em nome da pessoa em cujo nome estiver registrado o imóvel é presumida, admitindo, portanto, prova em contrário. *A plena eficácia do efeito constitutivo do registro decorre da inexistência de qualquer defeito na cadeia dominial*, que se forma a partir da existência de título válido e eficaz, seguido do seu registro no Registro de Imóveis da situação do imóvel, observada a antecedência de titularidade, a comprovar que quem contratou a transmissão é efetivamente o titular do domínio.

9. Art. 1º Ficam instituídos os Contratos-Padrão para os seguintes serviços de corretagem de Imóveis: I. venda de imóvel com exclusividade; II. venda de imóvel sem exclusividade; III. compra de imóvel com exclusividade; IV. compra de imóvel sem exclusividade; V. locação de imóvel; VI. parceria para intermediação Imobiliária.

registro. Basicamente, esta nova medida possibilitará que os corretores verifiquem se existe contrato vigente, de modo a impedir novos registros com o mesmo objeto.

E não é apenas o Brasil que avança no tema. Pode-se dizer que, em brevíssimo, será possível realizar negócios imobiliários utilizando-se da tecnologia *blockchain* em todos os continentes, já podendo identificar sua utilização na Espanha, no Japão, na Suécia, no Reino Unido e em Ghana.

5. *SMART CONTRACT*

Os *smart contracts* são programas que se executam de forma automática no momento em que as condições do negócio, que são acordadas previamente, são atendidas. Ante a utilização da tecnologia *blockchain*, os *smart contracts* não podem ser alterados ou perdidos.

É possível vislumbrar algumas aplicações práticas para os *smart contracts* em operações que, sem eles, envolvem maior burocracia. Em suma, o cumprimento desses contratos é forçado no momento em que se opera uma condição preestabelecida.

Um grande exemplo é o inventário. Como se sabe, com a morte, há a transferência imediata do patrimônio do falecido aos seus herdeiros. Assim, caso haja um *smart contract* pré-constituído e se verifique as condições de validade do negócio, como pagamento de tributo e respeito aos herdeiros necessários, uma vez noticiada a morte, operam-se imediatamente as transferências dos bens do falecido aos seus herdeiros, na exata forma preestabelecida.

Importante destacar que, nos dias de hoje, a legislação civil ainda não permite a realização de *smart contracts* com essa finalidade.

Outro exemplo interessante é a compra e venda de imóveis. Uma promessa de compra e venda pode ter a forma de *smart contract* e, imediatamente após o cumprimentos das obrigações estabelecidas neste documento primitivo, a titularidade de determinado bem passa ao seu comprador. E se a transação for intermediada por corretor, este também pode receber a comissão de corretagem tão logo seja realizado o pagamento, a depender do que restar pré-ajustado no contrato.

As execuções extrajudiciais também podem ser objeto de *smart contracts*, os quais se autoexecutariam no prazo para pagamento. Como modo ilustrativo, trazemos as execuções de Alienação Fiduciária, cujo procedimento está previsto na Lei 9.514/97. Em linhas bastante simples, o processo ocorre da seguinte forma: i) requerimento para notificação do devedor fiduciante para purga da mora; ii) após decorrido o prazo para pagamento, faz-se a consolidação de propriedade; iii) designam-se as datas para públicos leilões; iv) o fiduciante deve ser comunicado sobre as datas dos leilões; v) os leilões são realizados; vi) registra-se o leilão negativo ou, sendo positivo, deve ser feita escritura de compra e venda.

Trazendo esta nova tecnologia para tal procedimento, bastaria um único comando para que o *smart contract* se autoexecute, de modo que a notificação seja realizada (podendo ser direcionada para endereço eletrônico), a consolidação de propriedade seja feita automaticamente após o prazo para purga da mora, os leilões sejam marcados e realizados e, por fim, seja registrado o leilão negativo ou lavrada a escritura de compra e venda.

Note-se que os *smart contracts* são plenamente válidos. No direito internacional, pode-se destacar a Convenção das Nações Unidas Sobre o Uso de Comunicações Eletrônicas nos Contratos Internacionais, que reconhece, em seu art. 8º, que não deve ser negada a validade ou executabilidade a uma comunicação ou contrato exclusivamente por estar na forma de uma comunicação eletrônica. O art. 8º ainda menciona que nenhum dispositivo da convenção exige que a parte utilize ou aceite comunicações eletrônicas, mas que a sai aceitação em fazê-lo poderia ser inferida a partir de sua conduta.

No Direito Brasileiro, destacam-se os arts. 104 e 425 do Código Civil de 2002. O primeiro, estipula que para o negócio ser válido é necessário agente capaz, objeto lícito, possível, determinado ou determinável e, ainda, forma prescrita ou não defesa em lei. O segundo, por sua vez, estabelece que "é lícito às partes estipular contratos atípicos, observadas as normas gerais fixadas neste Código". Logo, sendo certo que os *smart contracts* não são defesos e que configuram o que se poderia chamar de contratos atípicos, impõe-se o reconhecimento de sua validade.

6. REAL DIGITAL

De acordo com o Banco Central, o Real Digital será uma moeda alternativa que terá o mesmo valor do dinheiro físico, ou seja, será uma representação digital do Real físico. Ele poderá ser inserido em uma carteira virtual custodiada por um banco ou instituição financeira autorizados pelo Banco Central, e é estudada a possibilidade de que os pagamentos possam ser realizados também *offline*.

Ressalte-se que o Real digital não será uma criptomoeda. As criptomoedas, como se sabe, são privadas e descentralizadas, enquanto o Real digital será emitido pelo Banco Central, na forma de CBDC (sigla para *Central Bank Digital Currency*, em português Moedas Digitais de Bancos Centrais).

Com a emissão dessa moeda, espera-se que, no longo prazo, haja impacto na produção de papel-moeda, bem como que o Real digital possa ser utilizado em *smart contracts* e garanta maior segurança em operações, inclusive evitando fraudes.

Segundo o Banco de Compensações internacionais (*Bank for International Settlements*, com sigla BIS, em inglês), instituição financeira internacional responsável pela unificação dos bancos centrais, em 2022 aproximadamente 90% dos bancos centrais do mundo já estariam investigando a viabilidade de adotar as CBDCs.

REFERÊNCIAS

COSTA FILHO, Marco Aurélio de Farias. Herança digital: valor patrimonial e sucessão de bens armazenados virtualmente. *Revista Jurídica da Seção Judiciária de Pernambuco*. [S.l.], n. 9, p. 187-215, 2017. Disponível em: https://revista.jfpe.jus.br/index.php/RJSJPE/article/view/152/143.

LÉVY, P. (1999). *Cibercultura*. Trad. (C. I. da Costa. São Paulo: Ed. 34. (Trabalho original publicado em 1997).

MACIEL, Cristiano. *A internet como ferramenta educacional*. 2. ed. Cuiabá : UFMT/UAB, 2014.

PEREIRA, R., RIBEIRO, F., WEINGÄRTNER REIS, I., FADEL, L., & DOS SANTOS, N. (2022). O metaverso e o dilema da inovação. *Revista Inteligência Empresarial*, 46. Recuperado de https://inteligenciaempresarial.emnuvens.com.br/rie/article/view/97.

RODRIGUES, Maria Rosemary. Os aspectos conceituais e as variações terminológicas de web: uma análise dos anais do Enancib (2013-2018). *VIII Seminário em Ciência da Informação* – SECIN – Organização e representação da informação e do conhecimento. Universidade Estadual de Londrina (UEL), Brasil.

VECHIATO, Fernando Luiz; VIDOTTI, Silvana Aparecida Borsetti Gregorio. *Encontrabilidade da informação*. São Paulo: Cultura Acadêmica, 2014. (Coleção PROPG Digital – UNESP). ISBN 9788579835865. Disponível em: http://hdl.handle.net/11449/126218.

UTILIZAÇÃO DE CRIPTOMOEDAS EM OPERAÇÃO DE AQUISIÇÃO DE IMÓVEIS

Laís Rondinelli

Bacharel e licenciada em Direito pela Universidade Federal do Rio de Janeiro. Advogada no Sender Advogados Associados.
E-mail: lais@sender.com.br.

Leandro Sender

Pós-graduado em Direito Imobiliário pela ABADI. Professor de Direito Imobiliário. Presidente da Comissão de Direito Condominial da ABA/RJ. Diretor de Relações Institucionais do NEED – Núcleo de Estudos e Evolução do Direito, Líder da Comissão de Leilões Judiciais e Extrajudiciais de Bens Imóveis da ABAMI. Membro da Comissão de Direito Imobiliário do IAB. Membro das Comissões de Direito Imobiliário e Condominial da OAB/RJ. Coordenador do Núcleo Imobiliário de Arbitragem da Cames. Palestrante. Autor de diversos artigos jurídicos. Sócio do Escritório Sender Advogados Associados.
E-mail: leandro@sender.com.br.

Leonardo Fajngold

Doutorando e Mestre em Direito Civil pela Universidade do Estado do Rio de Janeiro (UERJ). Pós-graduado em Direito Civil Constitucional pela UERJ. Especialista em Direito dos Contratos pelo Instituto Brasileiro de Direito Civil (IBDCivil). Pesquisador da Clínica de Responsabilidade Civil da Faculdade de Direito da UERJ. Integrou o Conselho Assessor da Revista Brasileira de Direito Civil (RBDCivil). Advogado e sócio de Sender Advogados Associados.
E-mail: leofajngold@gmail.com.

Sumário: 1. A evolução da compreensão acerca do dinheiro e a abordagem jurídica do conceito de criptomoedas – 2. Operações imobiliárias de aquisição de imóveis com criptomoedas – 3. Desafios regulatórios acerca das criptomoedas – Referências.

1. A EVOLUÇÃO DA COMPREENSÃO ACERCA DO DINHEIRO E A ABORDAGEM JURÍDICA DO CONCEITO DE CRIPTOMOEDAS

Na história da humanidade, os meios de troca já contaram com diversas representações, como, por exemplo, o ouro, a prata, conchas, sal, e mais recentemente o papel, estando o universo das transações milenarmente condicionado a contrapartidas que ostentam, de uma forma ou de outra, uma expressão física.

Todavia, a internet fez emergir um conjunto de inovações tecnológicas que impactou por completo os modos de circulação de riqueza, modificando inclusive as dinâmicas relacionais em torno do dinheiro.

Uma grande revolução ocorrida nos últimos tempos foi o surgimento das moedas correspondentes ao real, mas virtualizadas, utilizadas comumente em *internet bankings*, que desburocratizaram os pagamentos, atualmente realizados com apenas um clique em plataformas virtuais.

Estas moedas correspondentes ao real e virtualizadas, por sua vez, tem valor parametrizado pela unidade monetária nacional, e a competência para sua emissão é da União, exercida exclusivamente pelo Banco Central, como determinam os arts. 21, inciso VI,[1] e 164[2] da Constituição Federal.

E para além do fato de que a emissão dessas específicas moedas digitais incumbe ao Banco Central no caso do Brasil, esta instituição também é responsável pela supervisão e regulamentação normativa do tema, havendo também a figura das instituições financeiras como intermediárias das operações com estes ativos.

Para que fique mais claro, observe-se que, segundo Saifedean Ammous, era possível falar, até recentemente, em dois métodos distintos de pagamento, isto é, os pagamentos de dinheiro em espécie e os pagamentos intermediados:[3]

> 1. Pagamentos de dinheiro em espécie, realizados pessoalmente entre duas partes. Esses pagamentos têm a conveniência de serem imediatos, finais e não requerem confiança de nenhuma das partes na transação. Não há atraso na execução do pagamento e nenhum terceiro pode efetivamente intervir para interromper esses pagamentos. Sua principal desvantagem é a necessidade de as duas partes estarem fisicamente presentes no mesmo local e ao mesmo tempo, um problema que se torna cada vez mais acentuado à medida que as telecomunicações aumentam a probabilidade de os indivíduos quererem fazer transações com pessoas que não estão na proximidade imediata.
> 2. Pagamentos intermediados, que exigem terceiros confiáveis, e incluem cheques, cartões de crédito, cartões de débito, transferências bancárias, serviços de transferência de dinheiro e inovações mais recentes, como o PayPal. Por definição, o pagamento intermediado envolve um terceiro responsável pela transferência de dinheiro entre as duas partes envolvidas na transação. [...]

Na esteira dessa evolução, entretanto, houve também o surgimento de uma nova tecnologia do dinheiro, ainda mais disruptiva do que aquela relacionada às moedas virtualizadas, equivalentes ao real: os criptoativos.

Cabe diferenciar, neste momento, que criptoativos representam qualquer ativo digital, abarcando, por exemplo, tokens de segurança, de utilidade, e não fungíveis (NFTs, enquanto as criptomoedas, segundo informações do ChatGPT,

---

1. Art. 21. Compete à União: [...] VII – emitir moeda; [...].
2. Art. 164. A competência da União para emitir moeda será exercida exclusivamente pelo banco central.
3. AMMOUS, Saifedean. *The Bitcoin Standard*: The Decentralized Alternative to Central Banking. John Wiley & Sons, Inc., Hoboken, New Jersey, cap. 8, p. 2, 2018.

seriam um "subconjunto específico de criptoativos que funcionam como meio de troca digital".

As criptomoedas são, portanto, uma espécie de criptoativos, totalmente digitais, e marcadas por características bastante inovadoras, e representam uma alternativa à circulação de riqueza tradicionalmente conhecida e às suas formas de regulamentação, além de terem algumas peculiaridades que serão a seguir abordadas, diferenciando-se do que se chama corriqueiramente de moedas.

Como já visto, as moedas virtualizadas, tradicionalmente usadas em nosso país, são marcadas pela centralização na sua emissão, que incumbe ao Banco Central, e seu valor é vinculado ao real, além de haver uma instituição financeira no controle das transações que as utilizam.

As criptomoedas, no entanto, funcionam de maneira diversa, sendo marcadas pela descentralização e volatilidade, já que o seu valor é orientado pela lei da oferta e procura, inexistindo uma autoridade responsável por sua supervisão.

Via de regra, o controle das transações das criptomoedas é feito por um sistema chamado *blockchain*, que funciona como uma espécie de rede que armazena as informações destas transações de forma definitiva, o que garante aos usuários uma maior segurança.

Vale citar, para elucidação do tema, duas criptomoedas que ganharam protagonismo neste momento do mercado financeiro: o *bitcoin* e o *ether*.

O *bitcoin* foi criado em 2008, e implementado em 2009, idealizado para ser uma moeda constante de uma rede internacional de pagamentos, que independe de uma autoridade para o emitir ou regulamentar, sendo totalmente descentralizado e desvinculado de entidades governamentais.

Pouco tempo depois, em 2013, surgiu a rede Ethereum, cuja moeda utilizada é o *ether*, que, dando um passo à frente nessa escalada de inovações, apresentou um sistema em que não somente os pagamentos, mas também outros elementos poderiam ser descentralizados, a exemplo dos *smart contracts*.

À vista de todos esses avanços, existe atualmente um mercado financeiro de criptomoedas em plena efervescência e que, diferentemente do mercado tradicional, submetido às mais diversas interferências, sejam governamentais ou particulares, é por natureza descentralizado.

Para Saifedean Ammous, "o *Bitcoin* representa a primeira solução verdadeiramente digital para o problema do dinheiro, e nele encontramos uma solução potencial para os problemas de vendabilidade, solidez e soberania".[4]

---

4. AMMOUS, Saifedean. *The Bitcoin Standard*: The Decentralized Alternative to Central Banking. John Wiley & Sons, Inc., Hoboken, New Jersey, cap. 8. 2018.

A par disso, uma pesquisa recente do CoinJournal revelou que o Brasil tem o sexto maior número de proprietários de criptomoedas do mundo, o que demonstra que, apesar de haver certa resistência de alguns setores em relação às tecnologias disruptivas, há uma tendência do crescimento do uso de ativos digitais no dia a dia da população.[5]

Para Rudá Pellini, é possível fazer referência, até mesmo, a uma revolução financeira, que "acontecerá em várias frentes e tem como base um conjunto de invenções desenvolvidas por pessoas (individualmente ou em grupos) ou por startups que estão repensando a nossa forma de nos relacionarmos com o dinheiro e com as informações que circulam na rede".[6]

Por se tratar de um tema bastante transformador das relações sociais de maneira geral, sobre o qual o ordenamento jurídico ainda não se debruçou amplamente, cumpre buscar orientações nas manifestações de instituições e autoridades governamentais, instadas a se manifestar em razão do crescente usos destes ativos, bem como em recente marco regulatório inicial sobre o tema.

No Brasil, a primeira instituição a indicar um possível conceito de criptomoedas foi a Receita Federal, que vem reiterando se cuidar de ativos financeiros, sendo obrigatória a declaração destes em Imposto de Renda.

Veja-se que, em 2019, a Receita Federal editou a Instrução Normativa 1888, que, além de determinar a obrigatoriedade de prestação de informação de operações realizadas com criptoativos (dentre eles, as criptomoedas), trouxe o conceito do que seriam bens dessa ordem no seu art. 5º:

> Art. 5º Para fins do disposto nesta Instrução Normativa, considera-se: I – criptoativo: a representação digital de valor denominada em sua própria unidade de conta, cujo preço pode ser expresso em moeda soberana local ou estrangeira, transacionado eletronicamente com a utilização de criptografia e de tecnologias de registros distribuídos, que pode ser utilizado como forma de investimento, instrumento de transferência de valores ou acesso a serviços, e que não constitui moeda de curso legal.

Ainda, segundo a Comissão de Valores Mobiliários, criptoativos são "ativos virtuais, protegidos por criptografia, presentes exclusivamente em registros digitais, cujas operações são executadas e armazenadas em uma rede de computadores".[7]

Acrescente-se que o Banco do Brasil expediu o Comunicado 25.306, em 19/02/2014, alertando que "as entidades e pessoas que emitem ou fazem a in-

---

5. Disponível em: https://exame.com/future-of-money/brasil-tem-6o-maior-numero-de-proprietarios--de-criptomoedas-aponta-estudo/. Acesso em: 20 nov. 2023.
6. PELLINI, Rudá. *O futuro do dinheiro*. São Paulo: Gente, 2019, p. 58.
7. CVM. Criptoativos, série alertas. Disponível em: www.gov.br/investidor/pt-br/educacional/publicacoes-educacionais/alertas/alerta_cvm_criptoativos_10052018.pdf. Acesso em: 22 nov. 2023.

termediação desses ativos virtuais não são reguladas nem supervisionadas por autoridades monetárias de qualquer país".[8]

Além disso, é possível citar o Parecer de Orientação 40, expedido pela Comissão de Valores Mobiliários, no qual foi apontado que "criptoativos são ativos representados digitalmente, protegidos por criptografia, que podem ser objeto de transações executadas e armazenadas por meio de tecnologias de registro distribuído (Distributed Ledger Technologies – DLTs)".

O Superior Tribunal de Justiça, em análise do tema, nos autos do Conflito de Competência 2018/0248430-4, indicou expressamente que as operações envolvendo a compra e venda destes ativos não encontra regulamentação no ordenamento pátrio, já que as mesmas não são tidas pelo Banco Central como moedas:

> A operação envolvendo compra ou venda de *criptomoedas* não encontra regulação no ordenamento jurídico pátrio, pois as moedas virtuais não são tidas pelo Banco Central do Brasil (BCB) como moeda, nem são consideradas como valor mobiliário pela Comissão de Valores Mobiliários (CVM), não caracterizando sua negociação, por si só, os crimes tipificados nos arts. 7º, II, e 11, ambos da Lei 7.492/1986, nem mesmo o delito previsto no art. 27-E da Lei 6.385/1976 (STJ, Conflito de Competência 161.123/SP, Terceira Seção, Rel. Min. Sebastião Junior, julgamento: 28.11.2018).

Em 2022, pioneiramente, houve a edição do primeiro marco regulatório sobre o tema no Brasil, representado pela Lei 14.478/22, que, em seu artigo 1º, prevê que a normativa "dispõe sobre diretrizes a serem observadas na prestação de serviços de ativos virtuais e na regulamentação das prestadoras de serviços de ativos virtuais".

A lei mencionada, embora não responda satisfatoriamente à demanda legislativa relacionada ao tema, elencou, de forma precursora, uma série de diretrizes que devem observada na prestação de serviços atrelados a ativos virtuais, como se observa a seguir:

> Art. 4º A prestação de serviço de ativos virtuais deve observar as seguintes diretrizes, segundo parâmetros a serem estabelecidos pelo órgão ou pela entidade da Administração Pública federal definido em ato do Poder Executivo:
>
> I – livre-iniciativa e livre concorrência;
>
> II – boas práticas de governança, transparência nas operações e abordagem baseada em riscos;
>
> III – segurança da informação e proteção de dados pessoais;
>
> IV – proteção e defesa de consumidores e usuários;
>
> V – proteção à poupança popular;
>
> VI – solidez e eficiência das operações; e

---

8. Banco do Brasil. Comunicado 25.306 de 19.02.2014 Disponível em: https://www.bcb.gov.br/estabilidadefinanceira/exibenormativo?tipo=comunicado&numero=25306. Acesso em: 20 nov. 2023.

VII – prevenção à lavagem de dinheiro e ao financiamento do terrorismo e da proliferação de armas de destruição em massa, em alinhamento com os padrões internacionais.

Como se pode deduzir do acima abordado, as criptomoedas, em suma, diferentemente das moedas tradicionais, são atualmente classificadas pelas instituições como ativos digitais, que não são emitidos por nenhuma autoridade governamental, e nem mesmo se submetem à sua supervisão, sendo desnecessária a figura de um terceiro intermediador nas transações que os envolvem.

Desse modo, o que marca as criptomoedas é justamente o fato de se inserirem em um sistema financeiro descentralizado, diferentemente do ocorre com as moedas tradicionais, em que a competência para a emissão, no caso do Brasil, está atrelada ao Banco Central.

Conclui-se, portanto, que há mesmo dúvida em creditar a um criptoativo a natureza de moeda, tal como costumeiramente se interpreta esse conceito, sendo possivelmente mais indicado, ao menos no atual estado da técnica, enquadrá-lo como ativo financeiro digital.

Seja como for, fato é que a profusão de emprego dessa espécie de bem como contrapartida a operações variadas tem sido nítida, esperando-se a adoção cada vez mais comum em segmentos variados, o que, naturalmente, se estende ao mercado imobiliário, que tem admitido a utilização de criptomoedas até mesmo na aquisição de imóveis.

Como consequência, surgem diversos desafios jurídicos no tratamento concreto do assunto, sendo certo que não há, até o presente momento, uma legislação que delineie os contornos da utilização desses ativos no mercado imobiliário, cenário que acaba por exigir especial participação da doutrina e da jurisprudência nesse tocante, com vistas a uma maior segurança jurídica na abordagem da questão.

2. OPERAÇÕES IMOBILIÁRIAS DE AQUISIÇÃO DE IMÓVEIS COM CRIPTOMOEDAS

Inicialmente, qualquer uso de criptomoedas em contratações imobiliárias precisa ser enxergado sob o prisma do princípio da legalidade, no sentido de que a sua utilização se presume lícita, por inexistir proibição neste sentido. Isso não afasta, no entanto, o fato de que a referência a esses bens deve ocorrer de maneira criteriosa, a fim de se evitar conflito com a disciplina do ordenamento para uma específica obrigação ou negócio jurídico, inclusive sob pena de eventual configuração de nulidade.

Especialmente no que toca ao contrato de compra e venda de imóveis, há características importantes a serem observadas.

A exemplo, tem-se o disposto no art. 481 do Código Civil, que prevê se tratar de negócio jurídico em que "um dos contratantes se obriga a transferir o domínio de certa coisa, e o outro, a pagar-lhe certo preço em dinheiro".

Essa orientação, via de regra, é percebida à luz da diretriz do art. 315 do Código Civil para efeito de adimplemento das obrigações: "as dívidas em dinheiro deverão ser pagas no vencimento, em moeda corrente e pelo valor nominal, salvo o disposto nos artigos subsequentes".

Pela leitura dos dispositivos, é possível observar que o contrato de compra e venda de imóveis só se efetiva pelo pagamento de preço certo em dinheiro, isto é, moeda corrente, inexistindo previsão jurídica em sentido diverso.

Com isso em vista, não se pode desconsiderar a lição do art. 104 do Código Civil,[9] acerca dos requisitos imprescindíveis à validade de um negócio jurídico, dentre eles o respeito à forma prescrita ou não defesa em lei, com o que se conclui que a celebração de um contrato de compra e venda de imóvel com pagamento em criptomoedas poderia desafiar a normativa própria ao tema, sendo taxado de nulo.

Nesse sentido, a utilização de criptomoedas pelos contratantes, em hipótese de aquisição de imóveis, poderia ser possivelmente melhor qualificada, em termos jurídicos, dentro do gênero de contrato de permuta.

Assim, acaso as partes definam que a alienação de imóvel estará vinculada à transferência de determinado conjunto de criptomoedas, haveria, em rigor, um contrato permuta.

Inclusive, o Código de Normas da Corregedoria de Justiça do Rio de Janeiro, parte extrajudicial, parece também assim entender, na medida em que editou o art. 363 elencando os requisitos a serem observados para lavratura de escritura de permuta entre bem imóvel e criptoativos. Veja-se:

> Art. 363. A lavratura de escritura de permuta entre bem imóvel e criptoativos observará o seguinte:
>
> I – declaração do titular do criptoativo quanto ao seu valor, em reais, tendo por base a cotação do dia da escritura segundo avaliação de mercado;
>
> II – declaração das partes de que reconhecem o conteúdo econômico do criptoativo objeto da permuta, especificando no título o seu valor para fins da permuta;
>
> III – declaração das partes de que o conteúdo dos criptoativos envolvidos na permuta não representa direitos sobre o próprio imóvel permutado, seja no momento da permuta ou logo após, como conclusão do negócio jurídico representado no ato; e
>
> IV – a declaração do titular do criptoativo indicativa da "exchange" envolvida, a saber, a pessoa física ou jurídica que realiza a operação com o criptoativo, tanto de custódia,

---

9. Art. 104. A validade do negócio jurídico requer: I – agente capaz; II – objeto lícito, possível, determinado ou determinável; III – forma prescrita ou não defesa em lei.

intermediação ou negociação, incluindo nome, nacionalidade, domicílio fiscal, endereço, número de inscrição no CPF ou CNPJ ou número de identificação fiscal (NIF) no exterior, se for situada fora do País.

Parágrafo único. Todos os atos notariais e registrais envolvendo negociação com criptoativos deverão ser comunicados ao Conselho de Controle de Atividades Financeiras – COAF, na forma do Provimento CNJ 88/2019.

No mesmo sentido, a Corregedoria de Justiça do Rio Grande do Sul editou o Provimento 038/2021, elencando condições específicas para a lavratura de escritura públicas com contrapartida de criptoativos:

Art. 1º Os Tabeliães de Notas apenas lavrarão escrituras públicas de permuta de bens imóveis com contrapartida de tokens/criptoativos mediante as seguintes condições cumulativas:

I – declaração das partes de que reconhecem o conteúdo econômico dos tokens/criptoativos objeto da permuta, especificando no título o seu valor;

II – declaração das partes de que o conteúdo dos tokens/criptoativos envolvidos na permuta não representa direitos sobre o próprio imóvel permutado, seja no momento da permuta ou logo após, como conclusão do negócio jurídico representado no ato;

IV – que o valor declarado para os tokens/criptoativos guarde razoável equivalência econômica em relação à avaliação do imóvel permutado;

IV – que os tokens/criptoativos envolvidos na permuta não tenham denominação ou endereço (link) de registro em blockchain que deem a entender que seu conteúdo se refira aos direitos de propriedade sobre o imóvel permutado.

A despeito disso, embora a praxe apresente frequente contrapartida em modalidade única (dinheiro ou bem específico), há relevante discussão sobre eventual desnaturação do contrato de compra e venda ou de permuta, quando as partes optam por empregar modalidades diversas no mesmo contrato.

Recomendação doutrinária que tem sido formulada para casos tais está voltada a uma análise objetiva, ou seja, relacionada à extensão de uso de cada modalidade, para que se verifique, diante disso, qual natureza da contratação prevalecerá. Dessa maneira, "será compra e venda se a parte em dinheiro for superior à outra; será troca, em se verificando o oposto".[10]

Assim, tal como outros bens que poderiam vir a ser objeto de permuta, o criptoativo se inseriria nesse rol, permitindo a formalização da relação contratual e a aquisição de imóvel a partir dessa modalidade de compensação financeira.

---

10. GOMES, Orlando. *Contratos*. 26. ed. Rio de Janeiro: Forense, 2009, p. 325-326. O autor ainda prossegue indicando que "a dificuldade na determinação do verdadeiro intento das partes aconselha a adoção do critério objetivo. Seria incorreto qualificar de troca um contrato no qual a prestação pecuniária fosse importante e a outra insignificante, ainda que os contratantes tivessem a intenção de permutar bens. Por outro lado, se o valor da coisa excede o da parte em dinheiro, é óbvio que o contrato não deve ser considerado de compra e venda" (Ibidem, p. 326).

Ao fim e ao cabo, as inovações aqui analisadas, ainda que necessariamente passem por um rigoroso crivo técnico, precisam ser pensadas a partir de uma busca pela sua compatibilização com o ordenamento nacional, não se podendo desconsiderar a realidade social, que já faz largo uso de ativos digitais em operações comerciais variadas, nem os benefícios do avanço tecnológico, com a viabilização de novas formas de trocas no mercado como um todo.

3. DESAFIOS REGULATÓRIOS ACERCA DAS CRIPTOMOEDAS

Apesar das criptomoedas representarem uma verdadeira desburocratização do mercado financeiro e impressionante inovação no que toca à descentralização no controle da circulação de riquezas, há, naturalmente, diversos setores que resistem a estas tecnologias disruptivas.

O primeiro grande desafio regulatório acerca das criptomoedas é esta própria resistência e a falta de compreensão de entidades responsáveis pela elaboração de normativas próprias ao tema.

No momento, não há muito conhecimento ou pesquisa sobre o uso de ativos digitais no mercado financeiro, de forma que os impactos dessas inovações são absolutamente imprevisíveis, fato que deixa os investidores inseguros em ingressar nesse nicho.

É fato de que se trata de um tema não só novo, mas que também interfere nos paradigmas econômicos até então conhecidos, o que intriga autoridades e estudiosos, sobretudo em razão da ausência de uma legislação tributária no Brasil que alcance estes ativos plenamente.

Como resultado da complexidade de tratamento do assunto, há notícia de que dezenas de países baniram o uso de criptomoedas.[11]

No entanto, em sentido diametralmente oposto, houve avanços consideráveis em relação à regulamentação desses ativos em diversos países, a exemplo dos Estados Unidos, Alemanha, China, dentre outros.[12]

E uma das mais expressivas regulações sobre o tema veio de El Salvador, que adotou o *Bitcoin* como sua moeda oficial no ano de 2021, inovando com-

---

11. Disponível em: https://valorinveste.globo.com/mercados/cripto/noticia/2022/01/17/da-regulamentacao-ao-banimento-o-paradoxo-das-criptomoedas-no-mundo.ghtml. Acesso em: 20 nov. 2023.
12. Nos Estados Unidos, por exemplo, recentemente foi aprovado projeto de regulamentação de criptoativos, segundo informações apuradas pelo Valor Econômico. Conforme informações divulgadas pelo site, "o projeto de lei liderado pelos republicanos foi aprovado pelo Comitê de Serviços Financeiros da Câmara de Representantes por 35 votos a 15, principalmente de acordo com as linhas partidárias". Disponível em: https://valor.globo.com/financas/criptomoedas/noticia/2023/07/27/projeto-de-regulacao-de-criptoativos-nos-eua-e-aprovado-em-comite-da-camara.ghtml.

pletamente em relação às tendencias majoritárias de rejeição do uso destes ativos.[13]

O que se observa é que não há uma uniformidade global em âmbito regulatório, de modo que cada país lida de sua forma – e de acordo com a sua realidade – com as criptomoedas, o que gera dificuldades, por exemplo, para sociedades que atuam em países que têm regulamentações contrastantes sobre o tema.

Em dezembro de 2022, foi publicada, no Brasil, a Lei 14.478/22, dedicada aos criptoativos e com o estabelecimento de critérios práticos sobre o tema. Ainda assim, registrou-se que sua entrada em vigor apenas ocorreria cento e oitenta dias após a publicação oficial, de modo que a recentíssima vigência do diploma ainda não repercutiu como se espera ocorrer.

De todo modo, é possível notar que parte da atenção destinada à matéria, inclusive pelo legislativo, diz com a preocupação com o uso das criptomoedas para atividades ilegais, como lavagem dinheiro ou o financiamento a atos ilícitos, principalmente considerando que as transações com criptomoedas podem preservar a identidade dos usuários, dificultando a verificação dos sujeitos envolvidos.

A esse respeito, veja-se apontamentos de Fábio Luiz de Morais e Rondinelli Melo Alcântara Falcão:[14]

> No entanto, deve-se também reconhecer que as criptomoedas, a cada dia, tornam-se mais atrativas para a atividade de lavagem, em virtude de sua crescente aceitação em negócios lícitos, inclusive se tornando interessante meio de investimento (Silveira, 2016, p. 16), bem como por sua facilidade de transferência de recursos, sem os controles rígidos do sistema tradicional, inclusive de anonimato. Nos últimos tempos, a relevância das criptomoedas, principalmente da *Bitcoin*, ficou evidente. Por exemplo, em virtude da guerra da Ucrânia, já se tem notícias que os países envolvidos estão utilizando as criptomoedas: a Rússia para fugir dos embargos e a Ucrânia para receber a ajuda financeira necessária para custear a guerra. Outra informação recente foi a de que a Rússia teria proposto o uso de criptomoedas no comércio exterior para ajudar a economia do país e, em contrapartida, os EUA propõem novas sanções à Rússia: foco nos mineradores de *Bitcoin* (essas empresas, aparentemente, ajudam a Rússia a monetizar seus recursos naturais). Sobre este último ponto, destaca-se que tal medida está em consonância com recente relatório do FMI, afirmando que a mineração de *Bitcoin* pode permitir que países monetizem recursos energéticos (FMI, 2022). Nesse sentido, é preciso reconhecer que práticas regulatórias preventivas precisarão ser implementadas, principalmente quanto à inibição do cometimento de ilícitos, e como meio de garantia de padrões de integridade para prevenir riscos ao consumidor, bem como lavagem de dinheiro e financiamento do terrorismo (Hofert, 2019), impulsionamento dos investimentos em criptoativos. Para tanto,

---

13. Disponível em: https://www.cnnbrasil.com.br/economia/el-salvador-se-torna-o-primeiro-pais-a-a-dotar-bitcoins-como-moeda-oficial/.
14. DE MORAIS. Fabio Luiz e FALCÃO, Rondinelli Melo Alcântara. A regulação de criptomoedas como instrumento de prevenção à lavagem de dinheiro. *Revista da CGU*, 2022. Disponível em: https://revista.cgu.gov.br/Cadernos_CGU/article/download/607/337.

deve-se compreender que a regulação não deve impedir o avanço das criptomoedas, nem tampouco deve-se criminalizar o seu uso, pelo contrário.

Por fim, uma questão também bastante discutida é a alta volatilidade desses ativos, que, sujeitos à lei da oferta e procura, sofrem as mais variadas e drásticas flutuações.

No entanto, cabe ao jurista, antes de rechaçar, de pronto, eventuais mudanças nas relações conhecidas até o momento, por mais significativas que sejam, extrair o potencial transformador dessas novas tecnologias, buscando compatibilizá-las com o universo do direito, de modo a, de um lado, alavancar modos distintos de troca entre os indivíduos, e, de outro, garantir a proteção dos interesses daqueles que pretendem adentrar nessa esfera.

Assim, em que pese os desafios pontuados, parece ser perfeitamente possível que o mundo globalizado, de forma transfronteiriça, colabore mutuamente para que estas novas tecnologias sejam regulamentadas, criando um ambiente seguro que permita que estes ativos possam ganhar posição ainda mais relevante em momento futuro.

REFERÊNCIAS

AMMOUS, Saifedean. *The Bitcoin Standard*: The Decentralized Alternative to Central Banking. John Wiley & Sons, Inc., Hoboken, New Jersey, cap. 8, p. 2, 2018.

BANCO DO BRASIL. Comunicado 25.306 de 19.02.2014 Disponível em: https://www.bcb.gov.br/estabilidadefinanceira/exibenormativo?tipo=comunicado&numero=25306. Acesso em: 20 nov. 2023.

CVM. Criptoativos, série alertas. Disponível em: www.gov.br/investidor/pt-br/educacional/publicacoes-educacionais/alertas/alerta_cvm_criptoativos_10052018.pdf. Acesso em: 22 nov. 2023.

DE MORAIS. Fabio Luiz e FALCÃO, Rondinelli Melo Alcântara. A regulação de criptomoedas como instrumento de prevenção à lavagem de dinheiro. *Revista da CGU*, 2022. Disponível em: https://revista.cgu.gov.br/Cadernos_CGU/article/download/607/337.

GOMES, Orlando. *Contratos*. 26. ed. Rio de Janeiro: Forense, 2009.

PELLINI, Rudá. *O futuro do dinheiro*. São Paulo: Gente, 2019.

ONDE ESTÁ O DINHEIRO – O DESAFIO DA MONETIZAÇÃO NAS TRANSAÇÕES IMOBILIÁRIAS EM UM AMBIENTE DIGITAL

Marcelo Prata

Graduado em Finanças pela Fundação Getúlio Vargas. Soma 20 anos de experiência em crédito e mercado imobiliário. Também atuou como um dos pioneiros no mercado de *fintechs*[1] no Brasil. Em 2015, fundou a *proptech* Resale, *outlet* imobiliário especializado na venda de imóveis com preços abaixo do mercado, que em 2019 foi adquirida pelo Banco BTG Pactual.

E-mail: marcelo.prata@resale.com.br

Em 2016 um estudo divulgado pela Ernst & Young,[2] uma das maiores empresas de consultoria do mundo, responsável por análises em diversos setores da economia global, deixou o mercado imobiliário em polvorosa. A previsão era de que até 2025 a profissão do corretor de imóveis deixaria de existir. Em grande parte, a justificativa estava por trás do avanço tecnológico por meio da inteligência artificial (IA), que otimizaria a força de trabalho e traria a digitalização dos processos. Passados sete anos e com apenas dois restantes para completar o prazo da "profecia", será que os consultores estavam corretos?

Achei que a melhor forma de saber seria perguntar para ele, que é protagonista nessa história. Se você pensou em um corretor de imóveis, errou. Fui conversar com o ChatGPT®, o *chatbot*[3] que utiliza inteligência (IA) e desenvolvida pela empresa americana OpenAI, que teve entre seus fundadores iniciais o polêmico Elon Musk, fundador da SpaceX, Tesla e mais recentemente, comprador do Twitter. Nada melhor do que "ouvir" de um robô o que ele pensa sobre o futuro da profissão que ele mesmo foi acusado de roubar em um futuro muito próximo.

E então Mr. ChaGPT®, a profissão do corretor de imóveis vai acabar?

Eis a resposta: *"Não é provável que a profissão do corretor de imóveis acabe no curto ou médio prazo. Embora haja mudanças no mercado imobiliário com a utilização de tecnologias digitais, a compra e venda de imóveis ainda é uma decisão*

---

1. O termo fintech é uma junção das palavras "finance" (finanças) e "technology" (tecnologia) e refere-se a empresas que utilizam a tecnologia para oferecer soluções financeiras de forma mais ágil, eficiente e acessível aos consumidores.
2. JANUZZI, F. *Profissões como corretor de imóveis e árbitro devem desaparecer até 2025*. Disponível em: https://g1.globo.com/jornal-da-globo/noticia/2016/09/profissoes-como-corretor-de-imoveis-e-arbitro-devem-desaparecer-ate-2025.html. Acesso em: 19 abr. 2023.
3. Chatbot é um programa de computador que simula uma conversa humana por meio de chat, mensagens de texto ou voz.

complexa e importante que exige o apoio e a expertise de um corretor de imóveis qualificado.

Apesar de haver cada vez mais tecnologias e ferramentas digitais para facilitar as transações imobiliárias, o corretor de imóveis desempenha um papel importante na negociação de imóveis, como ajudar a encontrar o imóvel adequado às necessidades do cliente, providenciar toda a documentação necessária para a transação, auxiliar no financiamento e garantir a segurança jurídica do negócio.

Além disso, é importante ressaltar que a profissão do corretor de imóveis está regulamentada por lei e exige formação específica e registro no Conselho Regional de Corretores de Imóveis (CRECI), o que garante uma qualificação mínima e o comprometimento ético do profissional.

Portanto, embora haja mudanças no mercado imobiliário e a utilização de tecnologias digitais, a profissão do corretor de imóveis ainda tem um futuro promissor, com a demanda por profissionais qualificados e experientes em transações imobiliárias".

A menos que já tenha aprendido a ser dissimulado, nosso amigo constituído por sofisticados algoritmos, concorda com muitos especialistas do setor sobre a importância da figura dos corretores de imóveis nessa indústria. Mas o que isso tem a ver com as transações imobiliárias? Mais especificamente, porque isso é relevante quando pensamos sobre o futuro dessa indústria, sua digitalização e o potencial de monetização ainda pouco alcançado pelas empresas de tecnologia no que diz respeito a se apropriarem de parte da receita gerada nas transações?

Pois bem, em meio a tanta tecnologia, inovação e barulho em torno das empresas bilionárias que têm buscado desbravar o mercado imobiliário, conhecidas como unicórnios,[4] o fato é que eles, os bons e velhos corretores de imóveis, continuam sendo os principais responsáveis por fazer algo tão simples e, ao mesmo tempo, tão complexo: aproximar duas partes que desejam fazer negócio, tendo no meio dessa história um imóvel para alugar ou para vender. Embora quando falemos sobre transações imobiliárias possamos tratar tanto as operações de locação, quanto nas de compra e venda, para esse ensaio, daqui para frente, farei meus comentários exclusivamente nessa última, dado os altos valores negociais envolvidos.

Não são raros os casos de transações bilionárias do mercado imobiliário sendo conduzidas por profissionais com baixíssimo nível de escolaridade, com limitado conhecimento jurídico e financeiro, mas embolsando alguns milhões de

---

4. Unicórnios são empresas, *startups* privadas com valor de mercado acima de US$ 1 bilhão. O termo "unicórnio" foi criado em 2013 por Aileen Lee, fundadora da Cowboy Ventures, para descrever as empresas que eram tão raras quanto os unicórnios mitológicos.

reais por terem promovido a aproximação de quem queria comprar com quem queria vender. O que mais chama a atenção é que, nas pontas de compradores e vendedores, podem estar grandes corporações, profissionais altamente qualificados, executivos de grandes empresas, experientes analistas financeiros mas, ainda assim, quando o assunto é a transação imobiliária, a maior autoridade do assunto ainda são os corretores de imóveis.

Esse cenário, ao longo dos últimos anos, com a democratização da tecnologia pela internet, com os baixos custos para desenvolvimento de soluções tecnológicas, motivou centenas de milhares de *startups*[5] em todo o mundo a tentarem resolver parte dessas possíveis dores encontradas no mercado imobiliário. Grande parte delas nasceu com o único objetivo de, a exemplo do que previu a Ernst & Young, desintermediar essas transações tirando do circuito o corretor de imóveis, buscando uma fatia desse trilionário mercado global, estimado em cerca de $10,5 trilhões de dólares.[6]

Por aqui no Brasil não tem sido diferente. Seja na locação ou na venda, muitas têm sido as teses propostas por empresas de tecnologia dedicadas ao mercado imobiliário, as tais *Proptechs*,[7] como são conhecidas. *Slogans* como "compre e venda direto com o proprietário", "negócios 100% online e digitais", "aqui não temos corretores de imóveis", "maior imobiliária digital do Brasil", não foram suficientes para criar, de verdade, modelos escaláveis para as transações imobiliárias. Do outro lado, os precursores da tecnologia no mercado imobiliário, os grandes classificados de imóveis (*listings*) buscam formas de expandir suas receitas indo além do tradicional modelo de monetizarem seus negócios por meio dos anúncios. A grande questão que persegue esse setor é como ficar com um pedaço de todas as centenas de milhares de transações que acontecem bem ali, debaixo dos seus narizes, sem, contudo, matar as suas galinhas dos ovos de ouro, os anunciantes.

Para exemplificar esse desafio, em 2021, uma desastrada ação de marketing de uma das áreas de negócios do Portal ZAP, comprado um ano antes pela gigante OLX, disparou para diversos proprietários de imóveis que tinham seus anúncios no portal, com uma mensagem dizendo: "*Sabe quanto você vai poupar vendendo seu apartamento sem precisar de intermediários?*" Nem é preciso dizer do impacto que isso causou nos anunciantes do site, muitos divulgaram notas de repúdio, isso sem falar do alvoroço causado entre corretores em seus grupos de mensagens.

---

5. Uma *startup* é uma empresa recém-criada com um modelo de negócios inovador e escalável, geralmente baseado em tecnologia.
6. MSCI. Real Estate Market Size 2020/21. Disponível em: https://www.msci.com/documents/10199/a4535e8e-3b0d-f34d-4a0b-dc73058f7469. Acesso em: 20 abr. 2023.
7. *Proptechs* são empresas de tecnologia que oferecem soluções inovadoras para o setor imobiliário. O termo é uma junção das palavras "property" (propriedade, em inglês) e "technology" (tecnologia, em inglês).

A empresa precisou correr para justificar a ação e se desculpar publicamente, reafirmando seu compromisso com o setor. Sem dúvidas isso não foi da "boca para fora", dado que o ZAP e OLX são um dos maiores incentivadores do setor no Brasil, produzindo grandes eventos para capacitar e conectar corretores de imóveis. Mas se tem uma coisa que meus cabelos grisalhos ensinaram, é que onde tem fumaça, tem fogo, e "atos falhos" dessa natureza sempre são precedidos por algum fundo de verdade.

Não é novidade alguma que os valores de comissionamento envolvidos em uma transação imobiliária podem ser estratosféricos quando analisamos o trabalho que foi prestado na negociação. Poucas profissões conseguem se apropriar de tais cifras, ou quando o fazem, estão sujeitas à forte regulação como, por exemplo, a CVM (Comissão de Valores Mobiliários), como no caso dos agentes autônomos de investimentos. Não estou aqui dizendo que não exista muito valor agregado nessa prestação de serviços, como assessoria jurídica, investimentos na prospecção de clientes, aproximação e negociação entre as partes, entre outros. O fato é que para olharmos para o futuro das transações imobiliárias sob a ótica das novas tecnologias, é preciso sermos realistas, deixarmos a paixão de lado e entendermos onde estão as dores reais e as oportunidades ainda não exploradas dessa indústria. Por outro lado, é de suma importância para os corretores de imóveis que eles entendam que, assim como aconteceu em outras indústrias, como turismo, não só a sua profissão, mas o formato do seu trabalho já está sendo fortemente impactado pelas novas tecnologias e que é preciso se alinhar a esses novos movimentos.

1. Quais as dores de quem compra ou vende um imóvel no Brasil?

Mais uma vez recorri ao mais novo amigo, o ChatGPT® com essa pergunta e a resposta foi contundente:

"As dores de quem compra ou vende um imóvel no Brasil podem variar dependendo das circunstâncias específicas de cada transação. No entanto, algumas dores comuns podem incluir:

1. Burocracia e papelada: O processo de compra ou venda de imóveis no Brasil pode envolver uma quantidade significativa de documentação e burocracia, o que pode ser um desafio para pessoas que não estão familiarizadas com o processo.

2. Financiamento: O financiamento imobiliário no Brasil pode ser um processo complexo, com taxas de juros e prazos variáveis, o que pode tornar difícil para algumas pessoas encontrar um financiamento adequado.

3. Negociação de preços: A negociação de preços pode ser um desafio, tanto para compradores quanto para vendedores, especialmente em um mercado imobiliário em constante mudança.

4. *Segurança jurídica:* Garantir a segurança jurídica da transação pode ser um desafio, especialmente para compradores que não estão familiarizados com as leis e regulamentos imobiliários do Brasil.

5. *Tempo e esforço:* O processo de compra ou venda de um imóvel pode levar tempo e esforço significativos, desde a busca pelo imóvel até a conclusão da transação.

6. *Manutenção e reparos:* Para os compradores, a manutenção e reparos do imóvel podem ser uma preocupação constante, especialmente se o imóvel estiver em más condições ou precisar de reparos significativos.

7. *Valorização e depreciação:* Para os vendedores, a valorização e depreciação do imóvel podem ser uma fonte de preocupação, especialmente em um mercado imobiliário em constante mudança."

Embora as respostas contem com a minha mais absoluta concordância, sempre tendo a desconfiar daquilo que é o "senso comum", especialmente, quando até um robô sabe a resposta na "ponta do algoritmo".

Meu ponto é o seguinte: Se estamos buscando entender como as transações imobiliárias podem acontecer em um ambiente digital, parece fazer sentido que qualquer empresa que se proponha a isso, tenha que resolver essas dores ou, pelo menos, parte delas, certo?

Pelo menos é isso o que vemos sendo amplamente divulgado pelas grandes empresas do setor:

- *Por que é mais fácil comprar seu apê na Empresa A?*
- *A melhor experiência de compra*
- *Documentação sem burocracia*
- *Financiamento*
- *Deixe o apê com a sua cara*
- *Quem busca segurança, escolhe a Empresa B!*
- *Conte com nossos consultores para conseguir as melhores taxas de financiamento e tirar todas as suas dúvidas durante todo o processo.*
- *Assessoria completa em todo processo de compra e venda na Empresa C!*
- *Encontramos o imóvel ideal em qualquer lugar para você*
- *Te apoiamos no financiamento*
- *Assessoramos você na parte jurídica, garantindo mais segurança*

Mais uma vez, parece que as empresas do setor imobiliário estão alinhadas com as tais "dores" dos seus clientes, certo? Errado! E vou contar o porquê.

Em 2020, logo no início da pandemia do Coronavírus, o Data Zap, braço de pesquisas e dados do Portal ZAP/OLX, divulgou um estudo com um levantamento cruzando a percepção do setor imobiliário (mercado) com o que os clientes, de fato, esperavam quando iam comprar um imóvel, uma espécie de "expectativa *versus* realidade". Em um dos recortes da pesquisa, na 1ª onda da pandemia, que avaliou quais medidas adotadas pelo setor haviam sido adotadas no que diz respeito às visitas aos imóveis, 31% dos profissionais entrevistados disseram que consideravam fornecer o endereço completo do imóvel como algo importante. Enquanto isso, para 60% dos clientes, essa informação era fundamental.

O ponto é, por que esse descolamento entre o que o cliente queria e o que mercado entendia ser o que ele precisava? Se o cliente pede o endereço completo, por que simplesmente os corretores e imobiliárias não divulgam? Isso exige zero tecnologia, certo? Certo! Mas você consegue intuir, sem ir lá no ChatGPT® perguntar? Eu não resisti e fui. Todas as respostas foram politicamente corretas, temas como oferecer segurança para o proprietário, evitar que concorrentes o abordem, cuidar da privacidade, blá, blá, blá e blá. Quer saber o real motivo? Eu te conto. O fato é que a esmagadora maioria dos compradores e vendedores de imóveis, não hesitaria em fechar o negócio direto, sem a participação dos corretores de imóveis que os apresentaram, simplesmente para não pagarem a comissão da intermediação. Não sem motivos, o Judiciário está abarrotado de ações tratando desse assunto que, embora claramente prevista no Código Civil, é amplamente desrespeitada:

> Artigo 727: Se, por não haver prazo determinado, o dono do negócio dispensar o corretor, e o negócio se realizar posteriormente, como fruto da sua mediação, a corretagem lhe será devida; igual solução se adotará se o negócio se realizar após a decorrência do prazo contratual, mas por efeito dos trabalhos do corretor.

Bom, isso significa que somos um povo condenado à irrefutável influência da Lei de Gérson,[8] de só querermos levar vantagem em tudo? Defendo ferozmente que tal prática é ilegal e imoral, revela um completo desrespeito ao serviço prestado pelos corretores ou pela imobiliária e, como tal, encontra ampla jurisprudência para que o pagamento devido seja realizado, nos casos em que tal prática seja descoberta.

Ainda assim, é preciso nos questionarmos. Se temos "dores" envolvendo a transação que até um robô sabe quais são, se do outro lado temos empresas e profissionais que "juram de pés juntos" conseguirem resolvê-las, por qual motivo compradores e vendedores ainda preferem resolver essas dores sozinhos e, em alguns casos, ainda correrem o risco de ter que responder judicialmente por tal prática?

Tenho duas hipóteses:

---

8. A Lei de Gérson é uma expressão popular que se refere a uma atitude de aproveitamento pessoal em detrimento do coletivo, buscando vantagem em todas as situações. A expressão ficou famosa por meio de uma propaganda de cigarros veiculada na década de 1970 no Brasil, onde o jogador de futebol Gérson aparecia dizendo que "gosta de levar vantagem em tudo".

A primeira: talvez essas "dores" sejam secundárias quando comparadas ao forte desejo de compra do imóvel. Assim como uma criança que atravessa a rua correndo sem olhar para os lados para entrar em uma loja de brinquedos, negando todo o risco que isso representa, independente de quantas vezes isso lhe tenha sido alertado. Aliado a isso, temos o fato de que o brasileiro é pouco letrado juridicamente, desconhecendo os reais perigos envolvidos em uma transação imobiliária mal conduzida. Soma-se a isso a baixa recorrência de compra de um imóvel, algo em torno de 1,8 vezes ao longo da vida de uma família média.

Portanto, talvez o que o mercado e os unicórnios tenham definido como "dores", para os compradores e vendedores, talvez não o sejam. Quando muito, são assuntos que eles sabem que precisam ser tratados, mas que dependendo do impulso em realizar o "sonho" da compra do imóvel, ficarão em segundo plano.

Minha segunda hipótese é que, mesmo tendo noção da importância de se resolver essas "dores", a maior parte das pessoas não consegue perceber que o valor cobrado pela intermediação, de fato, vale o que está sendo entregue. Profissionais mal preparados, instrumentos jurídicos genéricos e que deixam em risco as partes, ausência de seguros e garantias para os casos de insucesso na transação, são apenas alguns dos ingredientes de que o serviço não vale o quanto custa.

E no final, talvez seja exatamente uma combinação de ambas as hipóteses. Seja como for, isso explicaria porque nenhuma empresa, mesmo valendo alguns bilhões de dólares, ainda não conseguiu criar um modelo de negócios escalável para resolver o tema das transações imobiliárias e ainda dependa do bom e velho corretor de imóveis para fazer isso. E o principal sinal de que isso é verdade vem do fato de que essas grandes empresas, depois de torrarem alguns bilhões, tenham optado por movimentos como comprar imobiliárias regionais, ou então se associarem com grandes redes com modelos de negócios tradicionais. Afinal de contas, se tem uma coisa que os investidores de tecnologia mais odeiam do que não acompanhar as tendências, é queimar dinheiro fracassando.

Para mim, que acompanho esse mercado há algumas décadas, é o equivalente a um banco digital, com aplicativo de ponta, pedir que eu procurasse meu gerente, em uma agência física, para resolver algum problema, ou ainda, me enviasse um talão de cheques para que eu pudesse fazer meus pagamentos. Isso vale para o mercado imobiliário, se quisesse uma solução digital para transacionar um imóvel, não gostaria de um modelo convencional para isso.

Após algumas décadas acompanhando o setor, e tendo fundado duas *startups* na área, lidado com fundos de investimentos e diversos entes desse mercado, sinto-me muito tranquilo para dizer que o que está errado são as premissas. Nenhuma empresa de tecnologia conseguirá criar um modelo de negócios escalável, que gere valor para todas as partes envolvidas e que ainda monetize nas transações imobiliárias se não jogar por terra essas premissas básicas:

1. As pessoas não estão dispostas a pagar algumas dezenas ou centenas de milhares de reais para terem segurança jurídica, assessoria em financiamento, ou ainda, verem fotos bonitas dos imóveis. Com o que se cobra para isso, dá para reformar um imóvel, comprar móveis e dar uma festa para comemorar a nova moradia.

2. Ninguém é tão bom vendedor que convença alguém a comprar um imóvel. As pessoas compram o que elas querem ou desejam. Bons negociadores são aqueles que criam caminhos que viabilizem a transação. Na grande maioria das vezes, os corretores somente estavam na hora e no lugar certo, nada mais do que isso. Portanto, processos e metodologia podem ser infinitamente mais eficientes do que um "bom vendedor", em 90% dos casos.

3. As comissões de intermediação deixarão de existir nos patamares atuais, elas serão substituídas por modelos de taxas fixas ou variáveis, mas muito abaixo dos patamares que conhecemos. Qualquer empresa que for construída contando com as taxas (%) atuais não terá uma operação que fechará a conta nos próximos cinco anos.

Falo isso com a propriedade de quem já testou esse caminho em minhas empresas e de quem já provou que isso é possível. Cansei de participar de "reuniões de fechamento" de horas, que teriam sido resolvidas com processos que trouxessem para a negociação, elementos de *gamificação*,[9] senso de escassez,[10] serviços de *Clearing*[11] ou a segurança financeira por meio de contas *Escrow*.[12] A minha presença ali era mera alegoria para passar a ideia de que houve uma negociação, para dar um conforto emocional de que tomaram a melhor decisão após apresentarem seus argumentos. A verdade? Em breve, um robô treinado teria feito isso. A realidade? O mercado segue apostando e investindo nesse modelo arcaico de negociação.

Bom, mas como empreendedor e cético que sou, vou seguir defendendo que, assim como a tecnologia mudou dezenas de indústrias e nos ajudou a fazer

---

9. Gamificação é a aplicação de elementos de jogos em contextos não relacionados a jogos, com o objetivo de engajar e motivar pessoas em determinadas atividades. Esses elementos podem incluir, por exemplo, desafios, recompensas, pontos, *ranking*, avatares, narrativas e *feedbacks*.
10. Senso de escassez se refere à percepção de que algo é limitado ou escasso, o que pode aumentar o valor percebido desse objeto ou recurso. Em outras palavras, quanto mais raro ou difícil de obter algo é, mais valor ele tende a ter para as pessoas.
11. *Clearing* é um processo de compensação e liquidação de operações financeiras realizadas em mercados organizados, como bolsas de valores e mercados de derivativos. A *Clearing house* ou câmara de compensação é uma entidade responsável por esse processo, que envolve a reconciliação das ordens de compra e venda, a avaliação e gerenciamento de riscos, o registro das operações e o acerto financeiro entre as partes envolvidas.
12. Uma conta *escrow* é uma conta de depósito que é gerenciada por uma terceira parte neutra, com o objetivo de garantir a segurança e a transparência em transações financeiras ou comerciais entre duas partes. Nesse tipo de conta, o dinheiro é mantido em um ambiente seguro até que as condições previamente acordadas para a sua liberação sejam cumpridas.

melhor muitas das atividades que fazíamos como, pedir um táxi, assistir a uma série, fazer compras, viajar, encontrar um hotel, se hospedar por temporadas, ou comer uma pizza no final de semana, muito em breve mudaremos completamente a forma como compramos e vendemos imóveis.

Já que agora é a minha vez de emitir opiniões, vou me permitir, sem algoritmos, a palpitar sobre algumas questões:

1. Os corretores de imóveis deixarão de existir? Não, mas terão sua receita e seu formato de atuação drasticamente alterados nos próximos anos.

2. As grandes *Proptechs* sobreviverão? Sim, desde que se consolidem, porque a conta não fecha e os investidores logo perceberão que não encontrarão facilmente alguém para "passar adiante" seus ativos.

3. Os grandes portais imobiliários (*listings*) conseguirão ser os protagonistas de uma mudança no mercado transacional imobiliário? Não, eles seguirão com seus modelos de anúncios, mas sem conseguirem criar inovações reais na ponta da transação. Isso porque são muito dependentes dos seus anunciantes, que assim como qualquer indústria tradicional, defenderá com afinco o mercado conquistado até aqui, mesmo que isso signifique desaparecerem com ele.

4. Como criar um modelo transacional que gere valor e escalabilidade para o mercado imobiliário? É preciso pensar fora desse setor. Minha aposta é de que a solução virá de outra indústria, seja do mercado financeiro, de *distressed*,[13] de seguros, tecnologia, varejo ou até da saúde.

Acredito que nos últimos anos tenhamos nos distraído com a grande quantidade de capital investido no mercado imobiliário para criar grandes empresas. Isso tirou o foco de como identificar e resolver as verdadeiras necessidades dos clientes e do mercado como um todo. A partir de agora, com disponibilidade de dinheiro limitada, com a necessidade de fazer a conta fechar e com muita gente boa embarcada nessa indústria, deveremos ver nos próximos cinco anos o mercado imobiliário se desenvolver assim como aconteceu no mercado financeiro. E para os meus bons e velhos companheiros de profissão, os corretores de imóveis, fica a dica, corram, o futuro está logo aqui.

REFERÊNCIAS

JANUZZI, F. *Profissões como corretor de imóveis e árbitro devem desaparecer até 2025*. Disponível em: https://g1.globo.com/jornal-da-globo/noticia/2016/09/profissoes-como-corretor-de-imoveis-e-arbitro-devem-desaparecer-ate-2025.html. Acesso em: 19 abr. 2023.

MSCI. Real Estate Market Size 2020/21. Disponível em: https://www.msci.com/documents/10199/a4535e8e-3b0d-f34d-4a0b-dc73058f7469. Acesso em: 20 abr. 2023.

---

13. Palavra em inglês que pode ser traduzida como "em dificuldade", "em crise", "em situação de estresse" ou "em estado de insolvência".

IMPACTOS DA TECNOLOGIA CRIPTO NO MUNDO JURÍDICO

Haroldo Lourenço

Pós-doutor em Direito (UERJ). Doutor e Mestre em Direito Processual Civil (UNESA). Pós-graduado em Processo Constitucional (UERJ) e Processo Civil (UFF). Professor adjunto doutor na Universidade Federal do Rio de Janeiro (UFRJ). Professor convidado da Fundação Getúlio Vargas (FGV) e na Escola da Magistratura do Rio de Janeiro (EMERJ). Ex-diretor jurídico e atualmente Coordenador da ABAMI (Associação Brasileira de Advogados do Mercado Imobiliário). Membro da comissão de Direito Imobiliário do IAB (Instituto dos Advogados Brasileiros) e da OAB (Ordem dos Advogados do Brasil). Membro do Instituto Brasileiro de Direito Processual (IBDP), Academia Brasileira de Direito Processual Civil (ABDPC), do Instituto Carioca de Processo Civil (ICPC), da Instituto dos Advogados Brasileiros (IAB) e da Associação Brasileira de Advogados (ABA). Autor de diversos livros e artigos jurídicos. Sócio fundador do BLP Advogados, 18 anos de experiência como advogado em litígios cíveis e imobiliários de pequena, média e grande complexidade.

E-mail: haroldo@blpadv.com.br.

Sumário: 1. Introdução – 2. Definição de alguns institutos: *blockchain, smart contracts* e *tokenização* – 3. A tokenização de ativos imobiliários – 4. Das regulamentações jurídicas sobre o tema – 5. Conclusão – Referências.

1. INTRODUÇÃO

Pelas relações jurídicas obrigacionais se estruturam o regime econômico e de distribuição de bens, fomentando a autonomia privada que inegavelmente se reflete na esfera patrimonial da sociedade, contrapesando as relações entre credores e devedores, em prestações de dar, fazer, não fazer, entrega de coisa e pagar quantia.

Um reflexo jurídico da dinamicidade das relações obrigacionais pode ser observado pela chamada Lei de Liberdade Econômica (Lei 13.874/19), que fincou diversas premissas jurídicas em nosso ordenamento, como na interpretação de um negócio fundado no comportamento posterior das partes,[1] usos e costumes do mercado,[2] boa-fé objetiva,[3] função social do contrato,[4] intervenção mínima e excepcionalidade da revisão contratual.[5]

---

1. Art. 113 § 1º, I Código Civil, como a redação dada pela Lei nº 13.874/19.
2. Art. 113 § 1º, II Código Civil.
3. Art. 113 § 1º, III, Código Civil.
4. Art. 421, Código Civil.
5. Art. 421, parágrafo único, Código Civil.

Em meio à dinamicidade das relações obrigacionais, a tecnologia cripto, a aplicação de produtos e programas tecnológicos, o mercado jurídico e imobiliário se adaptam a *blockchain*, aos *smart contracts* e a *tokenização* de ativos imobiliários.

2. DEFINIÇÃO DE ALGUNS INSTITUTOS: *BLOCKCHAIN, SMART CONTRACTS* E *TOKENIZAÇÃO*

Quando se fala de tecnologia de criptoativos[6] está se referindo a ativos digitais transacionados de forma eletrônica que podem ser utilizados para investir, especular, transferir valores ou ainda, para acessar serviços.

Ocorre, contudo, que essa tecnologia cripto vai muito além de transações de moedas digitais, envolvendo várias outras questões, como *blockchain, smart-contracts*, influenciando totalmente a forma de registro e realização de negócios jurídicos.

A *blockchain*[7] (ou cadeia de blocos) é um serviço de registro distribuído no formato *peer-to-peer* ("P2P"), ou seja, de pessoa para pessoa ou ponto a ponto, o que alguns chamam de "nós", em que todos os participantes podem ver os dados e verificá-los (ou rejeitá-los), por consenso, sendo seguro e usado para gravar transações[8] em sua rede descentralizada de computadores, criando um grande banco de dados avançado que permite o compartilhamento transparente de informações entre os usuários.

Em síntese, é uma forma de armazenando dados em blocos interligados em uma cadeia, monitorando pedidos, pagamentos, contas, entre outras transações, não sendo possível excluir ou modificar a cadeia sem o consenso de toda a cadeia.

Esse "protocolo de confiança" acontecerá, portanto, a partir de um conjunto de "nós" de uma rede de computadores, em que todos esses "nós" possuem as mesmas informações, adicionados à rede pelos participantes, frequentemente conhecidos como mineradores, sendo que cada bloco é validado pelo sistema e, imediatamente, ligado ao bloco anterior.

Os blocos são protegidos por um código e cada bloco novo carrega o seu código e o código do bloco anterior ao qual foi ligado.

---

6. Importante frisar que criptoativo não é a mesma coisa que criptomoeda, porém, a rigor, toda e qualquer criptomoeda será sempre um criptoativo, mas o inverso não é verdadeiro. Criptomoeda é uma categoria ou espécie de criptoativo.
7. Criado em 1991 por Stuart Haber e W. Scott Stornetta, que trabalhavam na Xerox. A fim de evitar fraudes em artigos científicos, o projeto deles envolvia criar blocos de informações atrelados uns aos outros que não pudessem ser alterados sem ser percebidos por todos.
8. Atualmente é muito utilizada para transações monetárias, as quais já possuem reflexos jurídico, porém pode ser utilizadas para qualquer outra operação jurídica, como uma compra e venda ou uma locação.

Por representar registro de operações executadas que se valem de uma base de dados descentralizada,[9] a *blockchain* é comparável aos clássicos e obsoletos livros contábeis, societários (art. 27 da Lei 6.404/76),[10] de escrituração notarial e registral (art. 3º Lei 6.015/73)[11] ou até a matrícula imobiliária que se rege pela concentração (art. 54 Lei 13.097/15).[12]

O *blockchain* pode fazer às vezes de um livro contábil, no Direito Imobiliário, da matrícula de um imóvel, porém, em ambos os casos, seria tudo digital, público e imutável, podendo ter diversas outras utilidades, sem a necessidade de um intermediário (contador ou oficial do registro de imóveis) para validar a operação, pois a *blockchain* pode intermediar qualquer relação que exija confiança entre múltiplas partes.

A descentralização da *blockchain* se caracteriza pela ausência da intervenção de um terceiro ou intermediário, seja ele público ou privado, eis que o sistema funciona mediante esforço computacional de vários usuários conectados à rede e não em um único agente, como ocorre, por exemplo, na operação via cartão de crédito, que está concentrada em uma instituição financeira ou com a transferência da propriedade, que no Brasil é concentrada nos cartórios de Registro Geral de Imóveis (art. 1.245, CC/02).

Vejamos essa ilustração:

---

9. ANDROUTSELLIS-THEOTOKIS, Stephanos & SPINELLIS, Diomidis. *A Survey of Peer-to-Peer Content Distribution Technologies*. Athens University of Economics and Business. p. 337. Disponível em: https://www.spinellis.gr/pubs/jrnl/2004-ACMCS-p2p/html/AS04.pdf.
10. "A companhia pode contratar a escrituração e a guarda dos livros de registro e transferência de ações e a emissão dos certificados com instituição financeira autorizada pela Comissão de Valores Mobiliários a manter esse serviço."
11. "A escrituração será feita em livros encadernados, que obedecerão aos modelos anexos a esta Lei, sujeitos à correição da autoridade judiciária competente. § 1º Os livros podem ter 0,22m até 0,40m de largura e de 0,33m até 0,55m de altura, cabendo ao oficial a escolha, dentro dessas dimensões, de acordo com a conveniência do serviço. § 2º Para facilidade do serviço podem os livros ser escriturados mecanicamente, em folhas soltas, obedecidos os modelos aprovados pela autoridade judiciária competente."
12. "Os negócios jurídicos que tenham por fim constituir, transferir ou modificar direitos reais sobre imóveis são eficazes em relação a atos jurídicos precedentes, nas hipóteses em que não tenham sido registradas ou averbadas na matrícula do imóvel as seguintes informações: I – registro de citação de ações reais ou pessoais reipersecutórias; II – averbação, por solicitação do interessado, de constrição judicial, de que a execução foi admitida pelo juiz ou de fase de cumprimento de sentença, procedendo-se nos termos previstos no art. 828 da Lei 13.105, de 16 de março de 2015 (Código de Processo Civil); III – averbação de restrição administrativa ou convencional ao gozo de direitos registrados, de indisponibilidade ou de outros ônus quando previstos em lei; e IV – averbação, mediante decisão judicial, da existência de outro tipo de ação cujos resultados ou responsabilidade patrimonial possam reduzir seu proprietário à insolvência, nos termos do inciso IV do *caput* do art. 792 da Lei 13.105, de 16 de março de 2015 (Código de Processo Civil).

Rede centralizada sendo mantida e gerenciada por uma única pessoa, empresa ou instituição.   *Rede descentralizada mantida e gerenciada por indivíduos que não possuem autoridade sobre os demais.*

A *blockchain* cria uma rede de confiança mútua entre agentes que não se conhecem, facilitada pela transparência do seu código e dos registros das operações na rede, podendo ser consultadas por qualquer pessoa que tenha acesso à internet.

Nessa linha, há um segundo elemento importantíssimo, que são os *smart contracts* (ou contratos inteligentes), pois se vinculados a *blockchain* são executados automaticamente, sem intervenção humana específica.

O contrato inteligente é um programa que executa uma transação automática assim que determinadas condições são atendidas. Assim, "se tal coisa acontecer" (como assinatura de um contrato de empréstimo de empréstimo ou compra e venda), "então farei isso" (liberar o dinheiro ou transferir a propriedade).

Esse contrato será confeccionado com base na respectiva legislação e a autonomia de vontade das partes, porém sua execução seria feita digitalmente por meio de códigos de computador, reduzindo custos e eliminando alguns intermediários.

Feita, por exemplo, uma compra e venda de um imóvel, "registrada" na *blockchain* e utilizando-se de um *smart contract* todas as suas cláusulas são gravadas nessa rede, seja a forma e prazo para pagamento, multa, juros, correção monetária e, portanto, pago o preço contratualmente estabelecido a propriedade é imediatamente transferida ou, atrasado o pagamento, a multa já é aplicada automaticamente.

Há, atualmente, diversas redes de *blockchains* que armazenam dados por meio de *smart contracts*, como por exemplo a Ethereum,[13] Cardano,[14] EOS[15] e a Tezos.[16]

Já o *token* é um ativo registrado na *blockchain* dividido e subdividido em inúmeros pedaços, os quais podem ser negociados e armazenados em tecnologia de contabilidade descentralizada.

---

13. Disponível em: https://ethereum.org/pt-br/.
14. Disponível em: https://cardano.org/.
15. Disponível em: https://eos.io/.
16. Disponível em: https://tezos.com/.

A *tokenização*[17] é a transformação de um ativo real em um ativo digital, fragmentando em unidades criptografadas, criando o chamado *token*, por meio de um registro digital feito em uma rede *blockchain*.

Há algumas espécies de *tokens*, como o fungível e o não fungível (*non fungible token*), popularmente denominado de "NFT".

Os primeiros podem ser substituídos por outros de mesma espécie, qualidade e quantidade, como regulamentado pelo art. 85, CC/02.[18]

Os segundos, os NFT's, representam um *token* não fungível, criptografado, vinculado a um ativo tangível ou intangível, que pode existir no mundo real ou somente no virtual.

Imaginemos que a curiosa figura abaixo seja uma obra de arte que, por si só, não possui nada estruturalmente diferente de qualquer outra existente na *internet*.

Agora, sendo ela transformada em um NFT, ou seja, ligada a tecnologia de *blockchain* e criptografada, de modo que a partir desse momento apenas uma única versão desta imagem pode ser original, pois somente ela foi *tokenizada*, todas as demais tornam-se cópias ou falsificações.

Perceba-se que o NFT se torna um ativo único, gerando escassez e valorização.[19]

3. A TOKENIZAÇÃO DE ATIVOS IMOBILIÁRIOS

Ao se falar em "tokenização" de ativos imobiliários, de forma básica e prática, explicita-se a transformação de qualquer ativo em um NFT, o que pode ocorrer com um apartamento ou uma casa, uma vez que a *blockchain* se expandiu para o setor de imóveis, ultrapassando os limites do setor financeiro e concretizando-se

---

17. A IOSCO define tokenização como o processo de representar digitalmente um ativo ou propriedade de um ativo. International Organization of Securities Commissions – IOSCO "Research Report on Financial Technologies (Fintech)", p. 51. Madrid, 2017. Disponível em: https://www.iosco.org/library/pubdocs/pdf/IOSCOPD554.pdf. Acesso em: 05 jul. 2022.
18. "São fungíveis os móveis que podem substituir-se por outros da mesma espécie, qualidade e quantidade."
19. Exemplo extraído de https://urbe.me/lab/tokenizacao-de-imoveis-como-funciona/. Acesso em: 16 out. 2022.

através da operação de ativos, trazendo uma nova vertente para o mercado *Real Estate*,[20] referindo-se a todo ativo real, normalmente relacionado a um imóvel ou ativo imobiliário.

O mercado imobiliário chega para o mundo digital através dos *Security Tokens*, os quais representam a posse de qualquer ativo real na *blockchain*, que podem ser negociáveis como obrigações, débitos, ações, garantias etc., ou seja, é possível se ter algo ou parte dele sem a necessidade de possuí-lo, como possuir quantidade de um imóvel sem a necessidade de adquiri-lo fisicamente.

Esta operação ("tokenização") permite a representação de direitos sobre um ativo imobiliário, que poderá ser objeto de vários fracionamentos com a finalidade de captar recursos de forma desburocratizada e com custos reduzidos.

Assim, o possuidor de um apartamento o divide em ativos digitais, podendo negociar esses de acordo com os anseios dos investidores interessados, os quais realizarão a compra através de *marketplaces*,[21] podendo receber periodicamente os proveitos da exploração do imóvel, algo muito semelhante como o que já ocorre com os tradicionais Fundos de Investimento Imobiliários (FII's).

Pelos FII's uma instituição financeira específica constitui o fundo e realiza o processo de captação de recursos junto aos investidores através da venda de cotas, gerando uma comunhão de recursos destinados à aplicação em ativos relacionados ao mercado imobiliário, como aquisição de um imóvel construído ou em construção, com finalidade residencial ou comercial, obtendo renda que serão distribuídos periodicamente aos seus cotistas.

Todas as operações em torno dos *Security Tokens* são asseguradas pela utilização de *smart contracts*, contratos inteligentes que são gerados automaticamente após a conclusão de cada negócio, executando cláusulas e condições entre as partes de forma automática, sem a necessidade de um intermediário.

As cláusulas contratuais perdem espaço para a linguagem da computação, onde a negociação é programada em um código autoexecutável, que roda em uma *blockchain*, transmitindo para as partes toda as obrigações e penalidades inseridas, distribuindo e liquidando os regramentos transacionados.

Desta forma, por exemplo, se houver atraso na entrega do objeto do contrato, o banco de dados computacional irá identificar que não houve o cumprimento por uma das partes da obrigação contratual e, automaticamente, será debitado o crédito e transferido para a parte credora, não sendo necessário invocar uma proteção jurisdicional, tornando o cumprimento do contrato mais seguro, eficaz e ágil.

---

20. Termo em inglês que se refere a todo ativo real, normalmente relacionado a um imóvel ou ativo imobiliário.
21. Espaço de compra e venda de produtos.

4. DAS REGULAMENTAÇÕES JURÍDICAS SOBRE O TEMA

Necessário explicitar que a comercialização de *tokens* imobiliários ainda não possui regulamentação expressa no plano legislativo federal, ou seja, não existe uma lei no sentido estrito trazendo regras específicas, havendo somente disposições infralegais, como resoluções e pareceres.

De igual modo, não há, por enquanto, reflexos claros sobre os Direitos Reais, pois mesmo que haja a *tokenização*, o proprietário continuará sendo aquele constante da matrícula imobiliária perante o RGI, na forma do art. 1245, Código Civil.

Por outro, até por uma questão de necessidade, algumas previsões estão adaptando o instituto às normas legais até então existente.

Há uma regulamentação por parte da CVM (Comissão de Valores Mobiliários), como se observa do Parecer de Orientação CVM 40,[22] que define a *tokenização* como um contrato de investimento coletivo, gerando um valor mobiliário (art. 2º, IX da Lei 6.385/76), justamente por haver *(i)* investimento; *(ii)* formalização; *(iii)* caráter coletivo do investimento; *(iv)* expectativa de benefício econômico; *(v)* esforço de empreendedor ou de terceiro; *(vi)* oferta pública por meio da internet, sem restrições geográficas.

No mencionado parecer ainda é possível encontrar recomendações sobre a divulgação de informações, como a exigência de ser em linguagem acessível ao público e ao mercado em geral.

A Lei Federal 14.478/22 que regulamenta, entre outros temas, as *"diretrizes a serem observadas na prestação de serviços de ativos virtuais e na regulamentação das prestadoras de serviços de ativos virtuais"*, o seu art. 1º, parágrafo único, afirma que o *"disposto nesta Lei não se aplica aos ativos representativos de valores mobiliários sujeitos ao regime da Lei 6.385, de 7 de dezembro de 1976, e não altera nenhuma competência da Comissão de Valores Mobiliários."*, estando, portanto, alinhada com o Parecer de Orientação CVM 40.

Há, ainda, o Provimento 038/2021 da CGJ (Corregedoria Geral de Justiça) do Tribunal de Justiça do Rio Grande do Sul, que traz medidas específicas sobre lavratura de escrituras públicas de permuta de bens imóveis por *tokens* e seu registro imobiliário restrito ao referido estado.

Estes títulos específicos poderão, portanto, serem registrados junto ao Cartório de Registro de Imóveis competente, os quais passarão pela qualificação registral do oficial do registro, devendo o ato notarial e registral ser comunicado

---

22. Disponível em: https://conteudo.cvm.gov.br/legislacao/pareceres-orientacao/pare040.html. Acesso em: 09 jun. 2023.

ao COAF (Conselho de Controle de Atividades Financeiras), como exigido pelo Provimento 88/2019 do CNJ (Conselho Nacional de Justiça).

A preocupação dos operadores deste mercado em constante ascensão é que as premissas regulatórias não engessem a operacionalização da *tokenização* imobiliária, trazendo regras do direito público e administrativo que congelem sua velocidade e disrupção deste novo modo de enxergar o *Real Estate*.

5. CONCLUSÃO

Uma primeira conclusão possível, decorrente do avanço dessas tecnologias é a desburocratização do processo de negociação e transação imobiliária que, nesse modelo, acontece de forma líquida e praticamente instantânea.

Um mesmo imóvel pode ser objeto de vários fracionamentos com a finalidade de captar recursos de forma desburocratizada e com custos reduzidos.

Já uma segunda conclusão possível é que com a exclusão da necessidade de intermediários, como cartório de notas e de registro de imóveis, além da automatização da execução do contrato, evitando e administrando o seu descumprimento, dificilmente haverá judicialização, tornam muito dinâmica a formalização dos negócios jurídicos, proporcionando celeridade e aquecimento do mercado imobiliário.

Só o fato de ser um negócio autoexecutável e seguro, não dependendo da interferência do Judiciário, já é algo a ser divulgado e fomentado, pois, infelizmente, como cediço não existe no Brasil uma resposta jurisdicional célere e tempestiva.

Com a adoção das tecnologias citadas será cada vez mais afastada a presença do Estado como condição indispensável para a realização de relações contratuais, pois o cumprimento do acordado será inevitável, tornando bem menos relevante a presença estatal como entidade de confiança e controle das relações contratuais.[23]

Nosso sistema jurídico sempre foi pautado na boa-fé e proteção da confiança entre os membros da sociedade, alcançada por meio da concentração do poder de controle e de fiscalização de condutas e procedimentos pelo Estado.

Percebe-se, assim, que poderá haver um impacto significativo sobre a atividade cartorial e, principalmente, uma reconstrução da jurisdição pelo espaço digital, deslocando cada vez mais a jurisdição.

Os especialistas em finanças e investimento estudam e avançam em velocidade supersônica os impactos das tecnologias de cripto, porém os juristas, já com

---

23. Em conclusões semelhantes: PINTO MARINHO, Maria Edelvacy. RIBEIRO, Gustavo Ferreira. A reconstrução da jurisdição pelo espaço digital: redes sociais, *blockchain* e criptomoedas como propulsores da mudança. *Revista Brasileira de Políticas Públicas*. v. 7. n. 3. p. 143. dez. 2017.

muito atraso, devem se debruçar sobre a *blockchain* e seus impactos na própria função regulatória e solucionadora de litígios do Direito.

A partir do momento que a *blockchain* e *smartcontracts* reduzirem quase a zero a possibilidade de inadimplemento das obrigações contraídas, por conseguinte, ser reduzirá a necessidade da existência prévia de regras estatais para garantia e controle judicial dessas operações.

De igual modo, a partir de uma maior eficiência das operações redigidas e executadas por meio da tecnologia, proporcionalmente será o aumento do grau de confiança gerado aos usuários e inversamente proporcional a necessidade da estrutura estatal de resolução de conflitos.

Dessa forma, ressalta-se que a questão aqui trazida deve ser analisada não só de uma forma jurídica regulatória, mas, também, política e social, uma vez que a modernização trazida pela tecnologia cripto possibilitará mais dinamicidade nas operações, proporcionando maior circulação de investidores, negócios e ativos.

REFERÊNCIAS

ANDROUTSELLIS-THEOTOKIS, Stephanos & SPINELLIS, Diomidis. *A Survey of Peer-to-Peer Content Distribution Technologies*. Athens University of Economics and Business. p. 337. Disponível em: https://www.spinellis.gr/pubs/jrnl/2004-ACMCS-p2p/html/AS04.pdf.

IOSCO – International Organization of Securities Commissions. "Research Report on Financial Technologies (Fintech)", p. 51. Madrid, 2017. Disponível em: https://www.iosco.org/library/pubdocs/pdf/IOSCOPD554.pdf. Acesso em: 05 jul. 2022.

PINTO MARINHO, Maria Edelvacy. RIBEIRO, Gustavo Ferreira. A reconstrução da jurisdição pelo espaço digital: redes sociais, *blockchain* e criptomoedas como propulsores da mudança. *Revista Brasileira de Políticas Públicas*. v. 7. n. 3. p. 143. dez. 2017.

SERÁ O FIM DA NECESSIDADE DA DILIGÊNCIA IMOBILIÁRIA?

Ana Carolina Fortes

Pós-graduada em Direito Empresarial com especialização em Direito Tributário pela FGV. Graduada pela PUC-Rio. Membro titular da Comissão Temática de Fundos Imobiliários da Associação Brasileira das Entidades dos Mercados Financeiro e de Capitais – ANBIMA desde 2011. Sócia do Opportunity, é a advogada responsável pela área imobiliária dos Fundos de Investimento desde 2010.

E-mail: cfortes@opportunity.com.br.

Sumário: 1. Da diligência – 2. Da evicção – 3. Da análise do vendedor – 4. Como então resolver esta dicotomia? – 5. Da segurança do credor – 6. Da caracterização da boa-fé – Referências.

Em 27 de junho de 2022, foi publicada a Lei 14.382 originada da conversão da Medida Provisória 1.085 de 2021 ("MP"). Entre outros temas trazidos pela Lei, o princípio da concentração dos atos na matrícula do imóvel foi mais uma vez referendado pelo Legislativo.

A MP foi proposta com o objetivo de *contribuir para o aprimoramento do ambiente de negócios no País, por meio da modernização dos registros públicos, desburocratização dos serviços registrais e centralização nacional das informações e garantias, com consequente redução de custos e de prazos e maior facilidade para a consulta de informações registrais e envio de documentação para registro.*[1]

O que se buscou com a MP foi a unificação do sistema de registros públicos possibilitando eficiência no registro e, em consequência, na consulta de ônus e gravames, trazendo maior segurança aos negócios imobiliários e à contratação de créditos no país.

Logo nos primeiros artigos da Lei 14.382/2022 é instituído o Sistema Eletrônico de Registros Públicos ("SERP") que é, em uma apertada síntese, o sistema único de registro de atos e negócios jurídicos em âmbito nacional. A ideia trazida pela Lei é centralizar em uma única plataforma a prestação de serviços eletrônicos dos cartórios de registros públicos – o Registro de Imóveis, o Registro de Títulos e Documentos, o Registro Civil das Pessoas Jurídicas e o Registro Civil das Pessoas Naturais – com intercâmbio de dados entre as serventias e o acesso de seus usuários às mais diversas certidões e consultas de informações.

---

1. Exposição de Motivos MP 1.085 de 19 de novembro de 2021.

O SERP possibilita, ainda, o atendimento remoto aos usuários estando previsto que o envio de documentos, a expedição de certidões e a obtenção de informações se dará por meio eletrônico, reduzindo assim os prazos e tornando mais eficiente a prestação dos serviços cartorários.

Por meio do SERP, os usuários em geral poderão remotamente, dentre outros serviços, obter matrículas de imóveis, consultar a existência de ônus ou gravames de bens móveis ou imóveis e requerer registros.

Sem dúvida, a instituição do SERP por si só já seria um grande aliado à facilitação do processo de aquisição de imóveis e contratação de créditos, mas o legislador foi além e ainda trouxe adaptações relevantes à Lei 13.097/2015, normatizando o importante princípio da concentração dos atos na matrícula do imóvel.

O referido princípio jurídico prevê que o registro imobiliário deve espelhar a realidade do imóvel de modo que a análise desta seja suficiente para a aquisição do imóvel.

Em outras palavras, a matrícula do imóvel deve conter todas as informações relevantes e ser uma fonte única de dados necessários aos negócios imobiliários.

Dessa forma, de acordo com o regime instituído pela Lei 13.097/2015, só poderiam ser opostos, ao adquirente de boa-fé, os atos jurídicos que tiverem averbação ou registro *precedentes* na matrícula imobiliária, salvo exceções previstas na mesma Lei.[2]

Nas palavras de João Pedro Lamana Paiva, titular do Registro de Imóveis da 1ª Zona de Porto Alegre/RS e ex-presidente do IRIB:[3] *A partir da vigência da nova lei passou a estar presente a preocupação em fazer com que na matrícula imobiliária constem todas as situações jurídicas relevantes acerca da situação do imóvel, sob pena de não se poder postular a decretação da ineficácia do negócio jurídico que promoveu a alienação ou oneração do imóvel transacionado. Esse proceder é a plena concretização do princípio da concentração, ganhando relevo o que já manifestavam os jurisconsultos romanos: "dormentibus non succurrit jus" (o direito não socorre aos que dormem).*

Seria então o fim da necessidade das exaustivas diligências imobiliárias?

---

2. § 1º Não poderão ser opostas situações jurídicas não constantes da matrícula no registro de imóveis, inclusive para fins de evicção, ao terceiro de boa-fé que adquirir ou receber em garantia direitos reais sobre o imóvel, ressalvados o disposto nos arts. 129 e 130 da Lei 11.101, de 9 de fevereiro de 2005, e as hipóteses de aquisição e extinção da propriedade que independam de registro de título de imóvel. (Renumerado do parágrafo único com redação dada pela Lei 14.382, de 2022).
3. Artigo *A Consolidação do Princípio da Concentração na Matrícula Imobiliária*. Disponível em: https://www.irib.org.br/noticias/detalhes/a-consolidacao-do-principio-da-concentracao-na-matricula-imobiliaria.

Considerando ser o SERP um sistema em desenvolvimento e o Brasil um país heterogêneo no quesito de disponibilidade tecnológica, o que dificulta a implementação e confiança no sistema, como proteger o cidadão de boa-fé, nos casos de falhas do sistema ou mesmo de erro humano que acarrete em ausência de informação relevante na matrícula do imóvel e consequentemente uma aquisição viciosa?

1. DA DILIGÊNCIA

Para entrarmos neste tema faz-se necessário entender porque é importante, o que é e como se dá uma diligência imobiliária.

Antes da aquisição de um bem imóvel ou da concessão de crédito com garantia real, os adquirentes mais cautelosos e os grandes financiadores adotam como praxe a verificação de diversos documentos e certidões que visam dar segurança à operação pretendida.

A análise dos documentos e certidões costuma ser separada em dois grandes grupos, um de análise do imóvel e/ou direito real e outro de análise do vendedor ou detentor do direito real.

Com relação ao imóvel, é importante se verificar eventuais gravames (penhoras, hipotecas e quaisquer outros ônus registrados na matrícula do imóvel); as obrigações *propter rem* (decorrentes da propriedade e que se transmitem com ela); a cadeia dominial (origem e histórico de transmissão da propriedade); e as características do imóvel (aspectos urbanísticos e construtivos e de cunho sócio ambiental).

No que tange ao vendedor, além das questões de verificação de poderes, estado civil e capacidade para celebrar o ato, o que mais preocupa os adquirentes são os institutos *da fraude contra credores* (artigos 158 e seguintes do Código Civil) e da *fraude à execução* (artigo 792 do Código de Processo Civil) que podem gerar a ineficácia ou a desconstituição do negócio em decorrência de dívidas do alienante.

Sobre os riscos na aquisição de imóveis não podemos deixar de tratar ainda da *evicção* (artigos 447 e seguintes do Código Civil) que nada mais é do que a perda de um bem por ordem judicial ou administrativa, em razão de um motivo jurídico anterior à sua aquisição. Em outras palavras, é a *perda do que nunca se teve*.

2. DA EVICÇÃO

Apesar de amplamente tutelado pelo judiciário o direito do evicto, este é um dos maiores pesadelos que o responsável por uma diligência imobiliária pode passar: ter desfeito negócio regularmente constituído por motivo alheio a sua vontade.

Sobre os efeitos da evicção, Paulo de Tarso Sanseverino, ministro do Superior Tribunal de Justiça (STJ), no julgamento do RE 1.342.345,[4] observou que o artigo 450 do Código Civil estabelece que o adquirente que perdeu o bem pode postular as seguintes medidas: restituição integral do preço pago; indenização dos frutos que tiver sido obrigado a restituir; indenização pelas despesas dos contratos e demais prejuízos resultantes da evicção; e ressarcimento das despesas processuais com custas e honorários de advogado.

Assim como nas demais análises que envolvem a aquisição de um bem, para o reconhecimento da evicção, a boa-fé do comprador é requisito essencial. Quando reconhecida a má-fé do comprador do imóvel no momento de fechar o negócio, ele não pode, sob o argumento de ocorrência de evicção, propor ação de indenização para reaver do vendedor o valor gasto na aquisição do bem. A decisão foi proferida pelo ministro Marco Aurélio Bellizze no ARESP 1.597.745.[5]

Segundo Bellizze, para a configuração da evicção e a consequente extensão de seus efeitos, exige-se a boa-fé do adquirente. Dessa forma, entendeu o ministro, a ausência de boa-fé do comprador e o seu conhecimento prévio sobre a situação do imóvel afastaram o direito à restituição do valor com base na evicção.

3. DA ANÁLISE DO VENDEDOR

Com relação ao tema da fraude contra credores, o artigo 159 do Código Civil também limita a incidência da fraude contra credores aos casos em que a insolvência do alienante for notória ou houver motivo para ser conhecida do adquirente.

Em artigo publicado por Fábio Rocha Pinto e Silva e Franco Musetti Grotti,[6] os autores lembram que *o conceito empregado pela lei brasileira assemelha-se ao conceito anglo-saxão de constructive notice, adotando a presunção de conhecimento, pelo adquirente, de eventual constrição cujo conhecimento fosse exigido em vista do grau de diligência esperado do adquirente comum. É o grau de diligência esperado que configura a boa-fé objetiva.*

A jurisprudência foi pela mesma linha com relação ao instituto da fraude à execução, ou seja, a fraude à execução não seria oponível ao adquirente de boa-fé. Em 2009, o STJ publicou a Súmula 375: "O reconhecimento da fraude à execução depende do registro da penhora do bem alienado ou da prova de má-fé do terceiro adquirente".

---

4. STJ, Recurso Especial 1.342.345.
5. STJ, Agravo em Recurso Especial 1.597.745.
6. Disponível em: https://www.migalhas.com.br/depeso/216341/os-efeitos-da-lei-13-097-15-na-publicidade--na-validade-e-na-eficacia-dos-negocios-imobiliarios.

Como se vê, tanto a legislação como a jurisprudência pátria vêm já há alguns anos caminhando no sentido de proteger o adquirente de boa-fé. O que se discute, portanto é qual seria o grau de diligência esperado e se de alguma forma a qualificação ou o conhecimento esperado do adquirente também podem influenciar na avaliação da boa-fé, gerando assim questões bastante subjetivas a serem analisadas.

Passados sete anos do início da vigência da Lei 13.097/2015, embora muito se tenha avançado, podemos afirmar que ainda não é possível reduzir a auditoria imobiliária a um único documento.

Além das exceções legais previstas no próprio § 1º do artigo 54, embora não ressalvado expressamente na Lei 13.097/2015, a hipótese do artigo 185 do Código Tributário Nacional, ainda que não averbada, é também oponível ao adquirente, mesmo que de boa-fé:

> Art. 185. Presume-se fraudulenta a alienação ou oneração de bens ou rendas, ou seu começo, por sujeito passivo em débito para com a Fazenda Pública, por crédito tributário regularmente inscrito como dívida ativa.
>
> Parágrafo único. O disposto neste artigo não se aplica na hipótese de terem sido reservados, pelo devedor, bens ou rendas suficientes ao total pagamento da dívida inscrita.[7]

A jurisprudência consolidada sobre a matéria, inclusive do STJ, convalida o disposto no artigo 185 do CTN em detrimento do princípio da concentração dos atos na matrícula, no que se refere à fraude à Execução Fiscal, no sentido de que há presunção de fraude apenas com a inscrição do débito em dívida ativa.[8]

A tese se baseia na presunção absoluta de conhecimento do débito tributário por terceiros desde a sua simples inscrição em dívida ativa.

Dessa forma, apesar da Lei 13.097/2015 ter sido um importante começo em direção ao ato da concentração da matrícula, existem dois interesses – a princípio antagônicos – que merecem tutela jurídica: o primeiro, e já tratado neste artigo, do adquirente de boa-fé; e o segundo, do credor de um titular de direito real, que também tem justo direito de ter seu crédito preservado e protegido pelo direito.

4. COMO ENTÃO RESOLVER ESTA DICOTOMIA?

A Lei 14.382/2022, em seu artigo 16, ao promover alterações ao artigo 54 da Lei 13.097/2015 trouxe importante avanço no sentido de proteger o adquirente de boa-fé. Vamos a ele:

---

7. Artigo 185 do Código Tributário Nacional.
8. STJ, julgamento do Recurso Especial 1.733.581 – PR (2018/0076588-5).

Art. 54. Os negócios jurídicos que tenham por fim constituir, transferir ou modificar direitos reais sobre imóveis são eficazes em relação a atos jurídicos precedentes, nas hipóteses em que não tenham sido registradas ou averbadas na matrícula do imóvel as seguintes informações:

I – registro de citação de ações reais ou pessoais reipersecutórias;

II – averbação, por solicitação do interessado, de constrição judicial, de que a execução foi admitida pelo juiz ou de fase de cumprimento de sentença, procedendo-se nos termos previstos no art. 828 da Lei 13.105, de 16 de março de 2015 (Código de Processo Civil); (Redação dada pela Lei 14.382, de 2022)

III – averbação de restrição administrativa ou convencional ao gozo de direitos registrados, de indisponibilidade ou de outros ônus quando previstos em lei; e

IV – averbação, mediante decisão judicial, da existência de outro tipo de ação cujos resultados ou responsabilidade patrimonial possam reduzir seu proprietário à insolvência, nos termos do inciso IV do caput do art. 792 da Lei 13.105, de 16 de março de 2015 (Código de Processo Civil). (Redação dada pela Lei 14.382, de 2022)

§ 1º Não poderão ser opostas situações jurídicas não constantes da matrícula no registro de imóveis, inclusive para fins de evicção, ao terceiro de boa-fé que adquirir ou receber em garantia direitos reais sobre o imóvel, ressalvados o disposto nos arts. 129 e 130 da Lei 11.101, de 9 de fevereiro de 2005, e as hipóteses de aquisição e extinção da propriedade que independam de registro de título de imóvel. (Renumerado do parágrafo único com redação dada pela Lei 14.382, de 2022)

§ 2º Para a validade ou eficácia dos negócios jurídicos a que se refere o *caput* deste artigo ou para a caracterização da boa-fé do terceiro adquirente de imóvel ou beneficiário de direito real, não serão exigidas: (Incluído pela Lei 14.382, de 2022)

I – a obtenção prévia de quaisquer documentos ou certidões além daquelas requeridos nos termos do § 2º do art. 1º da Lei 7.433, de 18 de dezembro de 1985; e (Incluído pela Lei 14.382, de 2022)

II – a apresentação de certidões forenses ou de distribuidores judiciais. (Incluído pela Lei 14.382, de 2022).

Acertadamente, o legislador detalhou o que deve estar registrado ou averbado na matrícula do imóvel para que seja eficaz e ainda detalhou o que não é exigido para fins da comprovação da boa-fé, limitando de maneira bastante clara as hipóteses de invalidade ou ineficácia dos negócios jurídicos que envolvam direitos reais sobre imóveis.

5. DA SEGURANÇA DO CREDOR

Infelizmente, ao avançar a favor do adquirente, de certa forma, a Lei reduz a segurança jurídica do credor.

Contudo, a Lei 14.382/2022 não deixou o credor totalmente desamparado e também acertou ao fazer importante alteração na referência ao inciso IV do artigo 792 do Código de Processo Civil ("CPC").

O CPC em seu artigo 792 regulou o instituto de fraude à execução prevendo que a alienação ou a oneração de bem é considerada fraude à execução:

I – quando sobre o bem pender ação fundada em direito real ou com pretensão reipersecutória, desde que a pendência do processo tenha sido averbada no respectivo registro público, se houver; II – quando tiver sido averbada, no registro do bem, a pendência do processo de execução, na forma do artigo 828;[9] III – quando tiver sido averbado, no registro do bem, hipoteca judiciária ou outro ato de constrição judicial originário do processo onde foi arguida a fraude; *IV – quando, ao tempo da alienação ou da oneração, tramitava contra o devedor ação capaz de reduzi-lo à insolvência*; e V – nos demais casos expressos em lei" (grifo nosso).

Como a Lei 13.097/2015 é anterior à publicação do CPC também de 2015, existia na doutrina a discussão se o inciso IV do artigo 792 (que prevê que a simples existência de ação capaz de reduzir o credor à insolvência já caracteriza fraude independente de averbação da existência da ação na matrícula do imóvel) deveria ou não prevalecer sobre o artigo 54 da Lei 13.097/2015. A Lei 14.382/2022 ao atualizar a remissão ao CPC, encerrou essa dúvida.

No entanto, resta agora outra dúvida bem relevante com relação ao teor do inciso IV do artigo 54 da Lei 13.097/2022: seria a obrigatoriedade da averbação de existência da ação prevista no artigo 54 uma alteração da interpretação do inciso IV do artigo 792 do CPC?

O autor Francisco Eduardo Loureiro em comentários à Lei do Sistema Eletrônico de Registros Públicos[10] afirma que não. Segundo ele, o inciso IV do art. 792 do CPC não foi revogado nem alterado, permanecendo em plena vigência. O que muda é a sua interpretação, num jogo de presunções de boa-fé subjetiva estabelecidas pela nova lei.

Também cremos que não. Ainda que a Lei 13.097/2015 seja especial sobre o tema, e que em tese deveria prevalecer sobre a lei geral, não acreditamos ter sido a intenção do legislador a revogação do dispositivo do CPC. Mais uma vez, acreditamos que esta e outras discussões irão provavelmente parar no Judiciário e será este o fiel dessa balança entre a proteção do adquirente de boa-fé e o credor do proprietário alienante do bem.

6. DA CARACTERIZAÇÃO DA BOA-FÉ

Vimos assim que da mesma forma que a jurisprudência caminhou nos últimos anos com relação à evicção e às questões sobre fraude à execução (vide Súmula

---

9. Art. 828. O exequente poderá obter certidão de que a execução foi admitida pelo juiz, com identificação das partes e do valor da causa, para fins de averbação no registro de imóveis, de veículos ou de outros bens sujeitos a penhora, arresto ou indisponibilidade. Código de Processo Civil (Lei 13.105 de 16 de março de 2015).
10. In: GOMIDE, Alexandre Junqueira et al.; ABELHA, André; CHALHUB, Melhim; VITALE, Olivar (Org.). *Sistema eletrônico de registros públicos*: Lei 14.382, de 27 de junho de 2022 comentada e comparada. Rio de Janeiro: Forense, 2023.

375 e demais julgados colacionados neste artigo), a boa-fé do adquirente também deve e precisa ser levada em consideração para que se tenha a tutela do judiciário.

A questão que novamente se põe é qual o grau de diligência que deve o adquirente utilizar para provar a sua boa-fé. Deveria ele ter conhecimento concreto da existência de ação pendente e não levada a registro? Ou bastaria que ele pudesse conhecer a ação se agisse com diligência?

Mais uma vez, a nosso ver acertadamente, a Lei 14.382/2022 prestigiou o adquirente de boa-fé e normatizou quais certidões serão exigidas para a caracterização da boa-fé, limitando estas às certidões fiscais, às de propriedade e de ônus reais e à apresentação do documento comprobatório do pagamento do Imposto de Transmissão de Bens Imóveis.

Na mesma linha e com intuito de esclarecer dúvidas a respeito da abrangência das certidões fiscais tratadas pela Lei 14.382/2022, no dia 8 de fevereiro de 2023, foram publicados os enunciados aprovados pela I Jornada do Direito Notarial e Registral, promovida pelo Conselho Nacional de Justiça, com destaque para o de número 13, que dispõe sobre as certidões obrigatórias para a lavratura de Escrituras.

> Enunciado 13 – As certidões fiscais a que alude o art. 1º, § 2º, da Lei 7.433/1985, que dispõe sobre os requisitos da escritura pública, *referem-se exclusivamente aos tributos relativos ao imóvel (IPTU/ITR), conforme Decreto 93.240/1986, sendo indevida a exigência de certidões fiscais de outra natureza na qualificação registral*. Justificativa: Muitos registradores têm, equivocadamente, estendido a abrangência da apresentação das certidões fiscais pessoais previstas na Lei 7.433/1985, exigindo para registro dos títulos a apresentação de certidões referentes a tributos municipais, estaduais e federais, em nome do alienante. Entretanto, da dicção do art. 1º, III, a e b, do Decreto 93.240/1986, cuja função regulamentadora consiste justamente em ditar a interpretação da lei regulada (7.433/1985), evidencia-se que, pelo menos quanto às certidões fiscais previstas no referido diploma, sejam assim entendidas somente as relativas aos tributos imobiliários (IPTU/ITR).[11]

Sem dúvida, a inclusão deste artigo irá ajudar na interpretação e análise da boa-fé do adquirente. No entanto, temos que lembrar que a presunção de boa-fé pode ser descartada caso existam outros indícios de ausência de diligência ou, ainda pior, contribuição para fraude.

Além disso, devemos lembrar que o próprio artigo 54 da Lei 13.097/2022 excepciona situações que devem continuar sendo analisadas pelos adquirentes como sinais que possam levar o vendedor à falência ou à insolvência e as hipóteses de

---

11. Caderno de Enunciados da I Jornada de Direito Notarial e Registral, realizada em agosto de 2022. Disponível em: https://www.cjf.jus.br/cjf/noticias/2023/fevereiro/caderno-de-enunciados-da-201ci--jornada-de-direito-notarial-e-registral201d-ja-esta-disponivel.

aquisição e extinção da propriedade, como usucapião e a desapropriação, mesmo que não constem averbações da existência destas ações no registro imobiliário.

Assim, embora estejamos no caminho certo de proteção ao adquirente de boa-fé com a normatização do princípio da concentração dos atos na matrícula, no que tange à diligência jurídica em negócios imobiliários, ainda não podemos ter a segurança desejada por meio de simples consulta à matrícula do imóvel. Esperamos que o judiciário valide o caminho pretendido pelo legislador, o que poderemos verificar ao longo dos próximos anos.

De toda sorte, a melhor técnica jurídica visando garantir a tutela do Judiciário ao adquirente de boa-fé, recomenda que a diligência imobiliária continue contemplando, além da matrícula do imóvel (ônus, gravames e cadeia dominial), a análise de, pelo menos, as certidões fiscais do imóvel (obrigações *propter rem*), as de praxe do vendedor (presunção de conhecimento) e os aspectos urbanísticos e construtivos e de cunho sócio ambiental do imóvel.

REFERÊNCIAS

LOUREIRO, Francisco Eduardo. In: GOMIDE, Alexandre Junqueira et al.; ABELHA, André; CHALHUB, Melhim; VITALE, Olivar (Org.). *Sistema eletrônico de registros públicos*: Lei 14.382, de 27 de junho de 2022 comentada e comparada. Rio de Janeiro: Forense, 2023.

PAIVA, João Pedro Lamana. *A Consolidação do Princípio da Concentração na Matrícula Imobiliária*. Disponível em: https://www.irib.org.br/noticias/detalhes/a-consolidacao-do-principio-da-concentracao-na-matricula-imobiliaria.

PINTO, Fábio Rocha e GROTTI, Silva e Franco Musetti. Os efeitos da Lei 13.097/15 na publicidade, na validade e na eficácia dos negócios mobiliários; Disponível em: https://www.migalhas.com.br/depeso/216341/os-efeitos-da-lei-13-097-15-na-publicidade--na-validade-e-na-eficacia-dos-negocios-imobiliarios.

A TECNOLOGIA COMO FACILITADOR DOS MEIOS DE EXECUÇÃO DE CONTRATOS IMOBILIÁRIOS

Andressa Magalhães

Pós-graduada em Direito Imobiliário pela PUC/RJ. Formada em direito no ano de 2018 pela Universidade Cândido Mendes, no Rio de Janeiro. Fundadora do escritório Andressa Magalhães – Advocacia e Consultoria Imobiliária. Atuante no mercado imobiliário desde 2017, compôs o jurídico interno de grandes incorporadoras nacionais, com atuação em estruturações e incorporações imobiliárias e entrega de empreendimentos comerciais, residenciais de luxo, alto e médio padrão, Minha Casa Minha vida e de shopping-centers. Advogada.

E-mail: andressa@andressamagalhaes.com.

Daiane Camargo

Graduada pela UNESA e cursou Direito Processual e gestão no Instituto Brasileiro de Mercado de Capitais (Instituto IBMEC). Formada em relatórios gerenciais pelo Instituto Brasileiro de Executivos de Finanças (IBEF). Diretora Jurídica, atuando na Rossi Residencial em Recuperação Judicial desde 2020. Atuou também no contencioso de Consumo do Escritório Siqueira Castro Advogados de 2005 a 2014, onde liderou equipes, atendendo ao segmento de Oil & gás, telefonia e Construção Civil e pela RJZ Cyrela de 2014 a 2020, em que ocupou a posição de Coordenadora de Contencioso. Advogada Corporativa desde 2005.

E-mail: daianecamargo@rossiresidencial.com.br.

Sumário: 1. O "start" da tecnologia na advocacia – 2. Alienação fiduciária x leilão extrajudicial 4.591/64 – 3. A constituição do devedor em mora – 4. Divergências sobre a intimação para constituição do devedor em mora – 5. O uso da tecnologia como facilitador na celebração dos contratos imobiliários e sua posterior execução – Referências.

1. O "START" DA TECNOLOGIA NA ADVOCACIA

Nos últimos anos, tem-se observado uma crescente integração da tecnologia no cotidiano das mais diversas áreas profissionais, e a advocacia não é exceção. A utilização de ferramentas tecnológicas tem se mostrado uma estratégia eficaz para lidar com os desafios enfrentados pelos profissionais do direito, trazendo consigo uma série de avanços e benefícios.

O desenvolvimento da tecnologia na advocacia no Brasil pode ser identificado a partir da década de 1990, quando surgiram os primeiros softwares jurídicos voltados para a automação de processos. Essas ferramentas permitiram aos advo-

gados gerenciar documentos, controlar prazos, realizar pesquisa de jurisprudência e acompanhar o andamento de processos de forma mais eficiente.

Com o advento da internet e o avanço das tecnologias de comunicação, a digitalização de documentos e a implementação dos processos eletrônicos ganharam destaque na advocacia brasileira. A partir da Lei 11.419/2006, que instituiu a informatização do processo judicial, os tribunais passaram a adotar sistemas eletrônicos para a tramitação de processos, eliminando em grande parte o uso de papel e viabilizando a prática da advocacia de forma mais ágil e eficiente.

Nos últimos anos, a implementação de tecnologias avançadas, como a inteligência artificial (IA) e a análise de dados, tem revolucionado a advocacia brasileira. A IA tem sido utilizada para automação de tarefas repetitivas e de baixo valor agregado, como revisão de contratos e pesquisa de jurisprudência. Além disso, a análise de dados tem permitido aos advogados extrair insights e informações relevantes a partir de grandes volumes de dados processuais, auxiliando na tomada de decisões estratégicas.

A propósito, os primeiros parágrafos desse artigo encontram-se em itálico porque foram escritos com o auxílio de uma Inteligência Artificial, chamada de chatGPT.

Apesar de todas as revoluções digitais que a nossa sociedade tem presenciado, no mundo jurídico esse avanço caminha a passos lentos. O processo eletrônico, como citado nos parágrafos anteriores pela IA, foi implementado no Brasil apenas em 2006. O balcão virtual, plataforma que permite a comunicação através de videoconferência entre os advogados e as serventias judiciais, acabou de completar 2 anos de implantação.

O aposto acontece no mercado imobiliário, um setor que historicamente tem sido influenciado pelo avanço tecnológico, com a utilização de plataformas online para busca e venda e locação de imóveis, celebração de negócios jurídicos 100% digitais, com as partes contratantes presentes em qualquer lugar do globo, a utilização de óculos de realidade virtual nos stands de vendas, permitindo que os clientes visualizem imóveis na planta em 3D, leilões virtuais e, agora, o uso da inteligência artificial na criação de projetos, gerenciamento de dados e comunicação com os clientes.

Mesmo após tanta evolução, quando os dois mundos se colidem e o jurídico precisa interferir no mercado imobiliário, tal evolução não é vista.

Para ilustrar, trazemos um exemplo: a primeira escritura pública de compra e venda de imóvel assinada de forma eletrônica aconteceu em 2020, muito impulsionada pela pandemia e pela necessidade de distanciamento social e restrições ao contato pessoal.

A intenção deste artigo é demonstrar que a execução dos contratos imobiliários de maneira extrajudicial, modalidade tão impulsionada pela lei 4.591/64, quando fala dos leilões extrajudiciais, quanto pela Lei 9.514/97, quando estipula o procedimento de retomada da unidade garantida pela alienação fiduciária, pode acontecer de forma mais célere e eficiente se atrelada ao uso de tecnologias já disponíveis no mercado.

2. ALIENAÇÃO FIDUCIÁRIA X LEILÃO EXTRAJUDICIAL 4.591/64

É aqui que faremos uma pausa em falar de tecnologia, para antes resumir algo importante ao objetivo de nosso artigo, o fazendo de forma suscinta e provavelmente bem mais contundentemente abordada em outros capítulos desse livro, por tão renomados colegas e especialistas no mercado imobiliário.

Pois bem, é inegável que a Lei 9.514/97, que instituiu a Alienação Fiduciária de bem imóvel, trouxe uma nova dinâmica para as operações de Compra e Venda no mercado imobiliário.

O instituto permite ao credor fiduciante transferir a propriedade resolúvel do imóvel ao devedor fiduciário, em razão de que o próprio imóvel figura como garantia do pagamento do mútuo. Essa transferência é temporária e condicionada ao pagamento da dívida, sendo certo que, quando da averbação do termo de quitação na matrícula do imóvel, o devedor recupera a propriedade plena do bem.

Nosso estimado colega e coautor dessa publicação, Melhim Namem Chalhub, destaca que a alienação fiduciária de bens imóveis é "um mecanismo eficaz de garantia real, que possibilita a obtenção de financiamento de longo prazo para aquisição de imóveis, ao mesmo tempo em que assegura ao credor uma posição privilegiada em caso de inadimplência do devedor" (Chalhub, 2018, p. 1).[1]

O instituto apresenta diversas vantagens a ambos os contratantes: para o comprador, as taxas de juros praticadas em operações de crédito com garantia de Alienação Fiduciária costumam ser mais baixas do que as taxas de juros praticadas em outras modalidades de crédito imobiliário, como por exemplo, o financiamento com garantia hipotecária, pelo fato de que o risco de inadimplência para o credor é menor, uma vez que ele tem a garantia do imóvel, além da segurança jurídica que esse contrato representa.

Contudo, esse cenário de dominância da Alienação Fiduciária no mercado imobiliário pode mudar nos próximos meses. Com a entrada em vigor da lei 14.711 (Novo Marco Legal de Garantias), o instituto da hipoteca foi reformula-

---

1. CHALHUB, Melhim Namem. *Direito Imobiliário*: teoria e prática. 16. ed. São Paulo: Ed. RT, 2016.

do e, agora, será possível a sua execução extrajudicial, desde que expressamente pactuado entre as partes no contrato.

Para o vendedor, a possibilidade de execução extrajudicial da garantia, que seguindo o rito legal, ocorre de forma mais célere e menos onerosa em caso de inadimplência do comprador e, principalmente, o fato de que para a constituição da garantia fiduciária o comprador precisar realizar o pagamento do imposto de transmissão e proceder com o registro do contrato na matrícula do imóvel. Esse registro possibilita que o bem sofra a transferência de titularidade perante os órgãos públicos e o condomínio (se for o caso). Sendo assim, em caso de dívida, o vendedor não sofrerá com as execuções e restrições dela decorrente.

Pode parecer para você, leitor, que essa transferência seja natural, mas veja, antes da Lei 9.514/97, o mercado se utilizava do leilão extrajudicial previsto nos parágrafos 1º ao 7º do art. 63 da Lei 4.591/64 (Condomínio e Incorporações) e nos incisos VI e VII do art. 1º, da Lei 4.864/1965 (Medidas de estímulo à Indústria de Construção Civil) como uma tentativa de solução das inadimplências nos compromissos de Compra e Venda.

Nesse caso, falamos de um leilão de direitos aquisitivos decorrentes de um compromisso de Compra e Venda firmado entre vendedor e comprador, em que se operou a rescisão unilateral do contrato em razão da não purgação da mora no prazo fixado na notificação.

O mercado da época, que não queria perder a possibilidade de ofertar a modalidade de financiamento imobiliário direto com o incorporador, firmava esses compromissos com o parcelamento do saldo do preço após o habite-se, com a possibilidade do leilão extrajudicial previsto na Lei 4.591/64 em caso de inadimplência do comprador.

Diferente do que acontece nos contratos com Alienação Fiduciária, aqui não havia pagamento de imposto de transmissão e registro do contrato. Assim, mesmo após a entrega das chaves, a unidade imobiliária permanecia em nome do vendedor até a quitação do parcelamento e a lavratura da escritura pública de Compra e Venda e, portanto, caso o comprador deixasse de arcar com os impostos e taxas do imóvel, todas as execuções recaiam sobre o vendedor.

3. A CONSTITUIÇÃO DO DEVEDOR EM MORA

Em ambas as modalidades contratuais, em caso de inadimplência de, no mínimo, três prestações mensais, o devedor precisa ser constituído em mora para que, no prazo de 15 dias, realize o pagamento das prestações vencidas e as que se vencerem até a data do pagamento, os juros convencionais, as penalidades e os demais encargos contratuais, os encargos legais, inclusive tributos, as contribuições condominiais imputáveis ao imóvel, além das despesas de cobrança e de intimação.

É aqui que começam as dificuldades e controvérsias no processo executório de ambas as modalidades. Isso porque a intimação é uma etapa essencial para garantir o direito do credor de reaver o imóvel em caso de execução da garantia. Contudo, existem discussões quanto à forma como essa intimação deve ser realizada.

A regra para a intimação do devedor é a intimação pessoal, na forma do § 3º do art. 26 ou pelo correio, com aviso de recebimento.

Diante da dificuldade de localização dos devedores, a Lei 13.465/2017 introduziu os §§ 3º-A e 3º-B no artigo 26 da Lei 9.514, permitindo a intimação por hora certa, aplicando-se subsidiariamente o disposto nos arts. 252, 253 e 254 do Código de Processo Civil, bem como a possibilidade de entrega da intimação ao funcionário da portaria responsável pelo recebimento de correspondência nos condomínios.

A Lei 14.711 ajustou o § 3º-A para pacificar que o envio da notificação se dará no endereço do contrato ou do próprio imóvel dado em garantia, bem como trouxe algumas modificações com a inclusão dos §§§ 4º-A, 4º-B e 4º-C, para prever que é de responsabilidade do devedor a alteração de seu domicílio junto ao credor e, ainda, para definir o que é local inacessível (quando não houver funcionário responsável pelo recebimento de correspondência ou este se recuse a atender a pessoa encarregada pela intimação) e lugar ignorado (quando não for encontrado no local do imóvel dado em garantia nem no endereço que tenha fornecido por último ou por meio eletrônico), situações que ensejariam a notificação por edital, nos termos do § 4º.

Importante ressaltar que essa intimação pode ser executada pelo Registro de imóveis, através de um requerimento do credor, ou pelo Cartório de Registro de Títulos e documentos, o que é mais comum na prática do mercado.

Procedida a intimação e decorrido o prazo para a purgação da mora sem qualquer manifestação do devedor, o credor, nos contratos com a garantia da Alienação Fiduciária, deverá consolidar a propriedade em seu nome com o pagamento do imposto de transmissão – ITBI e laudêmio, se houver. Após a averbação da consolidação da propriedade, o credor terá o prazo de 30 dias para promover o público leilão para a alienação do imóvel consolidado.

Neste momento, deve o credor proceder com a notificação do devedor com a comunicação de que o imóvel será levado a hasta publica, informando as datas, horários e locais dos leilões e assegurando, assim, o seu direito de preferência nos termos do § 2º-B do art. 27.

O mesmo trâmite é seguido no caso de inadimplência dos compromissos de Compra e Venda sem Pacto Adjeto de Alienação Fiduciária, sem a necessidade de consolidação da propriedade pelo credor, visto que o imóvel permanece em sua titularidade, bem como, após o advento da Lei 14.711, será seguido para execução extrajudicial das hipotecas.

4. DIVERGÊNCIAS SOBRE A INTIMAÇÃO PARA CONSTITUIÇÃO DO DEVEDOR EM MORA

Não é rara a tentativa de anulação dos leilões nos tribunais de todo o país sob a alegação de irregularidade no procedimento de constituição em mora do devedor fiduciário, e não é por acaso.

O STJ já se manifestou acerca da importância da intimação no processo de execução da garantia fiduciária:

> A notificação em questão, para além das consequências naturais da constituição do devedor fiduciário em mora, permite, em não havendo a purgação e independente de processo judicial (opera-se formalmente pela via registrária cartorial), o surgimento do direito de averbar na matrícula do imóvel a consolidação da propriedade em nome do credor notificante, isto é, do fiduciário. Portanto, a repercussão da notificação é tamanha que qualquer vício em seu conteúdo é hábil a tornar nulos seus efeitos principalmente quando se trata de erro crasso, como na troca da pessoa notificante.[2]

Lembramos que a regra para a intimação de constituição em mora é a intimação pessoal ou através de correspondência com aviso de recebimento e, portanto, em ambos os casos, o próprio devedor deve assinar o recebimento da intimação, conforme já se posicionou o STJ: "É nula a intimação do devedor que não se dirigiu à sua pessoa, sendo processada por carta com aviso de recebimento no qual consta como receptor pessoa alheia aos autos e desconhecida".[3]

Contudo, importante frisar que não há o que se falar em nulidade da intimação quando recebida por pessoa pertencente ao quadro de funcionários do condomínio onde o devedor reside, conforme comando exarado na própria legislação.

Já com relação a intimação por edital, o entendimento já pacificado pelo STJ é no sentido de que ela deve ser utilizada apenas em caráter subsidiário, quando o devedor se encontrar em local incerto e desconhecido e após frustradas todas as possibilidades de intimação pessoal: "*É válida a notificação por edital do devedor no procedimento de execução extrajudicial de imóvel alienado fiduciariamente nos termos da Lei 9.514/97 quando esgotados os meios para a notificação pessoal*".[4]

---

2. REsp 1.172.025/PR, Rel. Ministro Luis Felipe Salomão, Quarta Turma, DJe 29.10.2014, g.n.
3. REsp 1531144/PB, Rel. Ministro Moura Ribeiro, Terceira Turma, DJe 28.03.2016.
4. AgInt no REsp 1662657/PE, Rel. Ministra Maria Isabel Gallotti, Quarta Turma, julgado em 21.11.2017, DJe 29.11.2017, g.n.

Ressaltamos que, conforme dito anteriormente, a Lei 14.711 reformulou as possibilidades de notificação por edital, bem como trouxe as definições de tais hipóteses, o que será de grande proveito para o mercado.

Esse entendimento se estende também a notificação para dar ciência ao devedor sobre as informações do leilão (§ 2º-B do art. 27): "*É necessária a intimação pessoal do devedor acerca da data da realização do leilão extrajudicial, porém é válida a notificação por edital quando esgotados os meios para a notificação pessoal*".[5]

Nota-se que o credor tem a obrigação de tentar intimar o devedor prioritariamente de maneira pessoal, contudo, isso não afasta a responsabilidade do devedor em manter os seus dados cadastrais atualizados perante o credor fiduciário, em observância aos princípios da boa-fé contratual e do *pacta sunt servanda*, obrigação esta que foi expressamente incluída na nova redação do § 4º-A dada pela Lei 14.711.

> Recurso especial. Alienação fiduciária de coisa imóvel. Purga da mora. Intimação por edital. Validade. Lugar incerto e não sabido. Art. 26, § 4º, da Lei 9.514/1997. Devedor recolhido ao sistema prisional.
>
> 1. Cinge-se a controvérsia a saber se, na alienação fiduciária de coisa imóvel, o fato de o fiduciante desconhecer que o devedor fiduciante encontra-se recolhido ao sistema prisional, autoriza-o a promover a intimação por edital, por entendê-lo, assim, em lugar incerto e não sabido.
>
> *2. O procedimento de retomada extrajudicial do imóvel objeto de garantia do contrato deve observar estritamente os termos da legislação especial, de modo a não causar lesão a direito do devedor e para que se harmonizem a função social do crédito e a garantia dos direitos individuais do devedor.*
>
> 3. Vencida e não paga, no todo ou em parte, a prestação ou parcela da dívida, o devedor fiduciante constituído em mora será intimado, a teor do que dispõe o art.26, § 1º, da Lei 9.514/1997, a satisfazer no prazo de 15 (quinze) dias a obrigação não adimplida, sob pena de se consolidar a propriedade do imóvel em nome do credor fiduciário.
>
> 4. Quando o devedor se encontrar em outro local, incerto e não sabido, admite-se a intimação por edital (art. 26, § 4º, da Lei 9.514/1997).
>
> *5. Lugar incerto e não sabido é um desconhecimento de ordem objetiva, em que se conhece o sujeito destinatário da intimação, mas não se sabe onde encontrá-lo em virtude da ausência de dados para a sua localização. À luz de tal definição, verifica-se que o devedor já recolhido em estabelecimento prisional, e, portanto, com domicílio modificado, encontra-se em lugar incerto e não sabido apto a ensejar a intimação por edital se não informar tal situação ao agente fiduciário.*
>
> *6. É dever do contratante fornecer corretamente seus dados na constituição da avença bem como mantê-los atualizados até o término da execução do negócio jurídico, em observância aos princípios da boa-fé contratual e do pacta sunt servanda.*

---

5. AgInt no AREsp 1422337/SP, Rel. Ministro Marco Aurélio Bellizze, Terceira Turma, julgado em 24.06.2019, DJe 27.06.2019.

7. Não é razoável exigir do credor fiduciário a realização de diligências em estabelecimentos prisionais a fim de localizar o paradeiro do devedor. Por seu turno, cumpre ao devedor comunicar alterações relevantes de seu estado ao credor, inclusive porque a dívida não fica suspensa em razão do encarceramento e também porque o preso não fica incomunicável.[6] (grifos nossos)

É comum que os contratos de Compra e Venda possuam cláusula de mandato com poderes para receber citações e/ou notificações judiciais ou extrajudiciais em que, no caso de apenas um contratante, este indique uma pessoa de sua confiança para assumir essa posição e, em caso de cônjuges ou de mais de um comprador, estes se constituam mutuamente procuradores.

Por fim, importante frisar que todas as formalidades e procedimentos exigidos para a intimação do devedor para a sua constituição em mora, bem como a notificação para cientificá-lo sobre os leilões, são aplicáveis ao processo executório de leilão extrajudicial previsto no art. 63 da Lei 4.591/64 e, após a Lei 14.711, serão aplicados também na execução extrajudicial das hipotecas.

5. O USO DA TECNOLOGIA COMO FACILITADOR NA CELEBRAÇÃO DOS CONTRATOS IMOBILIÁRIOS E SUA POSTERIOR EXECUÇÃO

Como vimos no decorrer deste artigo, as formalidades previstas em lei e ditadas pela jurisprudência de nossos tribunais nas intimações e demais comunicações ao devedor é a principal causa de ineficiência na execução dos contratos imobiliários.

Mesmo após os avanços legislativos para a inclusão da tecnologia no meio judicial, não resta dúvidas de que alguns ajustes ainda precisam ser realizados pelo legislador para que a tecnologia consiga tornar tais dispositivos legais cada vez mais eficientes.

Veja, o nosso recente Código de Processo Civil em vigor (lei 13.105/2015), trouxe algumas inclusões práticas sobre o uso de meios eletrônicos dos atos processuais, as quais cito:

Art. 106. Quando postular em causa própria, incumbe ao advogado:

(...)

II – comunicar ao juízo qualquer mudança de endereço.

(...)

§ 2º Se o advogado infringir o previsto no inciso II, *serão consideradas válidas as intimações enviadas por carta registrada ou meio eletrônico ao endereço constante dos autos.* (grifos nossos)

Sobre a citação, o Art. 246 do CPC/15 estabelece que:

Art. 246. A citação será feita:

---

6. REsp 1.449.967/CE, Rel. Ministro Ricardo Villas Bôas Cueva, Terceira Turma, DJe 26.11.2015, g.n.

I – pelo correio;

II – por oficial de justiça;

III – pelo escrivão ou chefe de secretaria, se o citando comparecer em cartório;

IV – por edital;

V – *por meio eletrônico, conforme regulado em lei.*

§ 1º Com exceção das microempresas e das empresas de pequeno porte, as empresas públicas e privadas *são obrigadas a manter cadastro nos sistemas de processo em autos eletrônicos, para efeito de recebimento de citações e intimações, as quais serão efetuadas preferencialmente por esse meio.*

§ 2º O disposto no § 1º aplica-se à União, aos Estados, ao Distrito Federal, aos Municípios e às entidades da administração indireta. (grifos nossos)

Percebe-se que as microempresas, empresas de pequeno porte e pessoas físicas estão excluídas da previsão do art. 246 acima e, até o momento, há muita controvérsia sobre a aceitação no meio judicial do uso de aplicativos de mensagem como forma de envio de citações e intimações para esses destinatários.

Em 2021, a Comissão de Constituição e Justiça e de Cidadania (CCJ) da Câmara dos Deputados aprovou o Projeto de Lei 1595/20, que autorizava a intimação judicial por aplicativo de mensagens, com consequente alteração do Código de Processo Civil.

Até o momento, o projeto encontra-se em fase de recurso na Mesa Diretora da Câmara dos Deputados, sem grandes avanços.

Também em 2021, o Superior Tribunal de Justiça proferiu decisões na espera penal que permitiram a intimação por meio do WhatsApp, "*desde que sejam adotadas medidas suficientes para atestar a autenticidade do número telefônico, bem como a identidade do indivíduo destinatário do ato processual.*" (HC 641.877)

Veja, no caso acima narrado discute-se o direito constitucional à liberdade de um indivíduo. Nota-se que há uma grande sensibilidade para que a comunicação eletrônica seja prioritariamente utilizada no meio judicial, meio pelo qual todos concordamos ser mais eficiente e econômico.

E por que tal medida não pode ser estimulada também no meio extrajudicial, nos casos de constituição em mora do devedor e comunicação dos leilões extrajudiciais nas execuções de contratos imobiliários?

Uma pesquisa realizada este ano pela *We Are Social e Meltwater* aponta que 93,4% dos usuários de internet brasileiros, de 16 a 64 anos, usam o WhatsApp, o que equivale a 169 milhões de usuários.[7]

---

7. Resultados Digitais. *Ranking*: as redes sociais mais usadas no Brasil e no mundo em 2023, com insights, ferramentas e materiais. Disponível em: https://resultadosdigitais.com.br/marketing/redes-sociais-mais-usadas-no brasil/#:~:text=A%20pesquisa%20aponta%20que%2093,principal%20de%20post%3A%20165%20milh%C3%B5es.

É fundamental que existam legislações claras e atualizadas que permitam a utilização da tecnologia para notificação e intimação de devedores, principalmente nos meios de execução, e que garantam a validade e a segurança jurídica desses meios.

A promulgação da Lei 14.711 representa, inquestionavelmente, um marco significativo no aprimoramento das intimidações no âmbito das execuções extrajudiciais. As disposições introduzidas demonstram um grande esforço por parte do legislativo em trazer diretrizes claras e procedimentos mais eficazes. No entanto, é imperativo considerar que, apesar dos avanços substanciais, a legislação não contempla medidas que incorporam plenamente a tecnologia como uma aliada essencial no processo de intimação do devedor, como por exemplo o envio de intimação por aplicativos de mensagem. A integração de recursos tecnológicos não poderia apenas melhorar a celeridade do procedimento, mas também garantir uma abordagem mais eficiente e alinhada as demandas da sociedade moderna.

Outra solução pode ser o desenvolvimento de plataformas eletrônicas governamentais, seguras e confiáveis, que possibilitem o envio de notificações, citações, intimações pelos credores e pelos órgãos competentes, similar ao implementado para o controle de vacinas, por exemplo, integrados com outros sistemas de informações, como os bancos de dados de órgãos competentes e de empresas de cadastro de devedores, solução esta que pode ser objeto de futuras reflexões e ajustes legislativos para garantir uma abordagem mais eficiente no âmbito das execuções extrajudiciais

REFERÊNCIAS

CHALHUB, Melhim Namem. *Direito Imobiliário*: teoria e prática. 16. ed. São Paulo: Ed. RT, 2016.

STJ. AgInt no AREsp 1422337/SP, Rel. Ministro Marco Aurélio Bellizze, Terceira Turma, julgado em 24.06.2019, DJe 27.06.2019.

STJ. AgInt no REsp 1662657/PE, Rel. Ministra Maria Isabel Gallotti, Quarta Turma, julgado em 21.11.2017, DJe 29.11.2017.

STJ. REsp 1.172.025/PR, Rel. Ministro Luis Felipe Salomão, Quarta Turma, DJe 29.10.2014.

STJ. REsp 1.449.967/CE, Rel. Ministro Ricardo Villas Bôas Cueva, Terceira Turma, DJe 26.11.2015.

STJ. REsp 1531144/PB, Rel. Ministro Moura Ribeiro, Terceira Turma, DJe 28.03.2016.

WE ARE SOCIAL E MELTWATER. Resultados Digitais. *Ranking*: as redes sociais mais usadas no Brasil e no mundo em 2023, com insights, ferramentas e materiais. Disponível em: https://resultadosdigitais.com.br/marketing/redes-sociais-mais-usadas-no brasil/#:~:text=A%20 pesquisa%20aponta%20que%2093,principal%20de%20post%3A%20165%20milh%C3%B5es.

ASSINATURAS ELETRÔNICAS: UM NOVO TEMPO PARA O DIREITO IMOBILIÁRIO

André Abelha

Mestre em direito civil pela UERJ. Professor Convidado dos Cursos de Pós-Graduação e Extensão em Direito Imobiliário da EMERJ, da UERJ, da PUC Rio, da Faculdade Baiana e de outras instituições. Fundador e Presidente do Instituto Brasileiro de Direito Imobiliário – IBRADIM. Atualizador do livro Condomínio e Incorporações (Caio Mário da Silva Pereira). Program on Negotiation and Leadership pela Harvard University. Autor dos livros Abuso do Direito no Condomínio Edilício (2013) e Direito Imobiliário: Reflexões Atuais (2021). Sócio de Longo, Abelha, Arouca e Pires Advogados.

E-mail: andre@longoabelha.com.br.

Karin Regina Rick Rosa

Mestre em Direito. Especialista em Direito Processual Civil. Professora de Direito Civil e Direito Notarial e Registral. Membro da Academia Notarial Brasileira – Cadeira n. 38. Coordenadora da Comissão de Direito Notarial e Registral do IBDFAM-RS. Membro do Conselho Consultivo do IBRADIM. Coordenadora de livros e autora de artigos jurídicos. Possui certificação internacional EXIN – Data Protection and Privacy e Security Information System. Advogada.

E-mail: karin@karinrick.adv.br.

Sumário: 1. Introdução – 2. Documento eletrônico *versus* documento digitalizado: vivendo *in between mode* – 3. O certificado ICP-Brasil – 4. Outros certificados; 4.1 Gov.Br prata e ouro; 4.2 E-notariado – 5. A classificação tripartite das assinaturas eletrônicas; 5.1 Afinal, quais são os cuidados?; 5.2 O acesso dos documentos eletrônicos ao registro de imóveis – 6. Reconhecimento de firma eletrônica impressa e autenticação de documento eletrônico: *"não é o que não pode ser, que não é"* – 7. Conclusão – Referências.

"A coragem não é a ausência do medo;
é a vontade de seguir adiante, apesar do medo do desconhecido"
(Ralph Waldo Emerson)

"O medo é sempre sobre o desconhecido.
Depois que o que tememos se torna conhecido, o medo desaparece".
(Anthony Robbins)

1. INTRODUÇÃO

Primeiro a pedra, a argila e o papiro. Depois o papel, que durante milhares de anos parecia fadado à eternidade como meio de registro da escrita humana. Até que chegaram os bytes. Desde então, dia após dia, passo a passo, com velocidade acelerada desde a pandemia de Covid-19,[1] demos o inexorável mergulho no mundo virtual e na vida *paperless*, na qual nossas memórias, documentos[2] e arquivos,[3] nossas conversas e declarações de amor, e nossa comunicação em geral, migraram da celulose para os dispositivos eletrônicos e para a nuvem digital. Uma revolução silenciosa e inevitável nos lançou na era dos softwares. Em meio a tudo isso, era esperado, natural e necessário que os negócios jurídicos, incluindo os contratos,[4] seguissem o mesmo caminho.

A declaração de vontade, sem vício,[5] é essencial à existência do negócio jurídico, e entre as várias formas possíveis, a mais usual é a assinatura. Os adultos de hoje, desde crianças, aprenderam a assinar de próprio punho. Antes deles, seus pais, avós, e centenas de gerações. Todas elas, de certo modo, projetando sua marca, fazendo seu desenho e deixando uma parte de sua personalidade sobre o papel. Muitos de nós somos capazes de lembrar com afeto o quanto treinamos nossas assinaturas. O autógrafo, que conecta diretamente fãs e ídolos, mesmo na era das selfies a emoção se materializa verdadeiramente por meio de uma assinatura física. Memória, afeto e tradição. Uma cultura multissecular, concretada na história, não se transforma com um punhado de normas jurídicas.

A assinatura mecânica está de tal modo entranhada em nosso imaginário que a imensa maioria de nós, mesmo depois da popularização dos computadores pessoais, da internet e dos celulares inteligentes, não se deu conta de que passamos a assinar eletronicamente a partir do momento que começamos a utilizar

---

1. A Pandemia teve papel decisivo para que isso acontecesse, obrigando a todos novas formas de comunicação e interação. Não é exagero afirmar que praticamente todas as pessoas estão hoje, de alguma forma, conectadas. Se antes o acesso à internet sofria uma forte limitação e os conectados eram aqueles com maior capacidade econômica e intelectual, hoje não é mais assim. O custo e o acesso à tecnologia estão cada vez mais acessíveis e consequentemente a inserção de indivíduos no ambiente digital é muito maior, o que não significa, necessariamente, inclusão digital.
2. "O documento eletrônico tem valor probante, desde que seja apto a conservar a integridade de seu conteúdo e idôneo a apontar sua autoria, independentemente da tecnologia empregada" (Enunciado 297 da IV Jornada de Direito Civil).
3. "Os arquivos eletrônicos incluem-se no conceito de 'reproduções eletrônicas de fatos ou de coisas' do art. 225 do Código Civil, aos quais deve ser aplicado o regime jurídico da prova documental" (Enunciado 298 da IV Jornada de Direito Civil).
4. "A formação dos contratos realizados entre pessoas ausentes, por meio eletrônico, completa-se com a recepção da aceitação pelo proponente" (Enunciado 173 da III Jornada de Direito Civil).
5. O vício pode ocorrer por ausência de vontade (coação física, falta de consciência da declaração, incapacidade acidental); por vontade deficiente (falta de liberdade e/ou de conhecimento); ou por divergência entre a vontade e a declaração (simulação, reserva mental e erro).

senhas em cadastros de *websites* e aplicativos, em caixas de banco e no *internet banking*, e, também quando enviamos e-mails e mensagens por aplicativos, como o WhatsApp e o Telegram.

Quantos de nós, há apenas algumas décadas, poderiam imaginar que estaríamos hoje aqui, hiper conectados e no limiar de uma vida *onlife*?[6]

Contudo, o ser humano, por natureza, teme o desconhecido, e o Direito, conservador, é ainda mais reticente diante do novo. Não por outra razão, embora o ordenamento jurídico tenha abraçado as assinaturas eletrônicas no distante ano de 2001, mais de duas décadas se passaram e ainda estamos engatinhando. Fincamos pé na saída da *grafocaverna*, um tanto inseguros em deixá-la rumo ao inexplorado mundo eletrônico dos negócios imobiliários, historicamente solenes e formais. Como se não pudéssemos ser solenes, formais... e modernos.

O objetivo deste artigo é revelar que podemos deixar a zona de conforto, e que a despeito das inquietações do ambiente jurídico, nada há a temer. A proposta é desmistificar as assinaturas eletrônicas, explicando os tipos existentes, e, como e quando elas podem ser utilizadas a fim de produzirem, com segurança, seus efeitos jurídicos esperados.

2. DOCUMENTO ELETRÔNICO *VERSUS* DOCUMENTO DIGITALIZADO: VIVENDO *IN BETWEEN MODE*

A prática de documentar, por meio de desenhos, sinais, esculturas ou manuscritos, faz parte da história. Fatos importantes são consignados para permanecerem registrados no tempo. Em termos jurídicos, documento é toda representação que permite a identificação de seu autor, podendo a autoria ser dividida em material e intelectual.

Autor material é quem produz o documento; é a pessoa responsável por sua elaboração. Autor intelectual é o declarante ou responsável pela manifestação nele contida. Frequentemente, as autorias material e intelectual se concentram em uma só pessoa.

Embora a liberdade de forma seja a regra geral,[7] as testemunhas somente podem ser utilizadas para a prova do negócio jurídico de forma subsidiária à escrita.[8] Daí que o documento é imprescindível para a demonstração de existência

---

6. Termo utilizado por Luciano Floridi. Ver The Onlife Manifesto – Being Human in a Hyperconnected Era. Disponível em: https://link.springer.com/book/10.1007/978-3-319-04093-6.
7. Art. 107. A validade da declaração de vontade não dependerá de forma especial, senão quando a lei expressamente a exigir.
8. CC, art. 227, p. único: "Qualquer que seja o valor do negócio jurídico, a prova testemunhal é admissível como subsidiária ou complementar da prova por escrito".

do contrato e das obrigações assumidas pelos contratantes. Em se tratando de negócio jurídico que vise à constituição, transferência, modificação ou renúncia de direitos reais sobre imóveis de valor superior a trinta salários-mínimos (art. 108 do Código Civil), não basta o documento; a escritura, de autoria do notário, com fé pública, é essencial à validade do ato.[9]

Em outras palavras, um documento, público ou particular, somente se transforma em negócio jurídico caso seja possível identificar a declaração de vontade do seu autor. E é precisamente nesse ponto que entra a assinatura.

A assinatura tem a função de garantir que a declaração constante do documento, e atribuída a determinada pessoa, realmente é de sua autoria. É ela quem faz a conexão entre autor e declaração de vontade.

Para que um ato seja juridicamente existente, válido e eficaz, não basta atentar aos requisitos legais; se a Lei não dispensa a forma escrita, e se um documento é necessário, a assinatura é imprescindível.

Conforme o caso, a assinatura poderá vir antes, a exemplo do mandato, em que se constitui um procurador e se lhe outorgam poderes, e cujo instrumento é a procuração.[10] A assinatura pode ocorrer durante o próprio ato, naturalmente. E pode até acontecer depois, nos casos em que se admite a confirmação do mandato.[11] Mas, não sendo a hipótese de rogo,[12] aquele que manifesta sua vontade precisa assinar. E mesmo no rogo, alguém assinará pelo outorgante.

A cidadania começa com o registro de nascimento, documento inicial do nosso arquivo pessoal.[13] Desde os primórdios, em papel. O apego ao papel é mesmo atávico. Entretanto, a vida *paperless* pressupõe sua desmaterialização. E assim surgiu a certidão eletrônica de nascimento, que reproduz o assento gerado também eletronicamente a partir dos dados extraídos da Declaração de Nascido Vivo (DNV), documento nato digital, que ainda conserva a sua impressão e arquivamento em livro físico por questão de tradição, pois poderia perfeitamente

---

9. Carlos Luiz Poisl, no texto "Vantagens da escritura pública em confronto com a particular", aponta, em primeiro lugar a autoria: "1º Quanto à autoria: *Escritura pública*: Autor declarado, o tabelião, responsável pelos erros; *Documento particular*: Sem autoria declarada, sem responsabilidade." E mais adiante, refere a certeza da identidade das partes. *Testemunho da verdade*: lições de um notário, Porto Alegre: Sérgio Antonio Fabris Ed., 2006, p. 41.
10. CC, art. 657: "A outorga do mandato está sujeita à forma exigida por lei para o ato a ser praticado. Não se admite mandato verbal quando o ato deva ser celebrado por escrito".
11. CC, art. 173: "O ato de confirmação deve conter a substância do negócio celebrado e a vontade expressa de mantê-lo".
12. Excepcionalmente o Código Civil permite a assinatura a rogo, em que uma pessoa capaz assina no lugar da parte, a seu pedido, quando esta não pode assinar ou não sabe escrever (art. 215, §2º). O rogo é mencionado ainda no contrato de prestação de serviços (art. 595) e nos testamentos público (art. 1.865) e cerrado (art. 1.868).
13. VOLPI NETO, Angelo. *A vida em Bits*. SP: Aduaneiras, 2009, p. 172.

ser 100% eletrônico. Esse movimento é notório e se faz mais presente em alguns setores da sociedade do que em outros. No Direito é visível a qualquer observador mais atento o modo intermediário ou de transição que vem sendo vivido.

Nesse modo intermediário, o documento híbrido passou a coabitar as pastas e escrivaninhas lado a lado com os documentos em papel e documentos eletrônicos impressos (ou materializados) e, na nuvem (*cloud*), no servidor, no arquivo do celular, habitam documentos eletrônicos, os digitalizados e os híbridos. Ainda estamos no papel, mas em modo de transição, *in between mode*.

O documento híbrido resulta do uso simultâneo de assinatura analógica (feita com o uso de caneta) e eletrônica (a partir de dados em formato eletrônico logicamente associados a outros dados em formato eletrônico) no mesmo documento. Essa fusão aparentemente inocente pode gerar transtornos inesperados e comprometer a validade do negócio jurídico, como será melhor explorado adiante.

O documento digitalizado não se confunde com o eletrônico, que nasce digitalmente e realiza todo seu ciclo de vida dessa forma.[14] A esse processo que prescinde do papel desde a sua gênese é que se denomina "desmaterialização". Assim, digitalizar não é sinônimo de desmaterializar. Desmaterializado é todo documento nato-digital.

Digitalização, por sua vez, é o processo pelo qual um documento em papel é transformado em imagem, pelo uso de um *scanner* ou de uma câmera fotográfica, e salvo em um arquivo eletrônico. Normalmente a gravação é feita nos formatos PDF – *portable document format* ou PDF/A.

Durante a pandemia de Covid-19, a digitalização foi largamente utilizada pelo Poder Judiciário para fazer a necessária migração dos processos físicos para os sistemas e-proc/PJE, tornando possível a continuidade dos serviços judiciais. Quem advoga ou trabalha com processos judiciais compreende perfeitamente a diferença entre um processo digitalizado e um processo nato-digital. A dificuldade para a localização dos documentos e das peças processuais provoca profunda frustração e um sentimento quase nostálgico da ausência dos volumosos autos físicos que habilmente aprendemos a lidar ao longo do exercício da profissão.

Documento digitalizado não é documento eletrônico, e muito além do incômodo de seu manuseio no processo transformado em eletrônico, o seu uso exige atenção. Afinal, o documento digitalizado não é original, e sim uma cópia. Isso significa que o documento em papel, original, uma vez eliminado, não pode ser substituído por um novo original.

Com o documento eletrônico acontece o inverso. Uma de suas vantagens é justamente a sua inesgotabilidade, com a possibilidade de infinitos originais.

---

14. MARTINI, Renato. *Sociedade da informação*. p. 55.

Todo arquivo enviado, copiado, ou armazenado é sempre um original, enquanto o documento digitalizado nunca será original.

Em certos casos a necessidade de conservação do original em papel não chega a ser um obstáculo intransponível, como por exemplo, nos atos notariais protocolares, já que uma das atribuições dos tabeliães de notas é a conservação dos documentos por ele redigidos e a expedição das certidões de seu conteúdo, conforme artigo 6º da Lei 8.935/94. A certidão expedida pelo notário, nos termos do artigo 217 do Código Civil, tem o mesmo valor legal do original. Por isso os livros físicos que abrigam atos notariais seculares não podem ser eliminados, mas as certidões expedidas pelos notários, inclusive em meio eletrônico, têm o mesmo valor probatório dos originais, garantindo os atributos da autenticidade, e conferindo a autoria e a integridade.

Como visto, a lógica se inverte quando o documento é nato-digital, pois o arquivo eletrônico sempre será o original, e todas as impressões extraídas serão meras cópias. Por isso que, enquanto a conferência do documento digitalizado poderá demandar a apresentação do original em papel, a verificação da autenticidade do documento nato-digital vai depender da apresentação do arquivo eletrônico ou da existência de algum elemento que permita a conferência, como por exemplo seu código *hash*.[15]

Importante salientar que a conferência da validade da assinatura digital ou da integridade do documento poderá não ser viável mediante a apresentação de uma cópia impressa. Quando a conferência depende do carregamento (*upload*) do arquivo na plataforma, e isso vai acontecer caso não exista uma validação prevista apenas mediante a digitação do *hash*, a posse do documento digitalizado impedirá tal procedimento, situação que pode causar insegurança. Ademais, a função do *hash* é garantir a integridade do documento, o que significa dizer que ele não sofreu modificações após a sua geração.

Para o documento híbrido também poderá existir problema com a conferência, seja ela digital ou física. Por exemplo, quando um contrato é assinado em papel por uma parte para ser depois digitalizado e assinado eletronicamente pela outra, a validação do arquivo na plataforma digital se limitará à assinatura produzida eletronicamente.

Por outro lado, no caso de impugnação à assinatura manuscrita, é possível que a perícia demande a apresentação do documento original, em papel, que neste caso

---

15. Hash é uma sequência gerada por meio de um script que analisa byte a byte de um determinado arquivo para gerar, de maneira única, um código exclusivo. Trata-se de um processo unidirecional, pelo qual um arquivo é convertido em uma string de tamanho fixo, que poderá ser utilizada para conferência da integridade do documento. Há diferentes tipos de hashs e suas funções têm um certo padrão. O MD5 é um código que tem sempre 32 caracteres, sendo essa uma das funções mais utilizadas. ARAÚJO, Sandro de. *Computação forense* [recurso eletrônico]. Curitiba: Contentus, 2020. Disponível em: https://plataforma.bvirtual.com.br/Leitor/Publicacao/186353/pdf/0.

não conterá a assinatura eletrônica. Se o documento for primeiro assinado digitalmente por uma parte para depois ser impresso e assinado no papel pela outra, o seu retorno ao digital, via digitalização, para armazenamento com todas as assinaturas, não permitirá a validação no portal de assinatura, diante da modificação feita. Como se vê, em nenhum caso ocorre a conferência plena do documento híbrido.

3. O CERTIFICADO ICP-BRASIL

A validade do documento eletrônico e da regulação das assinaturas eletrônicas no território brasileiro remonta ao ano de 2001, com a Medida Provisória 2.200-2, de 24 de agosto.[16] Ainda assim, o que se vê até o momento é certa desinformação sobre o tema, desnecessária insegurança por parte de alguns usuários, e uso inadvertido por outros.

A referida norma instituiu a Infraestrutura de Chaves Públicas – ICP-Brasil para garantir a autenticidade, a integridade e a validade jurídica de documentos em forma eletrônica, dispondo sobre a emissão de certificados digitais a serem utilizados para identificar e autenticar pessoas.

Por isso, a lei processual, quando estabelece que serão "admitidos documentos eletrônicos produzidos e conservados com a observância da legislação específica" (CPC, art. 441), está se referindo à Medida Provisória 2.200-2/2001.

A ICP-Brasil é composta por uma autoridade gestora das políticas, e ainda:

(i) pela Autoridade Certificadora Raiz, responsável por emitir, expedir, distribuir, revogar e gerenciar os certificados, função hoje exercida pelo Instituto Nacional de Tecnologia e Informação – ITI (www.iti.gov.br);

(ii) pelas Autoridades Certificadoras, entidades credenciadas a emitir certificados digitais vinculando pares de chaves criptográficas ao respectivo titular;[17] e

(iii) pelas Autoridades de Registro, que identificam e cadastram os usuários, além de encaminhar às solicitações de certificados às Autoridades Certificadoras.

No caso de um contrato assinado eletronicamente com assinaturas digitais geradas por certificados emitidos pela ICP-Brasil,[18] a MP 2.200-2/01 estabeleceu

---

16. Essa medida provisória, ao lado de outras editadas antes de 11 de setembro de 2001, está até hoje em vigor, for força da Emenda Constitucional 32, cujo artigo 2º estabeleceu que "as medidas provisórias editadas em data anterior à da publicação desta emenda continuam em vigor até que medida provisória ulterior as revogue explicitamente ou até deliberação definitiva do Congresso Nacional".
17. São exemplos de Autoridades Certificadoras habilitadas: Serpro (Serviço Federal de Processamento de Dados); Caixa Econômica Federal; Serasa Experian; Receita Federal do Brasil; Certisign; Imprensa Oficial do Estado de São Paulo; AC-JUS (Autoridade Certificadora da Justiça); ACPR (Autoridade Certificadora da Presidência da República); Casa da Moeda do Brasil; Valid Certificadora Digital; Soluti Certificação Digital; DigitalSign; MRE (Ministério das Relações Exteriores); Ministério da Defesa; Safeweb; e Prodemge.
18. São alguns exemplos de certificados ICP-Brasil os emitidos pelas empresas Certisign, Valid, Solut e Safeweb.

verdadeira hipótese de presunção legal de autoria da declaração de vontade, ao fixar que as "declarações constantes dos documentos em forma eletrônica produzidos com a utilização de processo de certificação disponibilizado pela ICP-Brasil presumem-se verdadeiros em relação aos signatários" (art. 10, § 1º).

A autenticidade do documento eletrônico pode ser verificada mediante o *upload* do arquivo original em plataforma apta à conferência. O Instituto de Tecnologia e Informação – ITI disponibiliza a plataforma no *website* https://verificador.iti.br/, para arquivos nos formatos *p7s*, *xml* e *pdf*.

A partir do carregamento do arquivo, a plataforma gera um relatório, que poderá ser em formato simplificado ou completo, contendo os dados necessários para conferência. Uma das informações fornecidas é a data da emissão do certificado digital que gerou a assinatura contida no documento e o prazo de validade do certificado, indicando sua validade no momento da consulta.

Se de um lado é evidente que a data de emissão do certificado precisa ser anterior à da assinatura, e que o certificado precisa estar dentro do prazo de validade no momento de sua utilização, por outro o vencimento superveniente do certificado é irrelevante para comprovar a sua autenticidade.

O certificado tem prazo de validade que varia de um a três anos. Logo, é natural que a consulta a um documento assinado há mais tempo aponte a expiração do certificado, o que não afeta a assinatura anteriormente feita. Isto é, o ato será legítimo desde que tenha sido feito com certificado em vigor, ainda que na data da conferência tenha ocorrido a expiração, como ilustra a tabela abaixo:

Hipótese	Data de expiração do certificado	Data da assinatura	Data da Conferência	Assinatura é válida?
1	20.04.2023	15.04.2023	19.04.2023	Sim
2	20.04.2023	04.08.2022	03.05.2023	Sim
3	20.04.2023	22.04.2023	22.04.2023	Não*

*Na prática, quando o certificado está expirado, o usuário não consegue gerar uma assinatura eletrônica no documento.

Portanto, o documento eletrônico não deve ser recusado, ou ter sua validade questionada, somente porque o resultado da conferência na plataforma do ITI aponta que o certificado digital está expirado. O relatório diz quando o certificado expirou e isso permite conferir a sua validade no momento da assinatura do documento.

Para melhor visualização, abaixo consta a simulação, na plataforma, da Hipótese 2 da tabela acima:

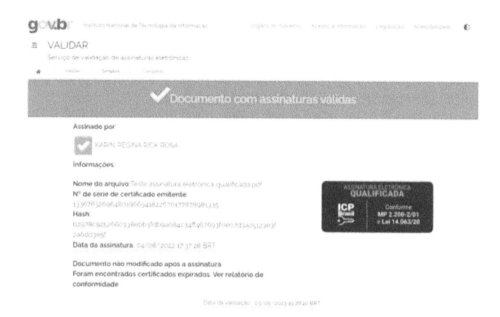

Ao clicar em "Ver relatório de conformidade", o usuário é levado a nova tela, em que aparece um sinal de alerta laranja. No campo "Informações da assinatura" aparece a linha "Mensagem de erro", com a informação: "O certificado está expirado".

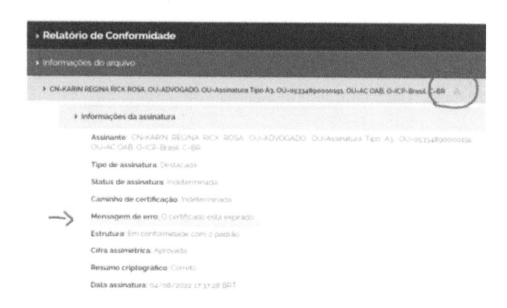

Porém, isso significa, tão somente, que por ocasião da validação (03.05.2023) o certificado estava expirado. O importante é que na data da assinatura (04.08.2022) o certificado estava em vigor, o que a torna válida, como destacado na tela anterior. Em outras palavras, a integridade e a autoria do documento ficam preservadas mesmo após o vencimento superveniente do certificado.

Logo, o que efetivamente precisa ser conferido é a validade do certificado na data da assinatura digital. Daí a importância do carimbo de tempo nos documentos eletrônicos.

É possível assinar eletronicamente um documento utilizando o Adobe Acrobat. O *software* permite, ainda, a conferência de assinatura gerada com certificado ICP-Brasil:

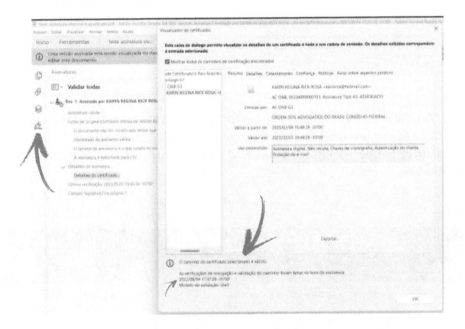

4. OUTROS CERTIFICADOS

O artigo 10 da MP 2.200-2/01, em seu parágrafo segundo, ampliou significativamente as possibilidades quando autorizou que a assinatura de documentos eletrônicos possa ser gerada a partir de certificados emitidos fora da ICP-Brasil, ou, por outro meio de comprovação da autoria e da integridade:

> Art. 10. (...) § 2º O disposto nesta Medida Provisória não obsta a utilização de outro meio de comprovação da autoria e integridade de documentos em forma eletrônica, inclusive os que

utilizem certificados não emitidos pela ICP-Brasil, desde que admitido pelas partes como válido ou aceito pela pessoa a quem for oposto o documento.[19]

Convém destacar que, na hipótese autorizativa de certificados fora da ICP-Brasil ainda estamos trabalhando com assinaturas digitais. Porém, a última opção "*qualquer meio de comprovação da autoria e* integridade" abre caminho para o uso de qualquer assinatura eletrônica capaz de atender a esses requisitos. E como o cidadão conseguirá identificar se a assinatura eletrônica por utilizada de fato permite esta comprovação?

Como condição para a validade das assinaturas eletrônicas não vinculadas à ICP-Brasil, a legislação exige, além de outros requisitos técnicos que serão examinados adiante, a aceitação pelas partes contratantes e pelos terceiros a quem o documento for oposto. É sobre isso que vamos tratar no próximo tópico.

4.1 GOV.BR prata e ouro

A plataforma GOV.BR permite que você assine documentos em meio eletrônico utilizando a conta gov.br. Para utilizar o serviço 'assinatura digital' da plataforma é necessário ter uma conta ouro ou prata[20] validada por reconhecimento facial via aplicativo, bancos credenciados ou certificado digital:

---

19. Disponível em: https://www.planalto.gov.br/ccivil_03/MPV/Antigas_2001/2200-2.htm.
20. Disponível em: https://www.gov.br/governodigital/pt-br/assinatura-eletronica.

A plataforma trabalha com três níveis de conta: ouro, prata e bronze. Para que o nível da conta seja ouro, a pessoa deverá utilizar uma das seguintes opções: (i) reconhecimento facial pelo aplicativo gov.br para conferência da sua foto na base da Justiça Eleitoral (TSE); (ii) validação de seus dados com Certificado Digital compatível com ICP-Brasil; (iii) validação de seus dados utilizando o aplicativo gov.br para ler o QR Code da Carteira de Identidade Nacional (CIN). A conta ouro tem o nível máximo de segurança e proporciona acesso a todos os serviços da plataforma.

A conta nível prata também oferece assinatura eletrônica, acesso a todos os serviços, porém não tem nível máximo de segurança. Para ter uma conta nível prata, a pessoa deverá utilizar uma das seguintes opções: (i) validação dos seus dados com usuário e senha do SIGEPE se for servidor público federal; (ii) reconhecimento facial pelo aplicativo gov.br para conferência da foto na base da Carteira Nacional de Habilitação (CNH); (iii) validação dos seus dados via internet banking de um banco credenciado.[21]

A conta bronze dá acesso a alguns serviços, mas não permite a assinatura eletrônica.

Importante referir que a conta prata permite assinaturas eletrônicas e esse nível é facilmente alcançado, considerando o expressivo número de pessoas que são portadoras de Carteira Nacional de Habilitação e que possuem conta em banco.

4.2 E-notariado

O e-notariado é a única plataforma autorizada para prática de atos notariais eletrônicos. Organizada por módulos que replicam a atividade notarial tradicional, ela pode ser definida como um novo canal de comunicação e relacionamento dos Tabeliães de Notas com os cidadãos de forma unificada e harmônica, confirmando que a revolução tecnológica também chegou aos cartórios.

A identificação pessoal se faz presente em todos os módulos disponíveis e, no caso das escrituras públicas, é possível o uso de certificado notarizado ou de certificado ICP-Brasil para assinatura.

O certificado notarizado é uma assinatura avançada, pois emitido fora da ICP-Brasil, mas observando todos os requisitos técnicos de segurança necessários para garantir autoria e integridade aos documentos eletrônicos.

Por determinação do Provimento 100 CNJ, o tabelião firma o ato sempre com uma assinatura eletrônica gerada a partir de certificado ICP-Brasil. Para seus

---

21. São bancos cadastrados: Itaú, Banese, Banco do Brasil, Sicredi, Banrisul, Bradesco, Caixa Econômica Federal, Banco de Brasília, Sicoob, Mercantil do Brasil, Santander e Agibank.

prepostos e para os clientes que não tiverem um certificado ICP-Brasil, o tabelião emitirá gratuitamente um certificado notarizado, com validade de três anos, que será utilizado para assinar eletronicamente os documentos. Assim, a combinação da assinatura eletrônica do cliente gerada a partir do certificado notarizado ou ICP-Brasil mais a assinatura eletrônica do tabelião em um documento salvo em formato de longa duração, juntamente com a videoconferência gravada, formam o ato notarial eletrônico.

A plataforma permite a formalização de documento híbrido, solução que não é recomendada, pelas razões já expostas.

Além da assinatura de instrumentos públicos, a plataforma conta com o módulo E-Not Assina, destinado aos documentos particulares assinados exclusivamente com o certificado notarizado. Esse assinador oferece a segurança da qualificação do signatário, feita no momento da emissão do certificado notarizado, além do atributo da integridade. Isso é extremamente importante, pois muitas pessoas têm formalizado contratos particulares que são assinados eletronicamente sem qualquer conferência da identidade do signatário.

5. A CLASSIFICAÇÃO TRIPARTITE DAS ASSINATURAS ELETRÔNICAS

Um ano antes de completar duas décadas de existência da MP 2.200-2/01, em 23 de setembro de 2020, no auge da pandemia de Covid-19, foi publicada a Lei 14.063, para disciplinar o uso das assinaturas eletrônicas em interações com entes públicos, em atos de pessoas jurídicas e em questões de saúde e licenciamento de softwares para entes públicos, e veio a ser regulamentada pelo Decreto 10.543, de 13 de novembro de 2020.

A lei adotou uma classificação tripartite para as assinaturas eletrônicas: qualificada, avançada e simples.

Assinatura qualificada, hoje, é somente aquela que utiliza um certificado emitido pela ICP-Brasil, e cuja autoria é presumida, nos termos do já citado art. 10, § 1º da MP 2.200-2/01. Na ICP-Brasil há duas categorias de certificados digitais: os certificados do tipo 'A' e os certificados do tipo 'S'. Cada uma das categorias se divide em quatro: A1, A2, A3, e A4; S1, S2, S3 e S4. Os certificados da categoria 'A' são utilizados para assinar documentos ou validar transações eletrônicas. Já os certificados da categoria 'S' destinam-se à proteção de arquivos confidenciais.

Os certificados 'A1' e 'S1' têm validade de um ano, as chaves têm tamanho de 1024 bits e são geradas por software. Eles são armazenados no HD ou *pen drive*.

Os certificados 'A3' e 'S3' têm validade máxima de cinco anos, as chaves têm o mesmo tamanho (1024 bits), porém são geradas por hardware. Eles são armazenados em cartão inteligente (*smart card*) ou em *token* USB.

Os certificados 'A1' e 'A3' são os mais utilizados, o primeiro armazenado no computador, podendo ser instalado em mais de um equipamento, enquanto o segundo é armazenado em cartões inteligentes ou *tokens* protegidos por senha. O armazenamento em mídia própria (cartão ou token) garante maior segurança aos certificados 'A3' em relação aos certificados 'A1', pois a assinatura é gerada em sistema localizado em um ambiente fechado que não se integra com o sistema do computador.[22]

Muitas pessoas preferem o certificado 'A1' justamente pela comodidade da instalação em várias máquinas e desnecessidade do cartão ou do *token*, além do custo mais acessível. Porém, vale lembrar que o conforto é inimigo da segurança. *Mais facilidade significa mais vulnerabilidade, neste caso.*

A assinatura avançada, por sua vez, é feita com um certificado não emitido pela ICP-Brasil, também gerado mediante checagem de identidade do seu portador, com rigor de segurança que pode variar.

A Lei 14.063/2020 determina, como requisitos de comprovação de autoria e integridade das assinaturas avançadas, o dever de associar o signatário de maneira unívoca, a utilização de dados para sua criação cujo signatário pode operar sob o seu controle exclusivo, com elevado nível de segurança (autoria), isso pode ser feito mediante a identificação de pontos de autenticação, como nome, e-mail, endereço de IP. Além disso, é preciso relacionar dados de modo que qualquer modificação posterior à assinatura é detectável (integridade). As assinaturas avançadas oferecem maior grau de segurança, exigindo mecanismos que garantam a autoria e a integridade do documento eletrônico.

Por último, a assinatura simples é aquela que permite identificar o seu signatário e que anexa ou associa dados a outros dados do signatário em formato eletrônico. Um exemplo é a mensagem eletrônica do remetente, quando pode ser associada a seu endereço eletrônico (e-mail). Naturalmente, o grau de segurança na assinatura simples é o menor, sendo permitida para as interações mais singelas.

Como mencionado, um dos maiores desafios que se apresentam hoje ao homem *paperless* é identificar e diferenciar uma assinatura simples de uma assinatura avançada. A popularização dos assinadores privados trouxe agilidade e facilidade às contratações. Contudo, é preciso ter em mente que a facilidade é inimiga da segurança. É cada vez mais frequente o uso de assinadores privados para a formalização de contratos eletrônicos. Porém, é preciso atentar para alguns pontos frágeis neste tipo de procedimento.

---

22. Disponível em: https://www.gov.br/pt-br/servicos/obter-certificacao-digital.

5.1 Afinal, quais são os cuidados?

Duas perguntas iniciais deverão sempre ser feitas antes de assinar um documento eletrônico, partindo da premissa que a assinatura não será gerada com certificado ICP-Brasil, é: quem fez e como foi feita a identificação da pessoa que irá assinar o documento? Há várias formas de identificar pessoas para participação em atos eletrônicos. Por exemplo, o tabelião de notas, ao emitir o certificado notarizado, faz uma coleta de dados pessoais que inclui não apenas a conferência dos documentos de identificação, mas, também, a coleta de dados biométricos, entre eles a fotografia fácil e digitais. Desta forma há garantia de que houve uma identificação feita por agente com fé pública no momento da emissão do certificado e a certeza da identidade no momento da assinatura de documentos eletrônicos pela plataforma do e-notariado.

Aqui é importante dizer que o uso do certificado digital, seja ele de qualquer natureza, é sempre pessoal e intransferível, sendo responsabilidade do seu portador garantir que terceiros não consigam assinar documentos em seu nome. Nem sempre o uso é consciente, não sendo raro notícias de entrega do certificado e senha para assinaturas por terceiros. Essa é uma prática que pode ser comparada a deixar uma folha de papel assinada em branco sobre a mesa, tornando o signatário vulnerável e obrigado por qualquer compromisso assumido.

Outro exemplo de conferência da identidade se dá nas operações bancárias, em que o token é instalado no celular, mas sua ativação depende do comparecimento pessoal na agência. Sem um meio seguro e informado de forma transparente ao cliente, as consequências poderão ser desastrosas.

Em outras plataformas nem sempre a informação sobre como foi feita a identificação do signatário no momento da emissão do certificado é clara, sendo que nas assinaturas simples, essa identificação poderá ser bastante frágil, utilizando apenas um login e senha a partir de um cadastro simples, sem qualquer conferência.

Por vezes a identificação da pessoa é delegada ao outro signatário, que recebe uma foto do documento de identificação e outra tirada pelo celular para conferência. E a pergunta que lhe fazemos é: você se sente seguro para atestar que uma pessoa desconhecida é quem ela diz ser olhando um documento escaneado e uma foto tirada pelo celular?

Até aqui abordamos o aspecto da identificação do outro signatário, mas não devemos perder de vista que quando a opção por assinar com certificados fora da ICP-Brasil ou por outros meios de assinatura eletrônica é inevitável que a empresa assinadora tratará dados pessoais, e uma série de outros cuidados entram em jogo. Você, que já assinou um documento eletrônico com assinador privado, leu a política de privacidade antes de utilizá-lo? Sabe com quem seus dados serão compartilhados, como eles serão armazenados, como *e quando* eles serão descartados?

Um outro cuidado, não menos importante, porque relacionado à produção dos efeitos do documento eletrônico, é saber a quem este documento será oposto. Sim, porque não é suficiente que os contratantes mutuamente aceitem o uso de uma determinada assinatura eletrônica. É necessário que os terceiros com quem os signatários venham a interagir por alguma razão em decorrência da contratação, também aceitem as assinaturas. No próximo tópico vamos trazer um exemplo prático disso.

Dito isso, uma última pergunta que toda a pessoa que se propõe a assinar um documento eletrônico em plataforma privada deve fazer é: como será garantido o acesso à conferência das assinaturas no futuro? A conferência é garantia para demonstrar a autoria e a integridade nos documentos eletrônicos contendo assinaturas geradas por certificados fora da ICP-Brasil ou de assinaturas eletrônicas sem certificado digital. De nada adianta a conservação facilitada do documento eletrônico em relação ao papel, que se limita ao número de exemplares assinados, se a conferência da autenticidade e da integridade restar comprometida pela incerteza da própria existência da plataforma no futuro. Assim, recomenda-se:

1. saber quem e como foi feita a identificação do signatário quando da emissão do certificado ou da assinatura eletrônica.

2. identificar que tipo de assinatura eletrônica o assinador oferece: simples ou avançada. Se o assinador instala um certificado digital no computador ou celular para gerar a assinatura, esta será uma assinatura avançada, desde que o signatário possa operar sob o seu controle exclusivo e com elevado nível de confiança os dados para sua criação, garantida a detecção de modificações. Se o assinador utiliza certificado ICP-Brasil para gerar a assinatura, então será uma assinatura avançada. Sem certificado, e não sendo possível detectar modificações no documento após a assinatura, nem garantir o controle exclusivo ao signatário, a assinatura será apenas simples e não terá validade o documento eletrônico.

3. *conferir* se o assinador oferece um verificador de autenticidade de cada uma das assinaturas lançadas, permitindo aos signatários e terceiros que recebam o documento eletrônico a conferência da validade da assinatura eletrônica e da integridade.

4. verificar se nos termos de uso existe uma cláusula de comprometimento de disponibilização perene para verificação do documento.

5. ler os termos de uso da plataforma para o exercer o direito de autodeterminação informativa.

Há no mercado atualmente vários assinadores, como por exemplo o portal de assinaturas do GOV.BR (gratuito),[23] o portal de assinaturas da OAB Conselho

---

23. Assinador de Documentos | Assinatura de documento (iti.br).

Federal (bonificação mensal 200 documentos para pessoa física),[24] Zapsign,[25] Docusign,[26] Clicksign,[27] Qualisign.[28] Em uma pesquisa feita nos *sites* da internet de alguns portais de assinatura, em alguns casos, as informações encontradas confirmam a fragilidade e vulnerabilidade a que ficam submetidos os clientes. Por exemplo, uma das cláusulas encontradas diz que a plataforma "poderá, a seu exclusivo critério, atualizar, alterar, acrescentar ou remover qualquer parte, total ou parcialmente, da Plataforma, a qualquer tempo". Nenhuma garantia de disponibilização do validador de autenticidade foi localizada neste documento. Outra plataforma de assinaturas que tem um verificador de autenticidade refere em seus termos de uso que garante o armazenamento dos documentos eletrônicos pelo prazo de cinco anos. *O armazenamento pode ser uma vantagem para o cliente, com garantia de acesso ao arquivo, mas não se refere à verificação da autenticidade e integridade*. Uma das plataformas consultadas informa que a integridade do documento é realizada por meio do HASH SHA 256 e 512, garantindo que cada documento seja único, inalterável e incorruptível. Em nenhum *site* pesquisado foi localizada cláusula que trate da garantia de disponibilidade do validador/verificador para consulta futura. *É fundamental que as plataformas tragam informações claras e transparentes, inclusive sobre o que oferecem e o que não poderá ser obtido pelo cliente, como direito de informação e sob pena de ser defeituoso o serviço*.

5.2 O acesso dos documentos eletrônicos ao registro de imóveis

O registrador de imóveis tem por atribuição legal qualificar títulos e registrá-los, quando a qualificação for positiva. Esses títulos podem ser emanados do Poder Judiciário (sentenças, cartas de arrematação, mandados), podem ser instrumentos públicos redigidos pelo tabelião de notas (escrituras públicas de compra e venda, de permuta, de hipoteca, de alienação fiduciária) ou, podem ser instrumentos particulares (promessas de compra e venda, compra e venda de imóveis de valor inferior a 30 salários-mínimos, cédulas bancárias).

No ano de 2009 a Medida Provisória 459 incluiu o parágrafo único ao artigo 17 da Lei de Registros Públicos (Lei 6.015/73), autorizando o acesso e o envio de informações aos registros públicos assinados com uso de certificado digital ICP-Brasil.[29] A lei de conversão – Lei 11.977/09 – manteve o uso de assinaturas

---

24. Portal OAB (portaldeassinaturas.com.br).
25. ZapSign | A assinatura eletrônica e digital sem mistérios.
26. Assine documentos em qualquer lugar, de qualquer dispositivo (docusign.com).
27. Pioneira em soluções de assinatura eletrônica | Clicksign.
28. Assinatura Digital e Eletrônica | QualiSign (documentoeletronico.com.br).
29. Art. 17. Qualquer pessoa pode requerer certidão do registro sem informar ao oficial ou ao funcionário o motivo ou interesse do pedido. Parágrafo único. O acesso ou envio de informações aos registros Públicos, quando forem realizados por meio da rede mundial de computadores – Internet deverão

qualificadas. Pouco mais de uma década, nova Medida Provisória – MP 1.085 – promoveu nova alteração na redação do dispositivo, mantida pela lei de conversão – Lei 14.382/22 – que instituiu o SERP – Sistema Eletrônico dos Registros Públicos, ampliando significativamente o uso das assinaturas eletrônicas:

> Art. 17 (...)
> § 1º O acesso ou o envio de informações aos registros públicos, quando realizados por meio da internet, deverão ser assinados com o uso de assinatura avançada ou qualificada de que trata o art. 4º da Lei 14.063, de 23 de setembro de 2020, nos termos estabelecidos pela Corregedoria Nacional de Justiça do Conselho Nacional de Justiça.
> § 2º Ato da Corregedoria Nacional de Justiça do Conselho Nacional de Justiça poderá estabelecer hipóteses de uso de assinatura avançada em atos envolvendo imóveis.

Como se pode observar, o parágrafo primeiro prevê o uso de assinaturas avançada ou qualificada para o acesso ou envio de informações aos registros públicos, aqui considerados em sentido amplo. Para os atos que envolvam imóveis, o parágrafo segundo delegou ao Conselho Nacional de Justiça a disciplina para estabelecer as hipóteses de uso de assinaturas avançadas.

Assim, o uso das assinaturas avançadas está previsto no contexto do SERP, e ainda depende de regulamentação pelo CNJ. No dia 1º.02.2023 foi publicado o Provimento 139 pelo Conselho Nacional de Justiça, contendo a primeira regulamentação do sistema e determinando a criação do Comitê de Normas Técnicas (CNT/Serp), que terá a responsabilidade de elaborar instruções técnicas para propiciar a adaptação eletrônica dos requisitos jurídico-formais implicados nos serviços, visando garantir a autenticidade e a segurança das operações realizadas com documentos informáticos, além de traçar as diretrizes técnicas para o uso de assinaturas eletrônicas perante os registros públicos.[30]

Por outro lado, o Provimento 95/2020 do CNJ disciplinou o funcionamento dos serviços notariais e de registro durante o período de Emergência em Saúde Pública de Importância Nacional, autorizando o uso de quaisquer meios seguros para recebimento e devolução de documentos, e determinando a recepção de títulos nato-digitais ou digitalizados com padrões técnicos encaminhados eletronicamente.[31]

O Provimento 95/2020 teve sua vigência foi prorrogada até 30.12.2022 pelo Provimento CNJ 136,[32] e mais recentemente, o Provimento 138/2023[33] o prorrogou por prazo indeterminado.

---

ser assinados com uso de certificado digital, que atenderá os requisitos da Infraestrutura de Chaves Públicas Brasileira – ICP.
30. Disponível em: https://atos.cnj.jus.br/atos/detalhar/4921. Acesso em: 08 fev. 2023
31. Disponível em: https://atos.cnj.jus.br/atos/detalhar/3265. Acesso em: 08 set. 2022.
32. Disponível em: https://atos.cnj.jus.br/atos/detalhar/4761. Acesso em: 04 out. 2022.
33. Disponível em: https://atos.cnj.jus.br/atos/detalhar/4874. Acesso em: 08 fev. 2023.

Com a prorrogação por prazo indeterminado da vigência do Provimento CNJ 95, a flexibilização das exigências para tráfego de informações nos registros públicos autoriza que o registrador aceite documentos assinados com certificados emitidos fora da ICP-Brasil ou por outros meios que garantam a autoria e a integridade, a seu critério, enquanto não houver regulamentação pelo Conselho Nacional de Justiça, documentos contendo assinaturas avançadas, sendo fundamental que a parte interessada verifique antecipadamente quais são os certificados aceitos para que os documentos sejam considerados válidos (parte final do parágrafo segundo do artigo 10 da MP 2.200-2/01).

6. RECONHECIMENTO DE FIRMA ELETRÔNICA IMPRESSA E AUTENTICAÇÃO DE DOCUMENTO ELETRÔNICO: *"NÃO É O QUE NÃO PODE SER, QUE NÃO É"*

Um equívoco frequente é a apresentação de um documento eletrônico impresso para reconhecimento de firma ou obtenção de cópia autenticada em tabelionato de notas. O reconhecimento de firma, neste caso, significaria atestar que um determinado certificado digital foi utilizado para gerar uma assinatura digital naquele documento. Já a autenticação pressupõe a conferência com o original, tanto que há Estados em que as Corregedorias de Justiça vedam a autenticação de cópia da cópia, como regra geral.[34]

Para que o tabelião de notas possa reconhecer a firma digital, ou, ainda, para ele declarar que o documento em papel apresentado confere com o documento eletrônico (que é o original), será imprescindível o acesso ao arquivo eletrônico para verificação de conformidade na plataforma correspondente.

Há casos em que a conferência será possível sem acesso ao arquivo, a partir da própria cópia impressa, como no caso de o documento conter um código de autenticação *hash*, tipo de criptográfica unidirecional que não garante confidencialidade, mas permite a verificação da integridade, o que significa dizer, a verificação de que o documento não sofreu modificação após a assinatura será possível. Essa forma de conferência é adotada há bastante tempo para as certi-

---

34. Neste sentido o artigo 933 da Consolidação Normativa Notarial e Registral do Rio Grande do Sul: Art. 933 – Somente serão autenticadas cópias de documentos originais, vedada a autenticação de reprodução reprográfica de cópia. Parágrafo único – Não estão sujeitas à restrição do caput a cópia ou conjunto de cópias reprográficas emanadas do próprio ou de outro Tabelião, de autoridade ou repartição pública e por elas autenticadas ou assinadas, a constituírem documento original, tais como cartas de ordem, cartas de sentença, cartas de arrematação, cartas de adjudicação, formais de partilha, certidões positivas de Ofícios de Registros e de Protestos, certidões da Junta Comercial, Industrial e Serviços e similares.
Microsoft Word – Consolidação Normativa Notarial Registral 2023 Texto compilado 14.03.2023 (tjrs.jus.br).

dões expedidas pelas Secretarias Estaduais e Municipais de Fazenda. Quando a visualização do documento é disponibilizada, a consulta é segura, porém nem sempre há essa opção.

7. CONCLUSÃO

Os meios de interação social e negociação mudaram. A vida é *paperless* e a sociedade da informação é tecnológica e virtual. De forma mais ou menos natural passamos a nos reunir virtualmente, a participar de audiências e reuniões online, a pagar, receber, aplicar com um celular e a contratar sem a necessidade do papel e da presença física, mesmo naquelas situações que a lei exige a formalização do negócio jurídico por escrito.

A validade dos documentos eletrônicos e o uso das assinaturas eletrônicas são regulados no território brasileiro há mais de vinte anos. A tradição de documentar as relações jurídicas obrigacionais de maior relevância não parece ameaçada pelo atual momento. O que se vê são meios distintos de formalizar os contratos e é claro vivemos uma transição do papel para o eletrônico. Nesse meio do caminho, é como se procurássemos soluções para atender quem está lá e quem está aqui, e daí surgem os documentos digitalizados e os híbridos, a circular pelas mesas e pelos computadores.

Eles são mutantes e seus dias devem estar contados, por não oferecem a segurança esperada e exigirem uma atenção ainda maior de guarda do arquivo eletrônico e do papel. Não faz sentido e não devemos depositar nossa fé sobre eles, precisamos abrir espaço para os documentos eletrônicos, verdadeiramente eletrônicos. Mas abandonar o papel não é o único desafio.

Documentos eletrônicos precisam de assinaturas eletrônicas, e, em mundo ideal os certificados ICP-Brasil estariam à disposição de todo cidadão, garantindo que todos os documentos carregariam assinaturas qualificadas com a segurança e presunção de autenticidade atribuída legalmente. Infelizmente esta não é a realidade.

Considerando que ainda uma parcela ínfima da população tem acesso a certificados ICP-Brasil, é possível concluir que as duas outras espécies de assinatura – avançada e simples – predominarão.

O que se espera de quem oferece opções de assinatura avançada ou simples é a transparência em relação a informações essenciais, como o meio de identificação da pessoa no momento da emissão do certificado ou da assinatura, a observância dos princípios para tratamento de dados pessoais e o cumprimento da Lei Geral de Proteção de Dados, a forma pela qual a plataforma garante a autoria e a integridade do documento, o prazo pelo qual a plataforma se responsabiliza por disponibilizar o acesso para essa conferência, o tipo de assinatura eletrônica por ela oferecida.

Neste contexto, o certificado notarizado merece destaque, pois em que pese se enquadrar como assinatura avançada, oferece atributos de segurança que poderiam equipará-lo com tranquilidade aos certificados ICP-Brasil, a começar pela emissão feita por notário, que aliás também pode emitir certificados ICP-Brasil.

Os módulos hoje oferecidos pela plataforma e-notariado permitem desde a assinatura de escrituras públicas por meio de videoconferência até o reconhecimento de assinatura digital em documento particular.

Outra plataforma de assinatura que tem como vantagem já possuir os dados pessoais sem que haja necessidade de coleta é o GOV.BR. Para os cidadãos que possuem conta ouro ou prata a opção do assinador está disponível e aceita documentos em formato DOC ou .DOCX ou .ODT ou .JPG ou .PNG ou .PDF, com até 100MB. A assinatura simples é aceita para interações singelas com o Poder Público em razão do grau mínimo de segurança que oferece.

Sempre que a opção for pelo uso de assinatura avançada, os signatários deverão atentar para a necessidade de aceitação pelo terceiro a quem o documento venha a ser oposto. No caso dos documentos eletrônicos destinados ao registro de imóveis, atualmente a aceitação de assinaturas avançadas fica a critério do oficial, sendo prudente a verificação prévia, sob pena de o documento não ter acesso ao folio real.

Se queremos evoluir como sociedade, precisamos sair da nossa zona de conforto. Bem-vindo ao mundo das assinaturas eletrônicas.

REFERÊNCIAS

ARAÚJO, Sandro. *Computação forense* [recurso eletrônico]. Curitiba: Contentus, 2020. *E-book*.

BRASIL. Medida Provisória 2200-2, de 24 de agosto de 2001. Institui a Infraestrutura de Chaves Públicas Brasileira – ICP-Brasil, transforma o Instituto Nacional de Tecnologia da Informação em autarquia, e dá outras providências. Disponível em: https://www.planalto.gov.br/ccivil_03/MPV/Antigas_2001/2200-2.htm. Acesso em: 20 mar. 2023.

CLICKSIGN. Disponível em: https://pages.clicksign.com/lp-plataforma-de-assinatura-digital-de-documentos?utm_source=bing&utm_medium=cpc&utm_campaign=clicksign_campanha_search_assinatura_microsoft_ads&utm_content=c_422847915|adg_1346903055723519|ad_|ph_kwd-84182289506218:loc-20|key_assinatura%20eletr%C3%B4nica|dev_c|pst_|rgnid_147796|placement_&msclkid=fdb6cd54d41a15e266b2a96a4b48d14d.

DOCUSIGN. Disponível em: https://www.docusign.com.br/assinar. Acesso em: 20 mar. 2023.

FLORIDI, Luciano. *The Onlife Manifesto* – Being Human in a Hyperconnected Era. *E-book*. Disponível em: https://link.springer.com/book/10.1007/978-3-319-04093-6. Acesso em: 20 mar. 2023.

GOV.BR Disponível em: https://sso.acesso.gov.br/login?client_id=assinador.iti.br&authorization_id=187949bb080. Acesso em: 20 mar. 2023.

MARTINI, Renato. *Sociedade da informação*. SP: Trevisan editora, 2017.

OAB. Portal de Assinaturas. Disponível em https://oab.portaldeassinaturas.com.br/. Acesso em: 20 mar. 2023.

POISL, Carlos Luiz. *Testemunho da verdade: lições de um notário*. Porto Alegre: Sérgio Antonio Fabris Ed., 2006.

QUALISIGN. Disponível em: https://www.qualisign.com.br/. Acesso em: 20 mar. 2023.

RIO GRANDE DO SUL. Corregedoria Geral de Justiça. Provimento 01, de 17 de janeiro de 2020. Institui o novo texto da Consolidação Normativa Notarial e Registral do Estado do Rio Grande do Sul - CNNR. Disponível em: https://www.tjrs.jus.br/static/2023/04/Consolidacao-Normativa-Notarial-Registral-2023-TEXTO-COMPILADO-14-04-2023.pdf. Acesso 20 mar. 2023.

VOLPI NETO, Angelo. *A vida em Bits*. SP: Aduaneiras, 2009.

ZAPISIGN. Disponível em: https://zapsign.com.br/?utm_source=bing&utm_medium=CPC&utm_campaign=Search_Institucional&utm_term=zapsign%20assinatura%20eletr%C3%B4nica&utm_campaign=07+-+%5BONGOING%5D%5BSearch+Institucional%5D+%5BBrasil%5D&utm_source=bing&utm_medium=ppc&hsa_acc=6928999691&hsa_cam=12041285017&hsa_grp=1339206443023240&hsa_ad=&hsa_src=o&hsa_tgt=kwd-83701237003715:aud-814016166:loc-685&hsa_kw=zapsign%20assinatura%20eletr%C3%B4nica&hsa_mt=p&hsa_net=adwords&hsa_ver=3&msclkid=df86d692694810b568a0b2acf7a53fc9. Acesso em: 20 mar. 2023.

TOKENIZAÇÃO IMOBILIÁRIA E SEUS EFEITOS REGULATÓRIOS

Bruna de Andrade Laba

Pós-Graduada em Direito Imobiliário pela PUC-RJ. CEO do escritório Laba Advogados. Partner da empresa Agrega Desenvolvimento Imobiliário. CLO da empresa Ribus Tecnologia e Participações Ltda. CEO Laba Advogados. Partner Agrega Desenvolvimento Imobiliário. CLO Ribus Tecnologia e Participações Ltda. E-mail: bruna.laba@ribus.com.br.

Sumário: 1. O instituto da *tokenização* – 2. *Tokenização* no setor imobiliário; 2.1 Vantagens da *tokenização* no setor imobiliário – 3. Aspectos regulatórios do mercado de criptoativos – 4. Aplicabilidade dos *tokens* e suas modalidades no mercado imobiliário – 5. Conclusão.

1. O INSTITUTO DA *TOKENIZAÇÃO*

Corroborando com a criação do futuro da economia digital, os avanços tecnológicos são evidentes e necessários no mundo moderno, e já atingem todos os setores da economia, dentre eles, sendo considerado o mais relevante do mercado está o fenômeno da *Tokenização*.

Antes de adentrar no tema específico deste artigo que transita pelo setor imobiliário, vale esclarecer, inicialmente, o que é a *tokenização* de um modo geral, quais seus aspectos relevantes e seus benefícios para a economia mundial.

A figura do token materializa o sentido da palavra *tokenização*. O token é um ativo digital que representa um ativo físico, um ativo real, logo, a *tokenização* é o processo de converter os direitos de um ativo real em um token digital que pode ser transacionado, registrado ou armazenado em uma rede de registro distribuída, mais conhecida como Blockchain.

O grande potencial da *tokenização* é que qualquer bem com valor abstrato ou concreto pode *tokenizado*. Em suma, um token pode representar ativos tangíveis (direitos sobre propriedades e ouro), ou ativos intangíveis (como obras de arte, ações de empresas, direitos autorais, créditos de carbono e recebíveis).

Desta forma, um bem existente no mundo real pode ser *tokenizado*, e, cada token representar uma fração deste bem no ambiente virtual seguro, estruturado a partir da tecnologia Blockchain. Sendo assim, toda e qualquer transação feita com cada um dos *tokens* emitidos será única e irrepetível, o que representa uma garantia para os titulares daqueles *tokens* de que eles são os únicos donos daquela fração do bem *tokenizado*. Quem garante a titularidade/propriedade do token é a empresa emissora ou o protocolo do ativo, desta forma é muito importante que a empresa ou o protocolo sejas idôneos e confiáveis.

Neste contexto, é importante distinguir *tokenização* de securitização, pois apensar de serem comumente institutos confundidos, são completamente diferentes. A securitização é uma prática financeira de transformar ativos financeiros em títulos negociáveis no mercado de capitais, através de um processo de proteção de uma dívida que garante ao credor o pagamento antecipado. Essa dívida é transformada em títulos, que são vendidos a investidores, sendo estes que, no momento de quitação, receberão o pagamento total.

Todavia, para se tornar uma securitizadora a empresa deve se submeter a um processo que é custoso, e, como possui intermediários que utilizam sistemas diferentes, tal fato acarreta uma maior dificuldade de liquidez dos ativos. Enquanto a *tokenização* foi criada para converter informações de um bem de valor em dados e metadados, assim ela é menos complexa e mais transparente, pois utiliza uma tecnologia de registro distribuído.

2. *TOKENIZAÇÃO* NO SETOR IMOBILIÁRIO

Após esgotado todos os aspectos relevantes da *tokenização* de forma mais ampla de mercado, pode-se adentrar no tema deste artigo que é a *Tokenização no Setor Imobiliário*.

Na esfera imobiliária, a *tokenização* confere uma identidade digital à propriedade, permitindo que melhorias realizadas sejam registradas em um contrato inteligente, criando-se um histórico completo e confiável de um determinado ativo imobiliário, aumentando seu valor no mercado por meio de um registro detalhado e acessível de suas melhorias e características.

A obtenção de valor de propriedades imobiliárias através de métodos convencionais, como, por exemplo, a locação, enfrenta desafios significativos. Contudo, a *tokenização* emerge como uma alternativa promissora, permitindo a exploração de novas formas de rendimento. Esta inovação viabiliza a monetização de elementos até então considerados intangíveis, como é o caso da negociação de períodos futuros de vacância de um imóvel. Através da *tokenização* e do emprego de contratos inteligentes, é possível estabelecer e automatizar regras para o uso futuro da propriedade, possibilitando sua comercialização em mercados secundários. Este processo resulta na criação de um título transferível, conferindo ao possuidor direitos específicos derivados do contrato, o que amplia significativamente as opções de valorização de imóveis no mercado atual.

Ou seja, a *tokenização* surge como uma inovação revolucionária para o setor imobiliário, prometendo transformar fundamentalmente a maneira como propriedades são registradas, negociadas e gerenciadas.

2.1 Vantagens da *Tokenização* no setor imobiliário

(i) Tecnologia blockchain e segurança nas transações

Inicialmente, vale esclarecer que o sistema de Blockchain é uma espécie de livro de registros digital que armazena cadeias de blocos de forma transparente e imutável. Esses registros são justamente as transações realizadas na blockchain, as quais reunidas formam os mencionados blocos.

Cada bloco de uma cadeia registra um conjunto de transações, e os blocos são seguros por uma forte camada de criptografia. Cada bloco é ligado ao anterior por um elo, um código chamado *"hash"* e juntos, eles formam uma "corrente de blocos", ou *"blockchain"*.

A blockchain armazena seus dados de forma transparente e imutável, e, por ser pública, hibrida ou permissionada, qualquer pessoa pode verificar e auditar as movimentações nela registradas. Desta forma, a blockchain garante que qualquer transação seja rastreável e assegurada por contratos inteligentes (*smart contracts*), trazendo o registro permanente, tornando-as imutáveis e de execução instantânea.

É evidente que a transparência e segurança proporcionadas pela tecnologia blockchain podem melhorar a confiança dos investidores e a eficiência das transações imobiliárias, conferindo alto padrão de veracidade de tais negociações.

Vale acrescer que ao incorporar a tecnologia blockchain, esse processo não apenas simplifica a burocracia associada à transferência de propriedade, por exemplo, mas também oferece oportunidades sem precedentes para o fracionamento de ativos imobiliários, permitindo investimentos mais acessíveis e diversificados.

A implementação da tecnologia blockchain no setor imobiliário representa uma evolução significativa, particularmente na forma de ativos digitais que simbolizam propriedades ou partes destas. Essa abordagem jurídica moderna facilita as transações de ativos imobiliários, diretamente confrontando a questão da baixa liquidez no mercado. Tal inovação está sendo reconhecida internacionalmente, potencializando uma alteração substancial nos procedimentos tradicionais de negociação imobiliária.

Ademais, com uma atuação conjunta com cartórios, Judiciário e demais órgãos públicos, a adoção da tecnologia blockchain no setor imobiliário oferece a vantagem de reduzir custos e trazer mais segurança, graças ao registro imutável das transações.

A capacidade dos ativos digitais de representar propriedades com regras claramente definidas permite a automação e redução de custos. Especificamente, dentro do contexto jurídico de um contrato de aluguel que incorpora uma cláusula de caução, a implementação de um contrato inteligente possibilita a automação da gestão deste caução. Legalmente, caso o inquilino falhe no cumprimento de suas obrigações contratuais, o contrato inteligente é programado para executar automaticamente a transferência dos valores previstos no caução diretamente para o proprietário. Esse mecanismo reduz a necessidade de intervenção judicial e agiliza o processo de garantia dos direitos do locador, conforme estabelecido no acordo de locação. Legalmente, a Lei 13.777/2018 já permite a fracionamento do uso de imóveis, e a *tokenização* amplia essa possibilidade, melhorando a oferta e comercialização em mercados secundários, valorizando tanto o ativo digital quanto a propriedade que ele representa.

(ii) Democratização do Mercado Imobiliário

Prosseguindo com o raciocino dos benefícios da *tokenização*, um ponto muito importante deste artigo é que a *tokenização* tem o condão de democratizar o acesso ao mercado imobiliário e transformar o setor, trazendo soluções inovadoras, eficientes e seguras, para uma maior igualdade econômica e a geração de riqueza compartilhada.

A transparência e a acessibilidade trazida pelo instituto da *tokenização* é notória, de modo que há uma relevante expansão no acesso de investimento no setor imobiliário para investidores de diferentes perfis e capacidades financeiras que podem se beneficiar dos ganhos proporcionados pelo mercado imobiliário.

Ainda no atual cenário econômico-financeiro do país, o mercado imobiliário é visto como uma opção de investimento conservadora e restrita a indivíduos com alto poder aquisitivo ou grandes investidores institucionais.

Todavia, a *tokenização* vem para mudar este cenário, permitindo que pequeno e médios investidores, com perfis diferentes daqueles informados anteriormente, participem das oportunidades desse mercado, adquirindo frações de imóveis e se beneficiando de sua valorização. Assim, a *tokenização* ajuda a diversificar os portfólios de investimentos e a compartilhar os riscos.

(iii) Aumento de liquidez

Os ativos imobiliários, por si só, trazem no decorrer dos anos diversos fatores que prejudicam a liquidez de mercado dos imóveis, por exemplo, altos custos das operações, burocracia documental, imbróglios jurídicos, dentre outros.

Com efeito, a alta e imediata liquidez dos *tokens*, que podem ser transacionados e vendidos livremente, desde que a transação ocorra em uma plataforma confiável é um ponto que atrai muitos investidores e adeptos do mercado, impulsionando o crescimento do setor imobiliário.

Ademais, quando se *tokeniza* um imóvel, por exemplo, é muito mais fácil vender ou compor operações com frações do imóvel *tokenizadas*, que possuem valores mais acessíveis do que o valor de um imóvel completo. A liquidez sem dúvida é um dos aspectos mais atrativos para o impulsionamento da *tokenização* imobiliária.

3. ASPECTOS REGULATÓRIOS DO MERCADO DE CRIPTOATIVOS

Considerando o desenvolvimento regulatório no Brasil voltado para a criptoesfera, observa-se uma tendência pró-cripto com a introdução de inovações como a criptomoeda DREX pelo Banco Central. Tal movimento sinaliza a emergência de ativos financeiros *tokenizados* no mercado, abrangendo desde CDBs até títulos do Tesouro, promovendo assim maior liquidez.

Toda essa transformação demanda uma adaptação legislativa, executiva e judiciária ao novo paradigma financeiro, representando uma disrupção significativa no cenário financeiro nacional e exigindo um alinhamento regulatório coerente com as dinâmicas de ativos digitais.

Outrossim, é evidente a incerteza no posicionamento a ser adotado pelo Judiciário acerca da matéria de criptoativos e suas vertentes que envolvem o direito imobiliário, como, por exemplo, a Lei Consumerista (Lei 8.078/90), a Lei da Incorporação (Lei 4.591/64), a Lei do Inquilinato (Lei 8.241/91), assim como, que caminho as jurisprudências vão trilhar.

Todavia, com a utilização cada vez mais corriqueira de criptoativos, a atenção a criação de regras e procedimentos pelos aplicadores do direito para prevenção de litígios e para resolução deles, com definições prévias e transparentes, serão necessárias, alimentando o arcabouço regulatório com normas e leis.

Acerca dos ativos digitais caracterizados como *Tokens*, a Comissão de Valores Mobiliários ("CVM") demonstrou uma postura proativa, evidenciada pela publicação do Parecer de Orientação da CVM 40 de outubro de 2022, que detalha os requisitos e formatos para a oferta desses *tokens* no território nacional, alinhando as práticas de mercado às normativas vigentes para a proteção dos investidores e a integridade do mercado financeiro.

Dentre inúmeras questões tratadas no parecer, a autarquia adotou a abordagem funcional para enquadramento dos *tokens* em taxonomia que servirá para indicar o seu tratamento jurídico, seguindo as seguintes categorias:

(i) Tokens de Pagamento (*cryptocurrency* ou *payment token*).

(ii) Tokens de Utilidade (*utility token*) que oferecem acesso a serviços e bens em um determinado ecossistema empresarial ou protocolo sem foco em investimento.

(iii) Tokens referenciados a um determinado ativo (*asset-backed token*) que são subdivididos em 4 (quatro) tipos:

(iii.i) *security tokens* que representam valores mobiliários e estão sujeitos a regulações.

(iii.ii) *stablecoins*.

(iii.iii) *NFTs (non-fungible tokens)* que são únicos, transformando arte e propriedade ao permitir *tokenização* de obras, imóveis e itens de jogos.

(iii.iv) Os demais ativos objeto de operações de *tokenização*.

Importante ressaltar, que cada tipo de Token acima mencionado desempenha papéis diferentes, com implicações jurídicas variadas, desde direitos de propriedade até desafios regulatórios, moldando o futuro do investimento digital e da propriedade intelectual.

Conforme descrito no aludido parecer, a CVM entende que o token referenciado a ativo pode ou não ser um valor mobiliário e que sua caracterização como tal dependerá da essência econômica dos direitos conferidos a seus titulares, bem como poderá depender da função que assuma ao longo do desempenho do projeto a ele relacionado.

A atenção regulatória no Brasil concentra-se nos security *tokens* (item iii), os quais, para serem ofertados publicamente, devem cumprir com as diretrizes estabelecidas pela Comissão de Valores Mobiliários (CVM).

E como saber o que é um valor mobiliário? No parecer é explanado que o conceito aberto de valor mobiliário previsto no inciso IX do artigo 2º da Lei 6.385/76 tem inspiração em precedente da Suprema Corte dos Estados Unidos, do qual se extrai as premissas do "Teste de Howey", que vem sendo utilizado pela CVM para avaliar se determinado ativo é valor mobiliário. Nesse sentido, o Colegiado da CVM tem reiteradamente considerado as seguintes características de um contrato de investimento coletivo para decidir se determinado título é ou não é valor mobiliário:

(i) Investimento: aporte em dinheiro ou bem suscetível de avaliação econômica;

(ii) Formalização: título ou contrato que resulta da relação entre investidor e ofertante, independentemente de sua natureza jurídica ou forma específica;

(iii) Caráter coletivo do investimento;

(iv) Expectativa de benefício econômico: seja por direito a alguma forma de participação, parceria ou remuneração, decorrente do sucesso da atividade referida no item (v) a seguir;

(v) Esforço de empreendedor ou de terceiro: benefício econômico resulta da atuação preponderante de terceiro que não o investidor; e

(vi) Oferta pública: esforço de captação de recursos junto à poupança popular.

O cenário dos criptoativos ainda carece de regulamentação, e a adoção em larga escala desses ativos digitais, por óbvio, depende da criação de um ambiente regulatório que proteja os investidores, especialmente, criando regras que promovam a conscientização sobre os benefícios e os riscos envolvidos nesse tipo de investimento.

É inquestionável que muito já se avançou no aspecto regulatório da matéria, e hoje existe um arcabouço regulatório suficiente para que se possa transacionar e desenvolver operações envolvendo ativos digitais lastreados em uma mínima segurança jurídica necessária.

4. APLICABILIDADE DOS *TOKENS* E SUAS MODALIDADES NO MERCADO IMOBILIÁRIO

No mercado imobiliário, pode-se verificar a atuação mais diversificada dos *Tokens*, podendo ser de todas as modalidades classificadas pela CVM, a depender de cada operação e negociação pretendida. Fato é que a *tokenização* traz diversos benefícios para o mercado, conforme demonstrado.

Por exemplo, o Token de Utilidade (*utility tokens*) pode ser utilizado para conferir acesso a serviços e produtos do mercado imobiliário, como um voucher que oferece descontos e benefícios para cadeia de insumos para incorporadores e construtores. Assim, se um construtor está precisando de insumos para a obra de um empreendimento, através da utilização do token ele terá descontos, forma de pagamento diferenciada, *tokenback*, dentre outras usabilidades a serem conferidas pelo ativo digital e seu ecossistema.

No exemplo acima, o *utility token* está fomentando o mercado da construção civil, podendo criar uma rede de pessoas que podem se conectar através das usabilidades dos *tokens*, aumentando desta forma sua cartela de oportunidades de consumo de seus produtos ou serviços, e, consequentemente, seu faturamento.

Já quanto aos *security tokens* pode-se usar o exemplo comumente visto que é o fracionamento de um imóvel em *tokens* para conferir rendimentos aos adquirentes/titulares dos *tokens*, seja mensal, trimestral, anual, ou em outra periodicidade.

Após muitos empecilhos para se viabilizar a *tokenização*, por exemplo, de uma incorporação imobiliária com fracionamento através da emissão de *tokens*, uma estrutura jurídica que vem se mostrando viável é a criação de uma SCP (sociedade em conta de participação), na qual permite que investidores aportem capital em empreendimentos sem que tenham que se responsabilizar perante terceiros, participando como sócios ocultos (arts. 991 e seguinte do Código Civil Brasileiro).

Outro possível meio jurídico é a criação de uma Sociedade de Propósito Específico (SPE) com fracionamento de cotas da sociedade que possui um objeto específico que é a realização da incorporação.

Independentemente do modelo jurídico a ser aplicado, certo é que serão previamente definidos os valores, as frações e demais direitos que cada token representará, com transparência e clareza. Assim, o modelo de negócio é inserido na blockchain para que o empreendimento possa ser lançado a investimento através da venda de *tokens*, trazendo descentralização, acesso ao setor do mercado imobiliário, viabilizando a transferência de valores diretamente entre partes por transferência de *tokens* via Peer to Peer, com redução de riscos e contraparte, além de minimizar custos.

5. CONCLUSÃO

A *tokenização* no mercado imobiliário brasileiro, ao se concentrar em negócios imobiliários, demonstra a flexibilidade e adaptabilidade do país às novas tendências tecnológicas. Embora o conceito ainda seja relativamente novo, seu potencial é imenso e é, sem dúvida, o grande passo na evolução do setor imobiliário nacional.

Ao observarmos esta revolução no horizonte, é importante notar empresas pioneiras que estão liderando essa transformação.

Em que pese o mercado digital e o mercado imobiliário parecerem tão distantes, eles estão cada vez mais próximos e apresentando mais sintonia, seguindo o mesmo direcionamento, com foco em trazer a lucratividade do concreto para o digital e a inovação e eficiência do digital para o concreto!

A INTELIGÊNCIA ARTIFICIAL COMO FERRAMENTA PARA O MERCADO IMOBILIÁRIO

Victor Tulli

Diretor de Tecnologia e Negócios do Grupo Adm. Nacional. Fez Economia com domínio adicional em Matemática e cursos relacionados no Instituto de Matemática Pura e Aplicada (IMPA). Pesquisador de probabilidade, desenvolveu pesquisa em coloração de grafos com o Professor Simon Griffiths, titular da universidade de Oxford e pesquisador ajunto da PUC-Rio. Com perfil técnico, trabalhou em bancos de investimento, voltado para pesquisas de modelos macroeconômicos, mas se apaixonou pelo mercado imobiliário. Há mais de cinco anos em grupo incorporador, já realizou diversas implantações de condomínios e centenas de assembleias.

E-mail: tulli@admnacional.com.br.

Sumário: 1. O jogo da imitação e o início da inteligência artificial – 2. Tipos de inteligência artificial; 2.1 Algoritmos; 2.2 Redes neurais; 2.3 Aprendizado de máquina (*machine learning* – ML); 2.4 Processamento de linguagem natural (*natural language processing* – NLP) – 3. Por que a inteligência artificial é relevante? – 4. As grandes mudanças no mercado imobiliário – 5. Impactos negativos e pensamentos de regulação.

O mercado imobiliário está em constante evolução, buscando inovações que ofereçam eficiência, precisão e satisfação para compradores, para imobiliárias, corretores, incorporadores e fornecedores. Nesse contexto, a Inteligência Artificial (IA) surge como uma força transformadora, capaz de remodelar as operações tradicionais do setor imobiliário. Este capítulo explora como a IA está sendo integrada em várias facetas do mercado imobiliário, desde a análise de grandes volumes de dados para prever tendências de mercado até a personalização da experiência de compra para os clientes.

A IA no mercado imobiliário não é apenas uma ferramenta para automatizar tarefas repetitivas, mas uma tecnologia avançada capaz de fornecer insights profundos e tomadas de decisão baseadas em dados. Com algoritmos de aprendizado de máquina, o setor pode analisar padrões complexos em dados históricos e atuais para fazer previsões precisas sobre o valor das propriedades, identificar oportunidades de investimento e otimizar estratégias de marketing. Além disso, tecnologias de IA, como *chatbots* e assistentes virtuais, estão revolucionando a interação com os clientes, oferecendo respostas em tempo real e suporte personalizado, melhorando significativamente a experiência do usuário.

A integração da IA no imobiliário, portanto, vai além da eficiência operacional, influenciando também a tomada de decisões estratégicas e o relacionamento com o cliente. Algoritmos avançados permitem a análise preditiva, ajudando investidores e corretores a antecipar mudanças no mercado e adaptar estratégias de forma proativa. A personalização, possibilitada pela IA, transforma a jornada do cliente, oferecendo recomendações de propriedades que atendem às suas preferências individuais, melhorando a experiência de compra e venda.

E se você já está pensando em perda de empregos, você está tão certo quanto errado. Há a promessa da IA em remodelar o setor imobiliário, e isso é tão certo que já acontece. São esperados milhares de demissões no mercado e substituição de mão de obra que não se qualifique para atender a novas demandas. Por outro lado, novas tecnologias irão demandar novos centros de programação e profissionais capacitados a utilizá-las da melhor forma possível.

Além dos empregos, os maiores desafios serão a integração da IA no mercado que se formou sem ela, questões como privacidade de dados, precisão dos algoritmos e a necessidade de equilíbrio entre a automação e o toque humano são cruciais para uma adoção bem-sucedida. Conforme o setor avança, a colaboração entre profissionais imobiliários e tecnólogos é essencial para garantir que as soluções de IA sejam éticas, eficazes e alinhadas às necessidades dos usuários finais. Este capítulo, ao mergulhar nessas nuances, prepara o terreno para uma discussão mais detalhada sobre as aplicações específicas e os impactos da IA no setor imobiliário.

1. O JOGO DA IMITAÇÃO E O INÍCIO DA INTELIGÊNCIA ARTIFICIAL

No alvorecer da era digital, a humanidade embarcou em uma das mais fascinantes e ambiciosas jornadas de sua história, que mudaria tudo para sempre: a busca para criar máquinas que não apenas auxiliam em tarefas cotidianas, mas que possuem a capacidade de pensar, aprender e tomar decisões. Esta busca, conhecida como inteligência artificial (IA), é o campo de estudo dedicado a emular a complexidade do pensamento humano em sistemas computacionais. A ideia de máquinas pensantes, antes confinada às páginas de ficção científica, está agora no cerne de inovações tecnológicas que transformam todos os aspectos de nossa vida, desde a maneira como nos comunicamos até como diagnosticamos e tratamos doenças.

A noção de inteligência artificial foi cristalizada na mente de cientistas, filósofos e teóricos muito antes de o primeiro computador ser construído. Uma das contribuições mais significativas veio de Alan Turing, um matemático, judeu e britânico, que propôs o que é agora conhecido como o "Jogo da Imitação" em 1950. Este teste, frequentemente referido como o Teste de Turing, questiona se uma máquina pode exibir comportamento inteligente indistinguível daquele de um ser humano. A ideia de Turing não apenas provocou debates sobre a natureza da consciência e da inteligência, mas também estabeleceu um objetivo tangível para os pesquisadores em IA: criar máquinas que possam imitar a inteligência humana a ponto de enganar um observador externo.

Assim como a inteligência humana avança, sua imitação também avançaria. Na década de 60, um sistema automático em uma fábrica poderia usar microchips para controlar o fluxo de materiais em uma linha de montagem, garantindo a eficiência e reduzindo a necessidade de intervenções contínuas; o observador externo, ao presenciar essas tomadas de decisões, sem saber da existência de um microchip, poderia entender que o trabalho de decisão é humano, por um profissional capacitado.

Certamente, hoje, você não teria essa visão. Todos que têm acesso ao mundo digital de hoje que acompanhem um processo automatizado, padronizado, assumiram que o trabalho fosse realizado por uma programação, uma série de regras e máquinas predefinidas e fabricadas para aquela finalidade. Com a programação e padronização robótica muito difundidas na nossa cultura atual, por mais que somente algumas décadas à frente, a imitação precisa superar o básico, apresentar novidade, ser criativa.

2. TIPOS DE INTELIGÊNCIA ARTIFICIAL

A IA tomou muita notoriedade e destaca-se como a ferramenta mais popular da tecnologia atual, contudo, por mais que sua popularização seja extensa, muitos não entendem as diferentes facetas dessa ferramenta. Imersos em um ambiente digital, profundamente acostumados com processos robóticos, grande parte de nós considera somente IA às ferramentas de processamento de linguagem natural ou o aprendizado de máquina mais complexo; porém não podemos esquecer que os algoritmos e as programações mais básicas.

Por isso, faz-se necessário a definição de algumas tecnologias que compõem a rede da inteligência artificial, bases necessárias para construções mais complexas.

2.1 Algoritmos

Algoritmos são um conjunto de instruções ou regras definidas que são seguidas para realizar uma tarefa ou resolver um problema. Eles são fundamentais para a computação e a análise de dados, servindo como a espinha dorsal para programas de software, sistemas de computador e diversas aplicações em múltiplos campos, desde a matemática pura até aplicações práticas como processamento de dados, análise financeira e desenvolvimento de IA.

A essência de um algoritmo é uma sequência lógica e bem definida de etapas que levam a um resultado final ou à solução de um problema. Algoritmos podem ser simples, como uma receita de cozinha que segue passos específicos para preparar um prato, ou incrivelmente complexos, envolvendo extensas operações matemáticas e lógicas, como os algoritmos usados em criptografia, otimização de rotas e aprendizado de máquina.

Um exemplo de algoritmo complexo, que pode até ser confundido com outras tecnologias mais complexas, são regras de análise de crédito para grandes operações estruturadas. Existem grandes Instituições financeiras com modelos matemáticos de mais 120 variáveis, cada uma definida por outras dezenas de condicionantes, para determinação de limites de créditos. Um dos melhores modelos de crédito para operação na bolsa de valores pode retornar mais de 66.895.029.134.491.270 (sessenta e seis quatrilhões e oitocentos e noventa e cinco trilhões e vinte e nove bilhões e cento e trinta e quatro milhões e quatrocentos e noventa e um mil e duzentos e setenta) combinações, se retornasse uma combinação diferente a cada segundo, demoraria mais de 2 milhões de anos para esgotarem.

2.2 Redes neurais

As redes neurais artificiais, fundamentais na inteligência artificial, são projetadas para simular o intrincado funcionamento dos neurônios humanos, através de uma rede complexa de nós interconectados. Essa arquitetura avançada permite não apenas a execução de tarefas programadas, mas também o desenvolvimento de 'pesos' associativos, onde cada nó, ou 'neurônio artificial', processa e avalia a informação com base em sua relevância e contexto, ajustando seus parâmetros dinamicamente. Isso facilita a tomada de decisões autônomas e sofisticadas, permitindo que a máquina aprenda e refine seu entendimento e resposta a uma vasta gama de entradas através de camadas múltiplas de análise e interpretação, melhorando continuamente sua precisão e eficácia.

Um exemplo vívido do uso de redes neurais é encontrado em assistentes virtuais como a Amazon Alexa, que utiliza o reconhecimento de voz para interpretar comandos em uma variedade de idiomas e sotaques. Através do aprendizado contínuo, Alexa pode compreender pedidos cada vez mais complexos, oferecendo respostas e serviços personalizados que melhoram com o tempo, demonstrando a capacidade adaptativa e evolutiva das redes neurais.

2.3 Aprendizado de Máquina (*Machine Learning* – ML)

O Aprendizado de Máquina (Machine Learning, ML) é uma tecnologia revolucionária na interseção da computação e da estatística, que permite que sistemas informáticos aprendam e evoluam a partir dos dados, sem serem explicitamente programados para cada tarefa específica. Essa disciplina da inteligência artificial utiliza algoritmos para analisar padrões em grandes volumes de dados, aprimorando a capacidade de previsão ou decisão do sistema conforme mais informações são processadas.

A aplicação do ML varia amplamente, abrangendo desde sistemas de recomendação, como aqueles utilizados por serviços de streaming para sugerir conteúdo personalizado, até diagnósticos médicos avançados, onde algoritmos podem identificar padrões em imagens de diagnóstico que podem não ser evidentes para o olho humano. Essa capacidade de aprender a partir de exemplos passados e fazer inferências sobre novos dados torna o ML uma ferramenta poderosa para resolver problemas complexos em uma variedade de campos.

Um exemplo prático da aplicação de ML é nos sistemas de reconhecimento facial. Esses sistemas são treinados com milhões de imagens para aprender a identificar características faciais únicas. Com esse treinamento, podem reconhecer e autenticar indivíduos em diversas aplicações, desde o desbloqueio de smartphones até sistemas de segurança avançados. Esse uso demonstra não apenas a capacidade técnica do ML, mas também como essa tecnologia está se tornando integrada em aspectos cotidianos da vida moderna, proporcionando conveniência e segurança aprimoradas.

2.4 Processamento de Linguagem Natural (*Natural Language Processing* – NLP)

O Processamento de Linguagem Natural (NLP) é uma área chave da inteligência artificial que se concentra na interação entre computadores e humanos usando a linguagem natural. A tecnologia NLP abrange a compreensão, interpretação e geração de linguagem humana por máquinas, permitindo que os sistemas realizem tarefas como tradução de idiomas, análise de sentimentos e assistência virtual. Esta disciplina combina métodos de ciência da computação, inteligência artificial e linguística para ensinar máquinas a entender tanto o significado explícito quanto às nuances da linguagem humana.

A complexidade do NLP reside na diversidade e ambiguidade da linguagem humana, incluindo variações de vocabulário, gramática, dialetos e contextos culturais. Para navegar nesses desafios, os sistemas de NLP empregam algoritmos avançados e modelos de aprendizado de máquina para analisar padrões de linguagem, compreender a intenção do usuário e gerar respostas apropriadas. Isso envolve o processamento de grandes conjuntos de dados de texto para treinar os modelos sobre as complexidades da linguagem.

Os avanços em NLP têm levado a melhorias significativas na interação homem-máquina, tornando-a mais natural e intuitiva. Isso inclui a habilidade dos sistemas de reconhecer e responder a variações na linguagem, capturar contextos conversacionais e até detectar emoções subjacentes no texto ou na fala. Essas capacidades têm amplas aplicações em áreas como atendimento ao cliente, educação e saúde.

Um exemplo prático da aplicação do NLP é em *chatbots* de atendimento ao cliente, que utilizam essa tecnologia para compreender as consultas dos usuários e fornecer respostas úteis e personalizadas. Esses *chatbots* são capazes de processar linguagem natural, identificar questões-chave dentro das consultas dos usuários e buscar em uma base de conhecimento para fornecer informações precisas ou resolver problemas, melhorando significativamente a eficiência e a satisfação do cliente.

3. POR QUE A INTELIGÊNCIA ARTIFICIAL É RELEVANTE?

A partir do maior conhecimento dos tipos de ferramentas de IA que temos hoje, podemos começar a compreender que a relevância dessa tecnologia, no mundo contemporâneo, transcende os limites de simples ferramentas tecnológicas, posicionando-se como um pilar na transformação de indústrias, economias e sociedades, como agregadores do conhecimento tecnológico que acumulamos até agora.

Das diversas relevâncias transformadoras da IA, destaco a capacidade de processar e analisar grandes volumes de dados com uma velocidade e precisão que superam em muito as capacidades humanas. O processamento de dados de forma analítica, sozinho, já supera quase todas as outras tecnologias de grande impacto social que temos hoje, como computação em nuvem, realidade aumentada ou internet das coisas.

Dados são o novo ouro, mas sozinhos, sem análise ou organização, não produzem efeitos relevantes. Dados organizados, de fácil acesso, análise, e conectados, porém, podem ser a coisa mais importante do mundo moderno. Não adianta eu ter uma lista de renda de adquirentes em um bairro, mas cada renda estar em uma moeda diferente e não sabermos a taxa câmbio; ao mesmo tempo, que mesmo que estivessem organizadas e padronizadas, uma lista que determinasse não somente a renda, mas também, quanto da renda é gasto em aluguel, valeria muito mais.

Desde que as primeiras culturas resolveram passar um código por gerações, depois a escrita e, mais recentemente, as bibliotecas e a internet, armazenamos dados de todos os tipos. Com as redes sociais, então, diariamente os servidores – disponíveis publicamente – de todo o mundo recebem milhares de dados, a todo instante, armazenados de diferentes formas, em diferentes idiomas.

A forma de ler em grande escala esses dados, até então, era via API, "Application Programming Interface" (Interface de Programação de Aplicações). Uma API é como um garçom em um restaurante: você diz a ele o que deseja (faz um pedido), e ele comunica sua escolha à cozinha (o sistema ou serviço) e traz de volta o que você pediu (os dados ou resultados). Isso é viável para um par de sistemas, para você na mesa e o chefe na cozinha, mas se além do prato o garçom também quisesse consultar sua renda e os investimentos globais em tempo real para atualizar o preço de cada comida? Talvez, o lucro seria muito maior, mas o trabalho seria inviável.

Diante desse cenário, é evidente que a IA, com sua capacidade inigualável de analisar e organizar dados em uma escala massiva, representa a evolução natural da maneira como processamos informações. Ela transcende a funcionalidade básica das APIs, tornando-se não apenas uma ferramenta para consulta de dados, mas uma força motriz capaz de interpretar, aprender e prever, com base em vastos repositórios de informação.

Essa transformação digital, impulsionada pela IA, redefine o valor dos dados, conferindo-lhes um papel central na tomada de decisões estratégicas e na personalização de serviços. Essa habilidade permite previsões mais acuradas em diversos campos, como na valorização de propriedades no setor imobiliário, otimizando decisões de investimento e estratégias de marketing. Além disso, a IA melhora significativamente a experiência do usuário através de *chatbots* e assistentes virtuais, oferecendo suporte personalizado e respostas em tempo real, o que contribui para a satisfação e fidelização do cliente.

Outro aspecto da relevância da IA reside na sua capacidade de antecipar mudanças e adaptar-se proativamente, graças à análise preditiva. Isso não só beneficia os investidores e corretores no mercado imobiliário, mas também tem implicações mais amplas em setores como saúde, onde pode antecipar surtos de doenças, e no varejo, ajustando o estoque com base em padrões de consumo preditos. Vejamos agora esses outros impactos no nosso setor imobiliário.

4. AS GRANDES MUDANÇAS NO MERCADO IMOBILIÁRIO

O primeiro ponto de impacto da IA no mercado imobiliário é a personalização da experiência do cliente. Sistemas de IA são capazes de analisar grandes volumes de dados para identificar padrões e preferências dos clientes, permitindo que agentes imobiliários e plataformas online ofereçam recomendações altamente personalizadas. Por exemplo, ao compreender as preferências de um cliente em termos de localização, tipo de imóvel, faixa de preço e outras características desejadas, a IA pode filtrar as opções disponíveis e apresentar apenas aquelas que melhor atendem às necessidades e desejos do cliente. Essa abordagem personalizada não só economiza tempo para o comprador, mas também cria uma conexão emocional, aumentando a satisfação e a lealdade do cliente.

Além disso, a IA está transformando o modo como os clientes visualizam propriedades. Com o uso de realidade virtual (VR) e realidade aumentada (AR), alimentadas por inteligência artificial, os clientes podem agora fazer tours virtuais por imóveis a partir do conforto de suas casas. Essas experiências imersivas, ricas em detalhes e interatividade, permitem que os clientes se sintam emocionalmente conectados ao imóvel antes mesmo de visitá-lo fisicamente. Essa imersão não só melhora a experiência do cliente, mas também serve como uma poderosa ferramenta de marketing, aumentando o engajamento e o interesse pelo imóvel.

No âmbito do marketing digital, a IA está equipando os profissionais do mercado imobiliário com ferramentas avançadas para segmentação e *targeting* – a capacidade de determinar quem, ou que público alvo, está por trás dos endereços eletrônicos dos dispositivos. A capacidade de analisar dados de comportamento online, preferências de pesquisa e interações nas redes sociais permite que os profissionais de marketing criem campanhas altamente direcionadas que falam diretamente às necessidades e emoções dos potenciais compradores. Isso resulta em uma comunicação mais eficaz, aumentando as chances de conversão.

A personalização automatizada também chega ao atendimento dos clientes. *Chatbots* e assistentes virtuais, alimentados por inteligência artificial, estão disponíveis 24/7 para responder a perguntas, agendar visitas e fornecer informações importantes sobre os imóveis. Essa assistência imediata e personalizada melhora significativamente a experiência do cliente, tornando o processo de busca e compra de imóveis menos estressante, mais eficiência e direto com o cliente que passa a ter um assistente dedicado, disponível em todos os momentos, passando-lhe conforto e segurança de super conhecimento, alinhado com a personalização e disponibilidade da máquina.

No mercado imobiliário, a compreensão e influência sobre as emoções do consumidor emergem como aspectos centrais para as incorporadoras que almejam aprimorar a jornada de compra do cliente. Nesse contexto, é primordial mitigar emoções negativas como o medo, que pode advir da falta de familiaridade com o processo de compra, frustrações na busca pelo imóvel ideal, ou ansiedade frente às decisões a serem tomadas. Tais sentimentos podem ser exacerbados por temores relacionados a escolhas equivocadas, arrependimentos pós-compra, desafios de adaptação, comprometimento financeiro significativo, e as inerentes incertezas burocráticas do processo de aquisição de um imóvel.

Para endereçar essas preocupações, adotar uma abordagem transparente e clara torna-se fundamental. Uma equipe bem preparada e eficiente pode acelerar tanto o atendimento ao cliente quanto os procedimentos administrativos, contribuindo para uma experiência de compra mais fluida e menos estressante. Entender profundamente as necessidades e desejos dos compradores, além de adaptar o processo de compra para atender a essas expectativas, pode ajudar significativamente na mitigação de sentimentos negativos e na promoção de uma jornada mais agradável.

Paralelamente, é crucial enfatizar e potencializar emoções positivas para impulsionar as vendas. Em muitos casos, a diferenciação no mercado pode não residir unicamente nas características técnicas ou na oferta em si, mas na habilidade de gerar entusiasmo e orgulho entre os potenciais compradores. Clientes que se sentem entusiasmados com a perspectiva de adquirir um novo imóvel tendem a avançar mais resolutamente para a conclusão da compra, experimentando sentimentos de alegria e satisfação com sua decisão.

Manter o interesse do cliente ativo, explorando os aspectos emocionais e subjetivos da moradia, é uma estratégia vital. Argumentos de venda que realçam o valor intrínseco da compra, promovendo o senso de orgulho na aquisição, podem ser decisivos. Além disso, proporcionar ao cliente uma experiência sensorial envolvente, que vá além dos argumentos puramente racionais e destaque os benefícios emocionais e subjetivos do imóvel, pode contribuir para uma experiência de compra memorável e plenamente satisfatória.

5. IMPACTOS NEGATIVOS E PENSAMENTOS DE REGULAÇÃO

A jornada da humanidade através das eras da inovação tecnológica ilustra nossa incessante busca por progresso e eficiência. À medida que nos aventuramos em novas fronteiras, à beira de transformações ainda mais profundas em nossa sociedade e economia, porém, além dos progressos, novos desafios e impasses surgem em nossa realidade.

Estes vão desde questões éticas e sociais até desafios econômicos e de segurança, levantando um debate robusto sobre a necessidade de regulamentação. Um dos impactos, pelo menos o mais discutido, da IA é seu potencial para automatizar tarefas tradicionalmente realizadas por humanos, levando a uma perda significativa de empregos em diversos setores. Essa automação pode ampliar a desigualdade socioeconômica, à medida que trabalhadores de baixa e média qualificação enfrentam maior risco de deslocamento, enquanto aqueles com habilidades altamente técnicas podem beneficiar-se da nova economia da IA. O saldo agregado, neste caso, é positivo, com um número milionário de saldo de empregos.

O caso com maior repercussão negativa, não é econômico, mas filosófico e ético: o risco de viés embutido nos algoritmos de IA. Dados de treinamento tendenciosos podem levar a IA a perpetuar ou até amplificar preconceitos existentes em decisões críticas relacionadas a contratações, empréstimos e justiça criminal, mas, muito além de preconceitos humanos. A falta de imparcialidade e o viés das decisões automatizadas, pode provocar falhas graves em grandes sistemas complexos, uma vez que os resultados serão tendenciosos.

A manipulação e desinformação também é um papel relevante em nossos sistemas, principalmente em grandes comunicações e mercados agregadores, como o imobiliário. O potencial de ser usado para criar e disseminar desinformação e propaganda, por meio de técnicas como *deepfakes* e *bots* de mídia social, ameaça a integridade das instituições e empresas, além da confiança pública em informações vitais.

A tecnologia de *deepfake*, inclusive, mais alimenta o debate sobre a necessidade de regulamentação, trazida por especialistas como uma das ferramentas de maior perigo.

Na minha visão, contudo, ao invés de criar organismos regulatórios pesados e processos de avaliação de impacto obrigatórios que possam engessar a evolução da IA, propõe-se um modelo de autorregulação guiado pelo setor. Esse modelo incentivaria a adoção voluntária de práticas éticas e padrões de transparência, fomentando uma cultura de responsabilidade entre desenvolvedores e empresas sem a necessidade de imposições externas.

A abordagem libertária sugere que o mercado, impulsionado pela demanda dos consumidores por sistemas de IA éticos e seguros, é o regulador mais eficaz. A concorrência incentiva naturalmente a melhoria contínua da qualidade e da segurança dos produtos. Além disso, organizações não governamentais e consórcios da indústria poderiam desempenhar um papel importante na definição de diretrizes éticas e padrões de boas práticas, oferecendo certificações para aqueles que aderem a esses princípios.

A colaboração aberta entre diferentes setores da sociedade seria incentivada, mas com uma ênfase maior na iniciativa privada e na solução de problemas através da inovação e da autorregulação, ao invés de depender de intervenções governamentais. Até porque, com alta concentração tecnológica das *big techs*, muito capilaridades em todas as ferramentas de IA disponíveis, é impossível regular sem esses agentes.

Portanto, ao invés de buscar o desenvolvimento de frameworks regulatórios complexos e potencialmente limitantes, a solução libertária propõe um caminho que equilibra a prevenção de riscos com a preservação da liberdade inovadora, acreditando que este é o meio mais efetivo para promover o uso ético, seguro e benéfico da IA.

Parte II
NOVAS PERSPECTIVAS PARA O DIREITO IMOBILIÁRIO

EXECUÇÃO DE TÍTULO EXTRAJUDICIAL GARANTIDO POR ALIENAÇÃO FIDUCIÁRIA: BREVES NOTAS À LUZ DO RESP 1.965.973/SP

Pedro Rizzo Batlouni

Pós-graduado em Direito Imobiliário pela Universidade Secovi e pela Fundação Getúlio Vargas. Graduado pela Faculdade de Direito da Pontifícia Universidade Católica de São Paulo. Advogado especializado em Direito Imobiliário.

E-mail: pedrobatlouni@gmail.com.

Sérgio Barbosa da Silva Filho

Pós-graduado em Direito Imobiliário pela Fundação Getúlio Vargas. Graduado pela Pontifícia Universidade Católica do Rio de Janeiro. Advogado especializado em Direito Imobiliário.

E-mail: sergiobarbosa@duartegarcia.com.br.

Gustavo Favero Vaughn

Mestre em direito pela USP e pela Columbia Law School. Advogado especializado em contencioso empresarial e arbitragem.

E-mail: gustavovaughn@car.adv.br.

Sumário: 1. Introdução – 2. Algumas palavras a propósito da alienação fiduciária – 3. Exequibilidade de crédito garantido por alienação fiduciária de imóvel e o julgamento do Resp 1.965.973/SP – 4. Conclusão – Referências.

1. INTRODUÇÃO

A alienação fiduciária de bens imóveis, regida pela Lei Federal 9.514/1997,[1] é atualmente um dos principais instrumentos de direito real em garantia disponíveis no sistema jurídico brasileiro. Há certo tempo, a alienação fiduciária é utilizada

---

1. Recorda-se que também existe a alienação fiduciária regida pelo Código Civil – artigos 1.361 a 1.368 –, aplicável para bens móveis e, subsidiariamente, para bens imóveis. Por sinal, já decidiu o STJ no seguinte sentido: "No ordenamento jurídico brasileiro, coexiste um duplo regime jurídico da propriedade fiduciária: a) o regime jurídico geral do Código Civil, que disciplina a propriedade fiduciária sobre coisas móveis infungíveis, sendo o credor fiduciário qualquer pessoa natural ou jurídica; b) o regime jurídico especial, formado por um conjunto de normas extravagantes, dentre as quais a Lei 9.514/97, que trata da propriedade fiduciária sobre bens imóveis" (REsp 1.982.631/SP, Rel. Min. Nancy Andrighi, Terceira Turma, julgado em 24.05.2022).

em larga escala nos mais diversos tipos de operações comerciais, desde financiamentos bancários até financiamentos de *project finance* e contratos *built to suit*.

O instituto da alienação fiduciária de imóvel foi originalmente pensado para garantir operações de financiamento no Sistema Financeiro de Habitação ("SFH") e no Sistema de Financiamento Imobiliário ("SFI"). Com efeito, a premissa de tal instituto é proteger o devedor, adquirente de unidade imobiliária, que, não raro, representa o lado hipossuficiente nesses casos.

Em operações mais complexas (*project finance*, por exemplo), que são cada vez mais frequentes, a prática jurídica tem demonstrado não apenas a existência de omissões e lacunas legislativas a propósito da alienação fiduciária, mas tem também trazido à tona dúvidas relevantes quanto à aplicabilidade de determinados dispositivos legais sobre o tema.

Este texto propõe-se a apresentar breves reflexões sobre um cenário específico em que a legislação brasileira não apresenta as respostas necessárias: o credor fiduciário deve valer-se de medida extrajudicial para excutir a dívida garantida por alienação fiduciária ou estaria também à sua disposição a via judicial? Como ficaria a eventual satisfação de saldo devedor? Essas duas perguntas foram respondidas pela Terceira Turma do Superior Tribunal de Justiça ("STJ") no julgamento do Recurso Especial 1.965.973/SP, que será abordado oportunamente a seguir.

2. ALGUMAS PALAVRAS A PROPÓSITO DA ALIENAÇÃO FIDUCIÁRIA

Em termos estruturais, como garantia de uma obrigação principal, o devedor fiduciante dá em favor do credor fiduciário a propriedade resolúvel e a posse indireta de determinado imóvel de forma que, caso vencida e não paga a dívida, o credor poderá iniciar os procedimentos executivos mediante a consolidação da propriedade fiduciária – vale dizer, do bem objeto da garantia em seu nome – para a subsequente alienação pública (por meio de leilão, por exemplo) do bem, à luz do procedimento descrito no artigo 27 da Lei Federal 9.514/1997. A ideia é que o credor fiduciário, ao receber o produto da arrematação do bem dado em garantia, satisfaça o crédito inadimplido, ainda que parcialmente.

Na medida em que a existência da garantia fiduciária é subordinada a uma obrigação principal, cujo cumprimento lhe compete garantir, tem esta natureza acessória em relação àquela, estipulando-se como um pacto adjeto, portanto. Nesse sentido, a garantia fiduciária depende de um contrato que lastreie a relação obrigacional original, cujo adimplemento deva ser assegurado (ainda que a garantia em si possa ser estruturada no mesmo instrumento constituidor da relação obrigacional principal).

O procedimento executório acima mencionado refere-se, exclusivamente, à excussão da alienação fiduciária – isto é, da garantia –, e não à excussão do contrato que originou a obrigação garantida. Isso não poderia ser diferente: enquanto a alienação fiduciária é um direito real em garantia, o instrumento no qual se pactuou a obrigação garantida é um título executivo extrajudicial – se e quando cumpridos os requisitos legais.[2] Essa distinção é importante, porque, entre outros motivos, a execução da alienação fiduciária obedece à Lei Federal 9.514/1997 e se dá pela via extrajudicial; de outra sorte, a execução de título executivo extrajudicial segue o rito estabelecido pelo Código de Processo Civil, por meio de um processo de execução (ou outro rito especial, conforme o caso concreto) a ser promovido perante o Poder Judiciário.

Uma das questões mais palpitantes a propósito da alienação fiduciária talvez seja a comparação entre as modalidades de garantias reais. É que a eficiência, a eficácia e a extensão da execução são, primordialmente, o fator chave para se decidir entre uma e outra garantia.

Nessa toada, o destaque da garantia fiduciária em relação a outros tipos de garantias reais – a principal delas sendo a hipoteca, que, historicamente, foi a garantia real mais utilizada pelo mercado em geral antes de instituída a alienação fiduciária – decorre, majoritariamente, da celeridade e eficiência do procedimento de excussão da alienação fiduciária face ao inadimplemento do devedor. A celeridade e a eficiência dessa medida se justificam, em suma, porque o procedimento de excussão é conduzido extrajudicialmente no âmbito de um Cartório de Registro de Imóveis – a parte interessada evita, assim, postular a mesma pretensão por meio de ação judicial, que pode levar um tempo significativo para ser definitivamente resolvida pelo Poder Judiciário.

Ao mesmo tempo, considerando-se o procedimento extrajudicial previsto na Lei Federal 9.514/1997, em especial a literalidade dos parágrafos 5º e 6º de seu artigo 27,[3] em caso de segundo leilão insuficiente para a quitação integral do crédito (pela inexistência de interessados ou pelo fato de o valor do imóvel ser inferior ao valor da dívida), a dívida seria extinta, ficando o credor tolhido da possibilidade de cobrança de eventual saldo. Esse é, justamente, um dos pontos

---

2. Um instrumento será um título executivo extrajudicial se (i) fundar-se em obrigação certa, líquida e exigível (artigo 783 do Código de Processo Civil), e (ii) adotar alguma das formas previstas no artigo 784 do Código de Processo Civil; ou (iii) se houver expressa previsão legal, como é o caso das Cédulas de Crédito Bancário (artigo 28, *caput*, da Lei 13.105/2015).
3. Art. 27, § 5º, Lei Federal 9.514/97. Se, no segundo leilão, o maior lance oferecido não for igual ou superior ao valor referido no § 2º [valor da dívida mais despesas], considerar-se-á extinta a dívida e exonerado o credor da obrigação de que trata o § 4º.
Art. 27, § 6º, Lei Federal 9.514/97. Na hipótese de que trata o parágrafo anterior, o credor, no prazo de cinco dias a contar da data do segundo leilão, dará ao devedor quitação da dívida, mediante termo próprio.

mais criticados quanto à execução da garantia fiduciária em relação à hipoteca, mormente porque "[o] Código Civil Brasileiro prevê, ainda, que quando executada a hipoteca e o produto não bastar para a liquidação total do saldo devedor atualizado da dívida garantida, com as devidas despesas judiciais, continuará o devedor obrigado pessoalmente pelo restante da dívida, até que ocorra o seu total adimplemento".[4]

No que se refere à alienação fiduciária, chama-se a atenção para o fato de que já existe no ordenamento jurídico brasileiro uma previsão legal expressa autorizando a cobrança do saldo devedor em caso de insuficiência do valor da arrematação em segundo leilão ou mesmo em caso de segundo leilão negativo (na hipótese de não haver interessados em arrematar o bem no segundo leilão, por exemplo). Fale-se, aqui, do artigo 9º da Lei Federal 13.476/1917.[5] Todavia, ressalta-se que essa lei especial é aplicável exclusivamente à operação de crédito do sistema financeiro (abertura de limite de crédito), de modo que não abrange contratos garantidos por alienação fiduciária alheios a esse cenário.

3. EXEQUIBILIDADE DE CRÉDITO GARANTIDO POR ALIENAÇÃO FIDUCIÁRIA DE IMÓVEL E O JULGAMENTO DO RESP 1.965.973/SP

Feitas as considerações iniciais acima, retorna-se à dúvida a respeito da exequibilidade de crédito garantido por alienação fiduciária de imóvel.

Quando do inadimplemento do devedor, o credor teria à sua disposição, a rigor, duas formas de perseguir seu crédito garantido – as quais poderiam, em princípio, conviver entre si: (i) a via judicial, por meio da execução do contrato; ou (ii) a via extrajudicial, por meio da execução da alienação fiduciária. Por óbvio, compete ao credor, e não ao devedor, determinar a via pela qual buscará recuperar seu crédito, porque tal escolha é um direito potestativo do credor. O devedor nada pode fazer nessa circunstância, além de aceitar a via executiva escolhida pelo credor, por lhe parecer ser mais adequada à satisfação do seu crédito (ou qualquer outro motivo que seja), e nela apresentar sua defesa, se for o caso. Tal conclusão advém de uma interpretação sistemática do ordenamento jurídico pela concor-

---

4. PRADO, Marcos Lopes' MACHADO, Thiago de Lima. É possível cobrar o saldo devedor do devedor fiduciante em caso de segundo leilão negativo, considerando o disposto no parágrafo quinto do artigo 27 da Lei 9.514/1997? In: DIAS, José Guilherme Siqueira; TERRA, Marcelo e PERES, Tatiana Bonatti (Org.). *Alienação fiduciária de bem imóvel e outras garantias*. Indaiatuba: Editora Foco, 2019, p. 249.
5. Art. 9º Se, após a excussão das garantias constituídas no instrumento de abertura de limite de crédito, o produto resultante não bastar para quitação da dívida decorrente das operações financeiras derivadas, acrescida das despesas de cobrança, judicial e extrajudicial, o tomador e os prestadores de garantia pessoal continuarão obrigados pelo saldo devedor remanescente, não se aplicando, quando se tratar de alienação fiduciária de imóvel, o disposto nos §§ 5º e 6º do art. 27 da Lei 9.514, de 20 de novembro de 1997.

rência (e não exclusão) de duas leis federais: a Lei Federal 9.514/1997 e o Código de Processo Civil. As vias seriam cumulativas, e não alternativas, como dito.

Não obstante o exposto, a questão da exequibilidade de crédito garantido por alienação fiduciária de imóvel apresentava controvérsia significativa no ordenamento jurídico brasileiro. As vozes contrárias à utilização da via judicial para a excussão da garantia fiduciária sustentavam, em suma, (i) falta de interesse processual do credor em perseguir seu crédito judicialmente e (ii) existência de procedimento extrajudicial previsto em lei específica, que seria mais célere e menos gravoso ao devedor.

Como tende a acontecer com as questões jurídicas mais sensíveis do país, o debate sobre o tema aqui ventilado chegou ao STJ, que é, por mandamento constitucional expresso, o órgão judicial responsável por dar a última palavra sobre a interpretação do direito federal brasileiro. Tem prevalecido no STJ (ao menos na Terceira Turma), na linha do que defendemos, o entendimento de que o credor fiduciário de bem imóvel que tem um título executivo extrajudicial em seu favor pode optar por propor a execução extrajudicial da Lei Federal 9.514/1997 ou ajuizar uma ação de execução em juízo, consoante os ditames da lei processual civil vigente.

No julgamento do paradigmático Recurso Especial 1.965.973/SP, levado a efeito em fevereiro de 2022, a Terceira Turma do STJ, sob a relatoria do ministro Ricardo Villas Bôas Cueva, determinou que ao credor fiduciário é dada a faculdade de executar a integralidade de seu crédito judicialmente, e mediante ação de execução desde que o título executivo que dê lastro à execução esteja dotado de todos os atributos necessários (liquidez, certeza e exigibilidade).

A ementa do acórdão, proferido à unanimidade de votos, bem ilustra o entendimento fixado pela Terceira Turma:

> Recurso especial. Processual civil. Exceção de pré-executividade. Cédula de crédito bancário. Alienação fiduciária de imóvel. Pacto adjeto. Execução judicial. Possibilidade.
>
> (...)
>
> 2. Cinge-se a controvérsia a definir se o credor de dívida garantida por alienação fiduciária de imóvel está obrigado a promover a execução extrajudicial de seu crédito na forma determinada pela Lei 9.514/1997.
>
> (...)
>
> 5. A constituição de garantia fiduciária como pacto adjeto ao financiamento instrumentalizado por meio de Cédula de Crédito Bancário em nada modifica o direito do credor de optar por executar o seu crédito de maneira diversa daquela estatuída na Lei 9.514/1997 (execução extrajudicial).
>
> 6. Ao credor fiduciário é dada a faculdade de executar a integralidade de seu crédito judicialmente, desde que o título que dá lastro à execução esteja dotado de todos os atributos necessários – liquidez, certeza e exigibilidade.

7. Recurso especial não provido.⁶

No caso em comento, a execução judicial foi lastreada em Cédula de Crédito Bancário, garantida por alienação fiduciária de imóvel pertencente a um dos coobrigados envolvidos na disputa. O devedor apresentou exceção de pré-executividade para tentar se esquivar da obrigação imputada a ele pelo exequente, mas não obteve êxito. A exceção de pré-executividade foi rejeitada em primeira instância e o Tribunal de Justiça do Estado de São Paulo negou provimento ao agravo de instrumento do coobrigado executado, por entender exatamente que o exequente poderia escolher o procedimento que lhe parecer mais adequado na busca da satisfação de seu crédito. O debate chegou ao STJ via recurso especial.

De início, o ministro Cueva reforçou, com base em pacífica orientação do STJ, a natureza da Cédula de Crédito Bancário. Em suas palavras: "a Cédula de Crédito Bancário, desde que satisfeitas as exigências do art. 28, § 2º, I e II, da Lei 10.931/2004, de modo a lhe conferir liquidez e exequibilidade, e desde que preenchidos os requisitos do art. 29 do mesmo diploma legal, é título executivo extrajudicial".⁷ Na sequência do seu judicioso voto, ressaltou, com clareza ímpar, que "o só fato de estar a dívida lastreada em título executivo extrajudicial e não haver controvérsia quanto à sua liquidez, certeza e exigibilidade, ao menos no bojo da exceção de pré-executividade, é o quanto basta para a propositura da execução, seja ela fundada no art. 580 do Código de Processo Civil de 1973, seja no art. 786 do Código de Processo Civil de 2015".⁸

Além disso, o ministro relator bem observou que a propositura de execução de título extrajudicial aparenta, na verdade, "ser a solução mais eficaz em determinados casos, diante da existência de questão altamente controvertida, tanto da doutrina quanto na jurisprudência dos tribunais, referente à possibilidade de o credor fiduciário exigir o saldo remanescente se o produto obtido com a venda extrajudicial do bem imóvel dado em garantia não for suficiente para a quitação integral do seu crédito, ou se não houver interessados em arrematar o bem no segundo leilão, considerando o disposto nos §§ 5º e 6º do art. 27 da Lei 9.514/1997," mencionados anteriormente neste estudo.

Assim, o credor de dívida garantida por alienação fiduciária de imóvel não está obrigado a promover a execução extrajudicial de seu crédito na forma determinada pela Lei 9.514/1997. Conforme pontuado pelo ministro Cueva em seu

---

6. STJ. REsp 1.965.973/SP. Rel. Min. Ricardo Villas Boas Cueva, Terceira Turma, julgado em 15.02.2022.
7. Citou-se o paradigma dessa matéria: STJ. REsp 1.291.575/PR, Rel. Min. Luis Felipe Salomão, Segunda Seção, julgado em 14.08.2013.
8. Apesar de não constar expressamente no voto do eminente relator, é lícito assumir, por analogia, que na eventualidade do título não ser executivo, o credor poderia mover ação monitória como forma de continuar a perseguir seu crédito. Afinal, o mais relevante é reconhecer o interesse de agir do credor em juízo.

voto, "a constituição de garantia fiduciária como pacto adjeto ao financiamento instrumentalizado por meio de Cédula de Crédito Bancário em nada modifica o direito do credor de optar por executar o seu crédito de maneira diversa daquela estatuída na Lei 9.514/1997 (execução extrajudicial)."

À luz desse entendimento, tem-se, em síntese, que: (i) inexiste no ordenamento jurídico qualquer vedação à utilização da via judicial pelo credor fiduciário para excutir bem alienado fiduciariamente; (ii) o procedimento específico é para a execução da garantia, e não do título extrajudicial, de modo que tal especificidade não é aplicável para fins de delimitação da via executiva; e (iii) é evidente que não há qualquer sacrifício adicional ou ônus excessivo imposto ao devedor fiduciante se executado judicialmente – ao revés: tende a ser positivo ao devedor porque poderia o processo executivo judicial lhe asseguraria o direito à ampla defesa e ao contraditório, inclusive a produção de provas – por meio, notadamente, de embargos à execução, que consiste em uma ação autônoma de conhecimento.[9]

Esse é também o escólio de Melhim Chalhub, especialista em alienação fiduciária que, não à toa, foi amplamente citado no referido acórdão:

> A Lei 9.514/97 não faz referência à execução judicial porque dispensável, tendo em vista que o título representativo de crédito garantido por propriedade fiduciária de bem imóvel é o instrumento da alienação fiduciária, seja por escritura pública ou particular subscrita por duas testemunhas, e a esse título o Código de Processo Civil atribui força executiva (CPC, art. 784).
>
> O credor-fiduciário pode optar pelo processo judicial de execução por quantia certa contra devedor solvente, caso considere esse meio mais adequado de acordo com as circunstâncias. (...) A existência, no ordenamento, de um procedimento extrajudicial de realização da garantia fiduciária imobiliária não obsta o exercício da faculdade do credor fiduciário de promover a execução judicial do seu crédito.[10]

---

9. "Ainda, parece-nos que a escolha pela via judicial não se traduz na renúncia à alienação fiduciária inicialmente outorgada. Ora, se este fosse o caso, o credor estará entre a cruz e a espada: de um lado o caso concreto demanda a execução do título, mas o fazendo perde-se uma garantia real fiduciária (e todos os seus privilégios e benefícios, notadamente a natureza de crédito extraconcursal no âmbito de recuperação judicial do devedor). Em que pese as divergências (notadamente entre as Câmaras Reservadas de Direito Empresarial do TJSP), vem se sagrando vencedora, no STJ, a tese de que, como as garantias fiduciárias apenas se extinguem por renúncia expressa, na forma do artigo 1.436 do Código Civil, se o credor optar por executar judicialmente a dívida, preserva-se a higidez da alienação fiduciária visto que não se admite sua renúncia tácita. Adicionalmente, pode-se argumentar que (i) não se admite a averbação de renúncia tácita no Registro de Imóveis para cancelamento de direitos e (ii) no bojo da execução de título extrajudicial, pode ser penhorado pelo credor fiduciário o direito aquisitivo do devedor em reaver o imóvel alienado fiduciariamente. Utilizando mais uma vez de abalizada doutrina, Melhim Chalhub nos ensina que "(a) opção opera apenas substituição do procedimento extrajudicial pelo procedimento judicial de realização da garantia e não caracteriza renúncia à garantia" (CHALHUB, Melhim Namem. *Alienação fiduciária*: negócio fiduciário. 7. ed. Rio de Janeiro: Forense, 2021, p. 354).

10. CHALHUB, Melhim Namem. *Alienação fiduciária*: negócio fiduciário. 7. ed. Rio de Janeiro: Forense, 2021, p. 354.

Além da possibilidade de execução extrajudicial do título que lastreia a alienação fiduciária, o percuciente voto do ministro Cueva abordou a possibilidade de cobrança do saldo devedor pelo credor fiduciário, após verificada a insuficiência do resultado dos leilões para fazer frente ao crédito. Segundo o entendimento do relator, na hipótese de alienação extrajudicial do bem dado em garantia, "o credor fiduciário não está impedido de exigir o saldo remanescente se o produto obtido com a venda extrajudicial não for suficiente para a quitação integral do seu crédito".

Há, porém, uma ressalva a propósito disso: o valor remanescente da dívida, conforme disse o ministro Cueva, "apenas não estará mais garantido ante o desaparecimento da propriedade fiduciária, o mesmo ocorrendo na hipótese de não haver interessados em arrematar o bem no segundo leilão." O entendimento justifica-se sobretudo porque tem prevalecido no STJ "a interpretação segundo a qual a extinção da dívida – expressão utilizada pela lei – opera-se apenas em relação à parcela da dívida garantida pela propriedade fiduciária, tendo o credor a possibilidade de cobrar do devedor o valor remanescente de seu crédito".

Afastando-se da literalidade dos mencionados parágrafos 5º e 6º do artigo 27 da Lei Federal 9.514/1997 e adotando-se uma interpretação teleológica da referida legislação, é razoável concluir que não condiz com a *ratio legis* instituir uma espécie de perdão, puro e simples, de dívida ao devedor fiduciante.

De fato, mais adequado seria interpretar tais dispositivos no sentido de que o devedor fica (i) totalmente exonerado nas operações envolvendo financiamento imobiliário no âmbito do SFH/SFI, privilegiando seu caráter de hipossuficiência nesse tipo de operação (se for essa mesma a hipótese); e (ii) parcialmente exonerado até o limite do valor obtido com a consolidação e/ou alienação do imóvel dado em garantia para as demais operações. E se assim o é para a segunda hipótese, consumida a garantia fiduciária não haveria outra via que não a judicial para o credor perseguir a parcela da dívida que não foi satisfeita após o esgotamento da alienação fiduciária.

No tocante ao último ponto acima mencionado, é importante destacar que, optando o credor de início pela execução judicial do título executivo extrajudicial que embasa a dívida garantida (e, por conseguinte, partindo da premissa necessária de que o contrato originador da dívida constitua título executivo extrajudicial), a cobrança do saldo devedor pelo credor seria inerente e uma mera faculdade ao seu dispor.

Por força do disposto no § 3º do art. 835 do Código de Processo Civil, a rigor a execução deveria ser iniciada mediante a penhora da coisa dada em garantia.[11]

---

11. § 3º Na execução de crédito com garantia real, a penhora recairá sobre a coisa dada em garantia, e, se a coisa pertencer a terceiro garantidor, este também será intimado da penhora.

Nesse caso, o objeto da penhora seria o direito real de aquisição do devedor fiduciante, já que o direito de propriedade do imóvel alienado fiduciariamente retira-se do patrimônio do devedor com a constituição da alienação fiduciária.[12] Caso insuficiente à satisfação integral do crédito, a penhora poderia se estender aos demais bens do devedor.

A desvantagem dessa linha de raciocínio é a de que a arrematação do direito real de aquisição não costuma ser comercialmente atrativa, haja vista que o arrematante sub-rogar-se-ia na posição de devedor fiduciante, assumindo a dívida vincenda e, ao mesmo tempo, extinguindo-se, por confusão, a garantia da parcela da dívida que fora executada.[13] Por outro lado, na seara da execução extrajudicial, uma vez finalizados os procedimentos relativos aos leilões, eventual saldo devedor poderia, posteriormente, ser cobrado judicialmente, caso em que a parcela da dívida garantida fiduciariamente teria sido extinta (e, com ela, a garantia) e os demais bens do patrimônio do devedor responderiam indistintamente pelo passivo ainda existente frente ao credor, a partir de então não mais fiduciário. A dívida passaria a ser pessoal, e não mais real.

Vale destacar que no paradigmático julgamento da Terceira Turma do STJ aqui mencionado, o voto do ministro Cueva ainda destacou dois posicionamentos do STJ alinhados com tal possibilidade de cobrança do saldo devedor. O primeiro

---

12. Destaca-se que o STJ firmou o entendimento de que "o bem alienado fiduciariamente, por não integrar o patrimônio do devedor, não pode ser objeto de penhora. Nada impede, contudo, que os direitos do devedor fiduciante oriundos do contrato sejam constritos" (STJ. AgInt no AREsp 1.370.727/SP, Rel. Min. Marco Aurélio Bellizze, julgado em 25.03.2019). Ademais, a jurisprudência do STJ também orienta que a penhora de direitos do devedor (denominado "direito real de aquisição", conforme art. 1.368-B, do Código Civil) em contrato de alienação fiduciária independe de anuência do credor fiduciário (Precedentes: AgInt no AREsp 644.018/SP, Quarta Turma, DJe de 10.06.2016 ST; AgRg no REsp 1.459.609/RS, Segunda Turma, DJe 04.12.2014). Assim, em suma, é certo que o bem objeto da garantia fiduciária, por não mais integrar o patrimônio do devedor (e sim corresponder à propriedade resolúvel do credor), não pode ser objeto de penhora. Todavia, não há impedimento para que o direito real de aquisição receba constrição, independentemente da concordância do credor fiduciário. Em termos práticos, em sendo determinada a penhora dos direitos do fiduciante, esta poderia ser averbada na matrícula do imóvel, onerando, dessa forma, tais diretos, e não o próprio imóvel, com o principal efeito de conferir a presunção absoluta de conhecimento da constrição judicial envolvendo o bem em questão. Ainda, no entendimento de Alexandre Laizo Clápis, a subsequente arrematação ou adjudicação dos direitos traria como consequência ao arrematante/adjudicante a substituição da posição contratual do devedor fiduciante. É a mesma posição de Narciso Orlandi Neto, para quem "os direitos do fiduciante, que além da posse direta tem pretensão à aquisição do domínio, têm, como já foi dito, expressão econômica. Podem ser penhorados e, eventualmente, arrematados em execução por outra dívida. O arrematante, tanto quanto o cessionário, ficará sub-rogado nos direitos e obrigações do fiduciante, averbando-se na matrícula". E conclui: A constrição não afeta o direito do [credor] fiduciário" – (citações extraídas do artigo elaborado por Sérgio Jacomino, denominado "Penhora – Alienação Fiduciária de Coisa Imóvel – Algumas Considerações sobre o Registro", publicado no Boletim Eletrônico do IRIBI, BE 2245, Ano VI, São Paulo, 09 de janeiro de 2006".
13. Art. 381 do Código Civil. Extingue-se a obrigação, desde que na mesma pessoa se confundam as qualidades de credor e devedor.

deles refere-se à Súmula 384 do STJ, segundo a qual "[c]abe ação monitória para haver *saldo remanescente* oriundo de venda extrajudicial de bem alienado fiduciariamente em garantia" (destacou-se). O segundo refere-se a um contexto de recuperação judicial do devedor fiduciante, no qual o credor fiduciário, tendo o bem garantido sido arrematado no âmbito de leilão, desaparecendo a propriedade fiduciária e havendo saldo devedor em aberto, este saldo passaria a ter natureza pessoal e poderia ser habilitado na recuperação judicial, na classe dos credores quirografários.[14] Afinal, *a contrario sensu*, se não fosse possível perseguir o saldo remanescente, não se autorizaria a habilitação do correspondente crédito.

De todo modo, embora o tema não tenha sido enfrentado de forma ampla, há juristas que entendem ser viável a cobrança de saldo remanescente da dívida, em caso de segundo leilão negativo do imóvel de valor inferior ao saldo devedor.

Marcos Lopes Prado e Thiago de Lima Machado, antes mesmo da publicação do acórdão do recurso especial ora analisado, já defendiam tal possibilidade, desde que (i) "haja previsão expressa da renúncia contratual do devedor fiduciante quanto ao disposto no artigo 27, parágrafos quinto e sexto, da Lei 9.514/1997, e/ou o contrato de alienação fiduciária em garantia de bem imóvel indique, expressamente, o percentual da dívida garantida por cada bem imóvel objeto da alienação fiduciária"; e (ii) "não haja entre o credor fiduciário e o devedor fiduciante qualquer relação de consumo, contratos de adesão, situações comprovadas de hipossuficiência (jurídica ou econômica) e nem contratos de financiamento habitacional" (SFH ou SFI).[15]

Nessa mesma linha, o Projeto de Lei 4188/2021, já aprovado na Câmara dos Deputados e em tramitação do Senado Federal, modifica a Lei Federal 9.514/1997 para, dentre outros ajustes, revogar o § 6º do artigo 27, alterar o § 5º do mesmo artigo e inserir o §5º-A, *in verbis*:[16]

> § 5º Se no segundo leilão não houver lance que atenda ao referencial mínimo para arrematação estabelecido no § 2º, o fiduciário ficará investido na livre disponibilidade do imóvel e exonerado da obrigação de que trata o § 4º deste artigo.
>
> § 5º-A Se o produto do leilão não for suficiente para o pagamento integral do montante da dívida, das despesas e dos encargos de que trata o § 3º deste artigo, o devedor continuará obrigado pelo pagamento do saldo remanescente, que poderá ser cobrado por meio de ação de execução e, se for o caso, excussão das demais garantias da dívida.

---

14. STJ. CC 128.194/GO, Rel. Min. Raul Araújo, julgado em 28.06.2017.
15. PRADO, Marcos Lopes' MACHADO, Thiago de Lima. É possível cobrar o saldo devedor do devedor fiduciante em caso de segundo leilão negativo, considerando o disposto no parágrafo quinto do artigo 27 da Lei 9.514/1997? In: DIAS, José Guilherme Siqueira; TERRA, Marcelo e PERES, Tatiana Bonatti (Org.). *Alienação fiduciária de bem imóvel e outras garantias*. Indaiatuba: Editora Foco, 2019, p. 249.
16. A nova redação parece oportuna, não só por trazer a necessária segurança jurídica que o tema tanto merece, mas também por adotar, salvo melhor juízo, uma solução técnica-jurídica adequada para as dúvidas que permeiam o assunto.

4. CONCLUSÃO

Buscou-se demonstrar neste breve texto que a intepretação mais adequada da doutrina, da jurisprudência e da evolução legislativa sobre o tema caminha em um único sentido, que é o de conferir ao credor fiduciário duas opções: (i) adotar tanto a via judicial quanto a via extrajudicial para perseguir seu crédito, ou até mesmo se utilizar de ambas as vias, a depender das peculiaridades do caso concreto; e (ii) cobrar o saldo de dívida não inteiramente satisfeita na execução da alienação fiduciária mediante o ajuizamento de ação judicial (que poderá ser uma ação monitória ou uma ação de execução, a depender da natureza do título que lhe dá lastro), salvo nas hipóteses em que houver devedor hipossuficiente.

REFERÊNCIAS

CHALHUB, Melhim Namem. *Alienação fiduciária*: negócio fiduciário. 7. ed. Rio de Janeiro: Forense, 2021.

PRADO, Marcos Lopes' MACHADO, Thiago de Lima. É possível cobrar o saldo devedor do devedor fiduciante em caso de segundo leilão negativo, considerando o disposto no parágrafo quinto do artigo 27 da Lei 9.514/1997? In: DIAS, José Guilherme Siqueira; TERRA, Marcelo e PERES, Tatiana Bonatti (Org.). *Alienação fiduciária de bem imóvel e outras garantias*. Indaiatuba: Editora Foco, 2019.

STJ. REsp 1.982.631/SP, Rel. Min. Nancy Andrighi, Terceira Turma, julgado em 24.05.2022.

STJ. REsp 1.965.973/SP. Rel. Min. Ricardo Villas Boas Cueva, Terceira Turma, julgado em 15.02.2022.

STJ. REsp 1.291.575/PR, Rel. Min. Luis Felipe Salomão, Segunda Seção, julgado em 14.08.2013.

STJ. AgInt no AREsp 1.370.727/SP, Rel. Min. Marco Aurélio Bellizze, julgado em 25.03.2019.

STJ. AgInt no AREsp 644.018/SP, Quarta Turma, DJe de 10.06.2016.

STJ. AgRg no REsp 1.459.609/RS, Segunda Turma, DJe 04.12.2014.

STJ. CC 128.194/GO, Rel. Min. Raul Araújo, julgado em 28.06.2017.

COLIVING:
A EVOLUÇÃO DA VIDA EM SOCIEDADE

Fernando Maluf

Doutorando em Direito Constitucional pela Universidade de São Paulo. Mestre em Direito Internacional pela Pontifícia Universidade Católica de São Paulo. Professor de Direito na Universidade Presbiteriana Mackenzie e no IBMEC. Sócio do Demarest Advogados.

E-mail: fernando.maluf@mackenzie.br.

João Pedro Marques

Pós-graduado em Direito Processual Civil pela Fundação Getúlio Vargas – FGV-SP. Bacharel em Direito, com menção honrosa, pela Pontifícia Universidade Católica de São Paulo. Advogado do Xavier, Gagliardi, Inglez, Verona e Schaffeer Advogados.

E-mail: jmarques@demarest.com.br.

Sumário: 1. Da (r)evolução à contrarrevolução – 2. A economia compartilhada e seus desdobramentos: as boas-vindas ao *coliving* – 3. A garantia fundamental à propriedade – 4. As legislações infraconstitucionais – 5. Conclusão – Referências.

1. DA (R)EVOLUÇÃO À CONTRARREVOLUÇÃO

A Revolução Francesa foi um evento importante na história da humanidade. Muito além de ideais iluministas, Queda da Bastilha e oposição entre girondinos e jacobinos, seu início teve um marco que resvala neste trabalho e inspirou legislações na era contemporânea: a Declaração Universal dos Direitos do Homem e do Cidadão (1789, França) e sua previsão sobre o direito à propriedade.

Para se ater ao que importa para este artigo, é certo que a propriedade já existia desde os primórdios da vida em sociedade. Mas na Declaração dos Direitos do Homem e do Cidadão ela passa a ser inserida em um contexto de "direitos naturais, inalienáveis e sagrados do homem",[1] que "nascem livres e iguais em direitos".[2] A partir de então, se tornou um direito natural e imprescindível do ser humano.[3]

---

1. Preâmbulo da Declaração Universal dos Direitos do Homem e do Cidadão.
2. Artigo 1º da Declaração Universal dos Direitos do Homem e do Cidadão: "Os homens nascem e são livres e iguais em direitos. As distinções sociais só podem fundar-se na utilidade comum".
3. Artigo 2º da Declaração Universal dos Direitos do Homem e do Cidadão: "O fim de toda a associação política é a conservação dos direitos naturais e imprescritíveis do homem. Esses Direitos são a liberdade. a propriedade, a segurança e a resistência à opressão".

Outros documentos relevantes também introduziram-no [o direito à propriedade] em seu corpo de regras, como o Bill of Rights (1791, Estados Unidos da América) e a Declaração Universal dos Direitos Humanos (1948), todavia, não é só no âmbito internacional que o direito à propriedade ocupa um papel de destaque.

Na cena jurídica brasileira, a propriedade é constitucionalmente resguardada desde a primeira constituição do país, promulgada em 1824,[4] tendo sido preservada nas constituições de 1891,[5] 1934,[6] 1937,[7] 1946[8] e 1967.[9] Com a Constituição Federal de 1988 não foi diferente, sendo o aludido direito preservado em algumas de suas passagens.[10]

---

4. Nesse sentido: "Art. 179. A inviolabilidade dos Direitos Civis, e Politicos dos Cidadãos Brazileiros, que tem por base a liberdade, a segurança individual, e a propriedade, é garantida pela Constituição do Imperio, pela maneira seguinte. XXII. E'garantido o Direito de Propriedade em toda a sua plenitude. Se o bem publico legalmente verificado exigir o uso, e emprego da Propriedade do Cidadão, será elle previamente indemnisado do valor della. A Lei marcará os casos, em que terá logar esta unica excepção, e dará as regras para se determinar a indemnisação.
5. Nesse sentido: "Art. 72. A Constituição assegura a brasileiros e a estrangeiros residentes no paiz a inviolabilidade dos direitos concernentes á liberdade, á segurança individual e á propriedade, nos termos seguintes: § 17. O direito de propriedade mantem-se em toda a sua plenitude, salvo a desapropriação por necessidade, ou utilidade pública, mediante indemnização prévia".
6. Nesse sentido: "Art 113. A Constituição assegura a brasileiros e a estrangeiros residentes no País a inviolabilidade dos direitos concernentes à liberdade, à subsistência, à segurança individual e à propriedade, nos termos seguintes: 17) É garantido o direito de propriedade, que não poderá ser exercido contra o interesse social ou coletivo, na forma que a lei determinar. A desapropriação por necessidade ou utilidade pública far-se-á nos termos da lei, mediante prévia e justa indenização. Em caso de perigo iminente, como guerra ou comoção intestina, poderão as autoridades competentes usar da propriedade particular até onde o bem público o exija, ressalvado o direito à indenização ulterior".
7. Nesse sentido: "Art 122. A Constituição assegura aos brasileiros e estrangeiros residentes no País o direito à liberdade, à segurança individual e à propriedade, nos termos seguintes (...)".
8. Nesse sentido: Art 141. A Constituição assegura aos brasileiros e aos estrangeiros residentes no País a inviolabilidade dos direitos concernentes à vida, à liberdade, a segurança individual e à propriedade, nos termos seguintes: § 16. É garantido o direito de propriedade, salvo o caso de desapropriação por necessidade ou utilidade pública, ou por interesse social, mediante prévia e justa indenização em dinheiro, com a exceção prevista no § 1º do art. 147. Em caso de perigo iminente, como guerra ou comoção intestina, as autoridades competentes poderão usar da propriedade particular, se assim o exigir o bem público, ficando, todavia, assegurado o direito a indenização ulterior".
9. Nesse sentido: "Art 150. A Constituição assegura aos brasileiros e aos estrangeiros residentes no País a inviolabilidade dos direitos concernentes à vida, à liberdade, à segurança e à propriedade, nos termos seguintes: § 22 É garantido o direito de propriedade, salvo o caso de desapropriação por necessidade ou utilidade pública ou por interesse social, mediante prévia e justa indenização em dinheiro, ressalvado o disposto no art. 157, § 1º Em caso de perigo público iminente, as autoridades competentes poderão usar da propriedade particular, assegurada ao proprietário indenização ulterior".
10. Nesse sentido: (i) "Art. 5º Todos são iguais perante a lei, sem distinção de qualquer natureza, garantindo-se aos brasileiros e aos estrangeiros residentes no País a inviolabilidade do direito à vida, à liberdade, à igualdade, à segurança e à propriedade, nos termos seguintes: XXII – é garantido o direito de propriedade"; e (ii) "Art. 170. A ordem econômica, fundada na valorização do trabalho humano e na livre iniciativa, tem por fim assegurar a todos existência digna, conforme os ditames da justiça social, observados os seguintes princípios: II – propriedade privada".

Entretanto, com a evolução da vida nessa sociedade que é uma "metamorfose ambulante", em constante desenvolvimento e adaptação, o direito à propriedade não poderia se estagnar. Para se ater ao cenário nacional, desde a Constituição de 1946 já havia previsão de que o "uso da propriedade será condicionado ao bem-estar social".[11] A partir da Constituição de 1967,[12] com menção também na Constituição de 1988,[13] a propriedade passa a ter que, necessariamente, atender sua função social. Ou seja, para que seja mantida, a propriedade precisa ser utilizada.[14]

Com efeito, a partir de um arcabouço constitucional robusto, as normas infraconstitucionais, amparadas pelo direito à propriedade, passaram a reger situações cotidianas decorrentes dessa garantia. Um exemplo acadêmico é a relação em condomínios edilícios residenciais, seja na qualidade de proprietário, locador ou locatário, com regras previstas, dentre outras, na Lei 4.591/1964 (Lei de Condomínios Edilícios e Incorporações Imobiliárias), Lei 8.245/1991 (Lei do Inquilinato) e na Lei 10.406/2002 (Código Civil).

Mas mesmo a intensa produção normativa sobre o tema não é suficiente para regulamentar as peculiaridades do dia a dia da vida condominial, impondo que regras ainda mais precisas sejam contratadas entre os moradores daquele local para a sua organização e convivência, como os regimentos internos. Daí surge a problemática que será brevemente abordada neste artigo.

Isso porque os condomínios edilícios, a partir de alterações legalmente anêmicas realizadas em seus regimentos internos, têm proibido, de forma desarrazoada e injustificada, uma nova forma de morar nos grandes centros: a moradia compartilhada, ou o *coliving*.

Tais vedações têm vido à tona sob a alegação de um suposto risco à segurança de demais moradores, aumento de gastos em áreas comuns e mesmo um impacto negativo na rotina dos outros condôminos, e ocorre antes mesmo dos condomínios terem recebido qualquer inquilino nesse modelo de locação. Noutras palavras, proibe-se a locação de uma moradia a algum(ns) indivíduo(s) sem qualquer motivo para fazê-lo senão ideias preconcebidas.

Entretanto, a despeito de sugestivo, os nomes "*coliving*" ou moradia compartilhada causam estranheza. Por isso, dar-se-á um passo atrás antes de adentrar aos seus aspectos jurídicos. Nos capítulos seguintes, primeiro, será abordado brevemente o que é a moradia compartilhada e de onde ela advém (i.e., a econo-

---

11. Vide artigo 147.
12. Vide artigo 157, inciso III.
13. Vide artigos 5º, inciso XXIII, e 170, inciso III.
14. MOTTA, Sylvio. *Direito Constitucional*. Disponível em: Minha Biblioteca, 29. ed. Grupo GEN, 2021, p. 266.

mia compartilhada) e, após, as balizas constitucionais e infraconstitucionais que amparam a sua operação no Brasil.

2. A ECONOMIA COMPARTILHADA E SEUS DESDOBRAMENTOS: AS BOAS-VINDAS AO *COLIVING*

O historiador Yuval Noah Harari, no *best seller Sapiens*, afirma que "qualquer tentativa de definir as características da sociedade atual é como tentar definir a cor de um camaleão. A única característica da qual podemos ter certeza é a mudança incessante".[15] De fato, com o avanço da internet e da tecnologia, milênios se converteram em cliques; o novo em efêmero; o fundamental em obsoleto.

Dentre essas diversas mudanças, e para atender a uma oferta cada vez mais escassa frente à crescente demanda, o individualismo tem cedido espaço ao compartilhamento. Se antigamente ser proprietário significava usufruir do bem de forma individual, atualmente, a tendência tem sido dividir.

Carros (Uber), hospedagem (AirBnb) e alimentação (iFood), esses são exemplos de alguns negócios bastante conhecidos pelos consumidores e que reinventaram a forma de se transportar, viajar e se alimentar no Brasil – e no mundo. Agora, o setor imobiliário que abre suas portas, e essa tem sido uma alternativa promissora para solucionar um problema recorrente: o habitacional.

O crescimento incontrolável e desorganizado de grandes centros urbanos tem ocasionado um déficit habitacional que, somente no Estado de São Paulo, assola milhões de famílias.[16] Nesse cenário, cidades cada vez mais populosas e povoadas demandam soluções criativas e inovadoras para solucionar essa escassez e viabilizar o acesso a uma moradia digna.[17]

Não por acaso, economistas têm sustentado que essas cidades dotadas de grande densidade populacional só terão sucesso quando oferecerem comodidades que são atraentes para residentes de alto capital humano.[18] E a economia compartilhada tem se tornado uma forma de esses residentes acessarem os bens e serviços que desejam, transformando a economia nesses grandes centros.

---

15. HARARI, Yuval Noah. *Sapiens*: uma breve história da humanidade, 2016, p. 376.
16. Disponível em: http://www.habitacao.sp.gov.br/detalhe.aspx?Id=6. Acesso em: 18 mar. 2023.
17. DAVIDSON, Nestor M.; INFRANCA, John J. The Sharing Economy as an Urban Phenomenon. *Yale Law & Policy Review*. p. 219. Disponível em: https://openyls.law.yale.edu/bitstream/handle/20.500.13051/17249/1_davidson_and_infranca_final_copy.pdf?sequence=2&isAllowed=y. Acesso em: 25 mar. 2023.
18. WYMAN, Katrina Miriam. Problematic Private Property: The Case of New York Taxicab Medallions, 30 Yale J. on Reg. 125, 171 (2013). In: DAVIDSON, Nestor M.; INFRANCA, John J. The Sharing Economy as an Urban Phenomenon. *Yale Law & Policy Review*. p. 260-261. Disponível em: https://openyls.law.yale.edu/bitstream/handle/20.500.13051/17249/1_davidson_and_infranca_final_copy.pdf?sequence=2&isAllowed=y. Acesso em: 25 mar. 2023.

É nesse contexto que a tecnologia e a economia compartilhada deram origem ao que se chama de *coliving* (ou moradia compartilhada), operado mediante o aluguel de quartos individuais, mas com o compartilhamento de área comuns, como sala de estar, cozinha e banheiro.[19] Essa nova modalidade de morar – e viver –, mais econômica (em todos os aspectos), permite o acesso a habitações em regiões mais nobres das cidades. Morar em um bairro de custo mais elevado deixa de ser o privilégio de poucos. Democratiza-se a moradia.

Da mesma forma, facilita que pessoas busquem casas mais próximas ao trabalho ou outros locais de interesse, sem que precisem despender fortunas para isso, permitindo o atendimento adequado da função social da propriedade, como será abordado adiante.

Embora ainda esteja engatinhando no Brasil, a moradia compartilhada já um case de sucesso nos Estados Unidos da América e em países da Europa há mais de 40 (quarenta) anos.[20] Trata-se, portanto, de uma prática bem-sucedida, um resultado positivo da economia compartilhada no mercado imobiliário.

Entretanto, como em uma *lit de justice*,[21] sem respeitar as normas constitucionais e infraconstitucionais vigentes, condomínios têm alterado seus regimentos internos para vedar que proprietários aluguem suas unidades na forma de moradia compartilhada, de forma arbitrária e injustificada, antes mesmo de receberem moradores nesse formato, sem a prática de qualquer ato nocivo pelos (futuros) condôminos. Há um estranhamento do novo, um prejulgamento. E, talvez, isso se dê porque há no ser humano a "vontade inata e indomável de julgar antes de compreender"...[22]

Então, partindo dessas imposições arbitrárias e desarrazoadas, as perguntas que ficam são: o *coliving* tem espaço na legislação brasileira? A medida adotada pelos condomínios encontra amparo no texto constitucional e nas regras infraconstitucionais vigentes? É o que se discutirá brevemente nos capítulos seguintes, os quais não têm a pretensão de esgotar o tema, mas apenas estimular e enriquecer seu debate.

---

19. SVISTOVSKI, France. *Burning Down the Housing Market*: Communal Living in New York, 47 Fordham Urb. L.J. 463 (2020), p. 464. Disponível em: https://ir.lawnet.fordham.edu/ulj/vol47/iss2/9.
20. Disponível em: https://www.uol.com.br/universa/noticias/redacao/2019/07/16/coliving-compartilhar-espacos-e-a-cara-da-nova-geracao.htm. Acesso em: 19 mar. 2023.
21. Sessão realizada na idade média, na França, onde o Monarca proferia decisões e poderia até mesmo revogar ordens provenientes de um juiz. Nesse sentido: NEVES, José Roberto de Castro. *Como os advogados salvaram o mundo*. Rio de Janeiro: Nova Fronteira, 2018, p. 198.
22. KUNDERA, Milan. *A arte do romance*. São Paulo: Companhia das Letras, 2016, p. 15. Apud NEVES, José Roberto de Castro. *Como os advogados salvaram o mundo*. Rio de Janeiro: Nova Fronteira, 2018, p. 275.

3. A GARANTIA FUNDAMENTAL À PROPRIEDADE

Como brevemente introduzindo no tópico anterior, há alguns séculos o direito à propriedade ocupa lugar de destaque nas legislações mundo afora, e o Brasil não destoou. A Constituição Federal de 1988 também o estabelece como uma de suas garantias fundamentais[23] e, ainda, é um dos princípios que regem a livre concorrência.[24]

Com efeito, são assegurados ao proprietário direitos inerentes ao bem, desde os mais básicos como ele mesmo acessá-lo até permitir o ingresso de terceiros, na qualidade de locatários ou não, realizar obras e conferir ao imóvel a destinação que lhe convier, desde que respeitada a sua finalidade, se inserido em um condomínio edilício, por exemplo.

Nesse contexto, não é exagero afirmar qualquer restrição à propriedade só poderia ocorrer de forma excepcional, "quando outros valores igualmente fundamentais com ela colidirem",[25] regra essa que também decorre da interpretação do Código de Processo Civil.[26] Destarte, e com razão de ser, são restritas as hipóteses de óbice ao seu pleno exercício.

Mas não é só. O texto constitucional enfatiza que "a propriedade atenderá a sua função social".[27] "No dizer de Celso Ribeiro Bastos, só realmente tem [é proprietário] quem usa, e é precisamente neste ponto que se afere a função social da propriedade".[28]

Assim, regimentos internos de condomínios que obstam injustificadamente o uso do imóvel na modalidade *coliving*, cuja finalidade do bem ainda seria residencial e se adequaria à proposta condominial, impedem que o proprietário dele usufrua e lhe de destinação econômica útil. A criação desarrazoada desses óbices não só viola o direito à propriedade, em si, mas impede que o bem exerça a sua função social.

Não é mera retórica. O texto constitucional prevê que a propriedade urbana cumpre sua função social quando atende às exigências expressas no plano diretor.[29] Fazendo um recorte na cidade de São Paulo, seu plano diretor vigente

---

23. Vide artigo 5º, *caput* e inciso XXII, da Constituição Federal.
24. Vide artigo 170, inciso II, da Constituição Federal.
25. TJSP, Apelação cível 1009601-48.2016.8.26.0100, Rel. Hugo Crepaldi, 38ª Camara Extraordinária de Direito Privado, j. 26.10.2017. No mesmo sentido: TJSP, Apelação cível 1045907-11.2019.8.26.0100, Rel. Alfredo Attié, 27ª Camara de Direito Privado, j. 28.09.2020.
26. Nesse sentido: NERY JUNIOR, Nelson; NERY, Rosa Maria de Andrade. *Código de Processo Civil comentado* [livro eletrônico]. 3. ed. São Paulo: Thomson Reuters Brasil, 2018, p. 1.164-1.165.
27. Artigo 5º, inciso XXIII, da Constituição Federal.
28. MOTTA, Sylvio. *Direito Constitucional*. Disponível em: Minha Biblioteca. 29. ed. Grupo GEN, 2021, p. 266.
29. Vide artigo 182, § 2º, da Constituição Federal.

busca aproximar emprego e moradia,[30] uma das possibilidades facilitadas pela moradia compartilhada.

Neste particular, a despeito da obviedade, cabe destacar que a alocação de um maior número de pessoas em uma única área (frise-se, de forma segura e garantindo seu bem-estar, dignidade e privacidade) é uma forma mais eficiente de uso do imóvel, ao invés de sua ocupação por um único indivíduo. Além de aumentar a acesso a moradias melhores, amplifica-se o impacto positivo contra o déficit habitacional,[31] auxiliando no aperfeiçoamento do cumprimento da função social do bem.

Dessarte, à primeira vista, o *coliving* é prática que se adequa integralmente à previsão constitucional. Em verdade, vedá-lo de forma infundada é que atentaria contra a carta magna e romperia com direitos e garantias fundamentais.

4. AS LEGISLAÇÕES INFRACONSTITUCIONAIS

A propriedade não é protegida somente pela Constituição Federal. O Código Civil igualmente o faz de forma expressa e resguarda os direitos dela decorrentes. Nesse sentido, faculta-se ao proprietário o uso, gozo e disposição do seu bem,[32] direito esse que também é estendido de forma expressa aos condôminos – [33] e os tribunais[34] e a doutrina[35] têm entendido que essas prerrogativas também são deferidas aos locatários, não obstante a norma mencione condôminos.

Além do mais, a codificação civil permite ao condômino usar o bem conforme sua destinação.[36] Assim, estando-se perante um imóvel com finalidade residencial em um condomínio edilício, não cabe restringir a sua utilização na modalidade de moradia compartilhada se a destinação (residencial) está preservada, independentemente se lá vive uma ou mais pessoas.

Em verdade, pouco importa a quantidade de indivíduos que habitam o local (desde que observadas as limitações do imóvel, evidentemente). Se quatro mem-

---

30. Disponível em: https://planodiretorsp.prefeitura.sp.gov.br/o-que-e-o-plano-diretor/. Acesso em: 19 mar. 2023.
31. SVISTOVSKI, France. *Burning Down the Housing Market*: Communal Living in New York, 47 Fordham Urb. L.J. 463 (2020), p. 473-474. Disponível em: https://ir.lawnet.fordham.edu/ulj/vol47/iss2/9.
32. Nesse sentido: "Art. 1.228. O proprietário tem a faculdade de usar, gozar e dispor da coisa, e o direito de reavê-la do poder de quem quer que injustamente a possua ou detenha".
33. Nesse sentido: "Art. 1.335. São direitos do condômino: I – usar, fruir e livremente dispor das suas unidades".
34. TJSP, Apelação cível 1045907-11.2019.8.26.0100, Rel. Alfredo Attié, 27ª Camara de Direito Privado, j. 28.09.2020.
35. *Curso de Direito Civil*. São Paulo: Atlas, 2015. v. 5.
36. Nesse sentido: "Art. 1.314. Cada condômino pode usar da coisa conforme sua destinação, sobre ela exercer todos os direitos compatíveis com a indivisão, reivindicá-la de terceiro, defender a sua posse e alhear a respectiva parte ideal, ou gravá-la".

bros de uma família certamente poderiam residir em um mesmo apartamento – como corriqueiramente o fazem –, não há motivo razoável para que quatro locatários na modalidade *coliving* igualmente não possam, especialmente porque as unidades autônomas são de propriedade exclusiva[37] e, se podem ser livremente alienadas,[38] com mais razão, podem ser livremente locadas.[39]

Não fosse o bastante, a Lei Federal 4.591/1964, norma específica que versa sobre condomínios edilícios, também cuidou de franquear ao condômino o direito de usar e fruir da sua unidade autônoma segundo suas conveniência e interesse, desde que não cause dano ou incomodo aos demais moradores.[40]

Com efeito, o legislador reforça a ideia de que o proprietário poderia dispor do imóvel como bem entender. Se lei não obsta a locação na modalidade moradia compartilhada – que, reitere-se, seguiria respeitando a finalidade residencial do imóvel e do condomínio – não há o que justifique o condomínio arbitrariamente fazê-lo. Essa é, inclusive, a aplicação prática do princípio constitucional da legalidade.[41]

Em todo caso, assumindo que esse grupo de inquilinos venha a causar algum transtorno ou dano ao condomínio ou outros moradores, o próprio legislador já previu formas adequadas e gradativas de sancionar o condômino infrator, sem que isso cerceie seus direitos e vede o seu ingresso na moradia somente pelo desconhecimento do novo (*coliving*) ou baseado em meras suposições, em um cenário hipotético e imaginário de que poderiam vir a causar algum transtorno futuro.

Tais casos não podem ser coibidos proibindo o acesso à casa, mas, sim, com multas[42] a moradores que reiteradamente atentem contra as regras do condomínio, gradativamente aumentadas de acordo com a gravidade e reincidência do

---

37. Nesse sentido: "Art. 1.331. Pode haver, em edificações, partes que são propriedade exclusiva, e partes que são propriedade comum dos condôminos".
38. Nesse sentido: Art. 1.331, § 1º: "As partes suscetíveis de utilização independente, tais como apartamentos, escritórios, salas, lojas e sobrelojas, com as respectivas frações ideais no solo e nas outras partes comuns, sujeitam-se a propriedade exclusiva, podendo ser alienadas e gravadas livremente por seus proprietários, exceto os abrigos para veículos, que não poderão ser alienados ou alugados a pessoas estranhas ao condomínio, salvo autorização expressa na convenção de condomínio".
39. PELUSO, Cezar. *Código civil comentado*: doutrina e jurisprudência. Disponível em: Minha Biblioteca, 16. ed. Editora Manole, 2022, p. 1.279.
40. Nesse sentido: "Art. 19. Cada condômino tem o direito de usar e fruir, com exclusividade, de sua unidade autônoma, segundo suas conveniências e interesses, condicionados, umas e outros às normas de boa vizinhança, e poderá usar as partes e coisas comuns de maneira a não causar dano ou incômodo aos demais condôminos ou moradores, nem obstáculo ou embaraço ao bom uso das mesmas partes por todos".
41. Nesse sentido: Art. 5º, II: "ninguém será obrigado a fazer ou deixar de fazer alguma coisa senão em virtude de lei".
42. Nesse sentido: "Art. 21. A violação de qualquer dos deveres estipulados na Convenção sujeitará o infrator à multa fixada na própria Convenção ou no Regimento Interno, sem prejuízo da responsabilidade civil ou criminal que, no caso, couber" (Lei 4.591/1964).

condômino infrator.[43] Ora, se o "Código Civil de 2002 optou por estabelecer um sistema de multas ao condômino antissocial",[44] indubitavelmente, seria abusivo – para dizer o mínimo – obstar o ingresso no condomínio por preconceito ou desconhecimento, sem ocorrência concreta.

A título de exemplo, ao tratar sobre a utilização de área comum por um condômino inadimplente (fato concreto e consumado, e punido de forma menos severa que vedar o ingresso de um novo morador), o Superior Tribunal de Justiça reconheceu que o Código Civil prevê meios específicos para sancionar adequadamente o infrator sem que isso represente constrangimento à sua dignidade e dos demais moradores.[45] Em todo caso, poibe-se somente o uso efetivamente nocivo, o caso concreto,[46] jamais a presunção de que algum dano (futuro e incerto) possa vir a ser casuado.[47-48] Se mesmo no processo criminal ninguém é considerado

---

43. Ver artigo 1.337, *caput* e parágrafo único, do Código Civil.
44. VENOSA, Sílvio de Salvo; WELL, Lívia Van. *Condomínio em edifício*. Indaiatuba, SP : Editora Foco, 2021, p. 58.
45. STJ, REsp 1699022/SP, Rel. Ministro Luis Felipe Salomão, Quarta Turma, j. 28.05.2019.
46. VENOSA, Sílvio de Salvo; WELL, Lívia Van. *Condomínio em edifício*. Indaiatuba, SP: Editora Foco, 2021, p. 60.
47. "Condomínio edilício – Ação declaratória de nulidade de dispositivo do regimento interno que veda a instalação de habitação coletiva para moradia estudantil (república de estudantes) mesmo sob o pálio da proteção da tranquilidade e do sossego, o uso nocivo da propriedade não pode ser presumido, pois depende da prática de atos concretos pelo ocupante do imóvel, que efetivamente causem um prejuízo à convivência harmônica – Ademais, o condomínio possui instrumentos legais suficientes para coibir, se o caso, o uso anormal da propriedade, bem como as eventuais interferências prejudiciais à segurança, ao sossego e à saúde dos que nele habitam (art. 1.337 do Código Civil), não havendo justificativa plausível para limitar o exercício pleno do direito de propriedade sentença mantida – Recurso desprovido. (...) Embora não se desconheça que o regimento interno é ato de administração do condomínio, determinado pela convenção e que contém a disciplina da conduta interna dos condôminos, locatários e frequentadores dos apartamentos, para possibilitar a coexistência harmônica dos que lá habitam, não se admite a vedação, a priori, da locação das unidades autônomas como habitação coletiva para moradia estudantil (república de estudantes), por configurar flagrante violação ao direito de propriedade do condômino locador (...) Todavia, parece evidente que, mesmo sob o pálio da proteção da tranquilidade e do sossego, o uso nocivo da propriedade não pode ser presumido, pois depende da prática de atos concretos pelo ocupante do imóvel, que efetivamente causem um prejuízo à convivência harmônica. Ademais, o condomínio possui instrumentos legais suficientes para coibir, se o caso, o uso anormal da propriedade, bem como as eventuais interferências prejudiciais à segurança, ao sossego e à saúde dos que nele habitam (v.g. art. 1.337 do Código Civil), não havendo justificativa plausível para limitar o exercício pleno do direito de propriedade" (TJSP, Apelação 1006520-81.2016.8.26.0071, 25ª Câmara de Direito Privado, Des. Rel. Edgard Rosa, j. 09.03.2017).
48. "Apelação cível – Condomínio Edilício – Declaratória de nulidade de ato jurídico – Alteração da Convenção do Condômino – Proibição de locação por temporada inferior a 90 dias – Sentença de improcedência – Locação por temporada não desvirtua a destinação para residência prevista na Convenção – Inteligência do art. 45 da Lei 8245/91 – Não configuração de contrato de hospedagem – Inteligência do art. 23, "caput", da Lei 11.771/08 – Eventuais danos, perturbações ou infrações à Convenção ou Regulamento interno devem ser sancionadas nos termos daquelas, não sendo permitida a proibição de locação do bem como sanção – Inteligência do art. 1.337 do CC – Indevida limitação ao direito de propriedade, constitucionalmente garantido. Recurso provido" (TJSP, Apelação Cível 1008757-15.2018.8.26.0008, Rel. Francisco Carlos Inouye Shintate, 29ª Câmara de Direito Privado, j. 1º.02.2021).

culpado sem sentença transitada em julgado,[49] com menos razão pode haver tal "penalização gratuita" em relações civis quotidianas.

Sabe-se que "o direito de propriedade não é absoluto, sofrendo limitações, até mesmo constitucionais".[50] Por isso, em situações de verdadeiro risco ou dano, ele é mitigado,[51] mas jamais de forma genérica e sem fundamento legítimo. Neste caso, preserva-se o direito do condômino.[52]

Adicionalmente, apenas em situações excepcionalíssimas, em que a sanção pecuniária se mostra ineficaz, mediante ação judicial, pode-se buscar a exclusão do condômino antissocial, como orienta o Enunciado 508 da V Jornada de Direito Civil do Conselho da Justiça Federal do STJ.[53] Mais uma vez, não é o caso de obstar que indivíduos ingressem no imóvel apenas porque não pertencem à mesma família e compartilharão espaços comuns das suas unidades. Tal fato, *per se*, não ocasiona risco ou nocividade aptos a justificar medida tão desproporcional.

5. CONCLUSÃO

A sociedade avança, se molda e o direito se vê obrigado a se adaptar na mesma medida para fazer frente a esse dinamismo. O avanço tecnológico ainda acrescenta pitadas de instantaneidade e versatilidade que dificultam a compreensão e operacionalização dessa nova realidade que dia após dia se apresenta a indívuduos cada vez mais conectados.

Essa nova realidade tem fomentado um novo jeito de consumir bens e serviços, a partir da economia de compartilhamento. Também é a partir dela que grandes centros urbanos têm visto um aumento do que se convencionou denominar moradia compartilhada, unidades com quartos individuais, mas que os inquilinos dividem espaços comuns de convivência.

O *coliving*, como visto, não só é amparado pelo texto constitucional e pela legislação infraconstitucional, como também auxilia na solução do déficit habitacional e democratiza o acesso a uma moradia digna. Sem norma que o vede, há que se concluir pela sua legalidade. Pela mesma razão, é igualmente certo que

---

49. Artigo 5°, inciso LVII, da Constituição Federal.
50. PEREIRA, Caio Mário da Silva. *Condomínios e incorporações*. 13. ed. Rio de Janeiro: Gen-Forense, 2018, p. 135.
51. Vide artigos 1.277 e 1.336, inciso IV, do Código Civil e artigo 10, inciso I, da Lei 4.591/1964.
52. Nesse sentido: STJ, REsp 1783076/DF, Rel. Ministro Ricardo Villas Bôas Cueva, Terceira Turma, j. 14.05.2019.
53. "Verificando-se que a sanção pecuniária mostrou-se ineficaz, a garantia fundamental da função social da propriedade (arts. 5°, XXIII, da CF e art. 1.228 do CC) e a vedação ao abuso de direito (arts. 187 e 1.228, § 2°, do CC) justificam a exclusão do condômino antissocial, desde que a ulterior assembleia prevista na parte final do parágrafo único do art. 1.337 do Código Civil delibere a propositura de ação judicial com esse fim, asseguradas todas as garantias inerentes ao devido processo legal".

qualquer óbice a sua operação, de forma precipitada e injustificada, resultaria em um indesejado abuso de direito.

Em qualquer cenário, se está diante de uma nova vertente que certamente aprimorá e impulsionará o mercado imobiliário. No palco jurídico, sabe-se que essa é uma discussão que já caminha pelos Tribunais nacionais e, certamente, não tardará para que tenham um desfecho, o qual, espera-se, seja o melhor e mais alinhado às novas demandas da sociedade. Afinal, "[o] Direito vive para o homem, e não o homem para o Direito".[54]

REFERÊNCIAS

DAVIDSON, Nestor M.; INFRANCA, John J. The Sharing Economy as an Urban Phenomenon. *Yale Law & Policy Review*. p. 219. Disponível em: https://openyls.law.yale.edu/bitstream/handle/20.500.13051/17249/1_davidson_and_infranca_final_copy.pdf?sequence=2&isAllowed=y. Acesso em: 25 mar. 2023.

GOVERNO DE SÃO PAULO. Secretaria de Desenvolvimento Urbano e Habitação de São Paulo. Disponível em: http://www.habitacao.sp.gov.br/detalhe.aspx?Id=6. Acesso em: 18 mar. 2023.

HARARI, Yuval Noah. *Sapiens*: uma breve história da humanidade, 2016.

KUNDERA, Milan. *A arte do romance*. São Paulo: Companhia das Letras, 2016, p. 15. Apud NEVES, José Roberto de Castro. *Como os advogados salvaram o mundo*. Rio de Janeiro: Nova Fronteira, 2018.

MOTTA, Sylvio. *Direito Constitucional*. Disponível em: Minha Biblioteca, 29. ed. Grupo GEN, 2021.

MOTTA, Sylvio. *Direito Constitucional*. Disponível em: Minha Biblioteca, 29. ed. Grupo GEN, 2021.

NERY JUNIOR, Nelson; NERY, Rosa Maria de Andrade. *Código de Processo Civil comentado* [livro eletrônico]. 3. ed. São Paulo : Thomson Reuters Brasil, 2018.

NEVES, José Roberto de Castro. *Como os advogados salvaram o mundo*. Rio de Janeiro: Nova Fronteira, 2018, p. 198.

PELUSO, Cezar. *Código civil comentado*: doutrina e jurisprudência. Disponível em: Minha Biblioteca, 16. ed. Editora Manole, 2022.

PEREIRA, Caio Mário da Silva. *Condomínios e incorporações*. 13. ed. Rio de Janeiro: Gen-Forense, 2018.

STJ, REsp 1699022/SP, Rel. Ministro Luis Felipe Salomão, Quarta Turma, j. 28.05.2019.

STJ, REsp 1783076/DF, Rel. Ministro Ricardo Villas Bôas Cueva, Terceira Turma, j. 14.05.2019.

SVISTOVSKI, France. *Burning Down the Housing Market*: Communal Living in New York, 47 Fordham Urb. L.J. 463 (2020), p. 464. Disponível em: https://ir.lawnet.fordham.edu/ulj/vol47/iss2/9.

TJSP, Apelação Cível 1008757-15.2018.8.26.0008, Rel. Francisco Carlos Inouye Shintate, 29ª Câmara de Direito Privado, j. 1º.02.2021.

---

54. FONTANINHA, Fernando de Castro; MATTOS, Marco Aurélio Vannucchi Leme de; NUÑEZ, Izabel Saenger. *História oral do Supremo* (1988-2013), v. 12: Luiz Fux. Rio de Janeiro: Fundação Getúlio Vargas, 2016, p. 45.

TJSP, Apelação cível 1045907-11.2019.8.26.0100, Rel. Alfredo Attié, 27ª Camara de Direito Privado, j. 28.09.2020.

VENOSA, Sílvio de Salvo; WELL, Lívia Van. *Condomínio em edifício*. Indaiatuba, SP : Editora Foco, 2021.

WYMAN, Katrina Miriam. Problematic Private Property: The Case of New York Taxicab Medallions, 30 Yale J. on Reg. 125, 171 (2013). In: DAVIDSON, Nestor M.; INFRANCA, John J. The Sharing Economy as an Urban Phenomenon. *Yale Law & Policy Review*. p. 260-261. Disponível em: https://openyls.law.yale.edu/bitstream/handle/20.500.13051/17249/1_davidson_and_infranca_final_copy.pdf?sequence=2&isAllowed=y. Acesso em: 25 mar. 2023.

LOCAÇÃO POR PLATAFORMAS DIGITAIS: ENTENDIMENTO DOUTRINÁRIO E CONTEXTO JURISPRUDENCIAL SOBRE A RESPONSABILIDADE DAS CONVENÇÕES DE CONDOMÍNIO

Guilherme Neves Rodrigues Fernandes

Mestrando em Direito Civil pela Universidade de São Paulo. Pós-graduado em direito imobiliário pela Fundação Getúlio Vargas (FGV). Graduado em 2016 pela Universidade de São Paulo. Head of Legal Ops da BHub, onde atua há 2 anos. Trabalhou por 6 anos no Ulhôa Canto, Rezende e Guerra Advogados.

E-mail: guilhermenrf@gmail.com.

Nathalia Lopes

Mestranda em Direito Civil pela Universidade de São Paulo. Pós-graduada em Direito Imobiliário pelo Secovi. Graduada em 2011 pela Universidade de São Paulo. Vice-coordenadora de incorporações imobiliárias da Comissão de Direito Imobiliário da OAB-SP. Coordenadora da área de Direito Urbanístico do escritório Bicalho Navarro Advogados, onde atua há mais de 11 anos. Autora de diversos artigos sobre direito imobiliário e urbanístico.

E-mail: nathalialflopes@gmail.com.

Sumário: 1. Introdução – 2. Locações: conceito e prática – 3. Hospedagem – 4. Entendimento jurisprudencial das convenções de condomínio; 4.1 Natureza jurídica; 4.2 Convenção de condomínio – 5. Conclusão – Referências.

1. INTRODUÇÃO

A ampla utilização e disseminação de plataformas digitais para reservas de estadias em imóveis de terceiros, como *Airbnb, Vrbo, Booking* e *HomeAway*, ao permitirem um modelo de negócio que flexibiliza a forma de locação nos modelos jurídicos tradicionais – positivados pela Lei do Inquilinato (Lei 8.245/91) e pela Lei da Hospedagem (Lei 11.771/08) – desafiam as balizas jurídicas que permitem a regulação dessa atividade econômica.

Isso, pois, a flexibilização das estadias possível mediante tais plataformas, além de permitir que sejam oferecidas locações sem regramento de prazo mínimo ou máximo em casas, apartamentos ou até mesmo em cômodos, também atraiu "anfitriões" – como são denominados os proprietários dos imóveis anunciados nas plataformas – além dos tradicionais intermediários como agências de viagens ou corretores imobiliários.

Essas plataformas permitem, então, que qualquer proprietário seja um potencial anfitrião e qualquer imóvel – em qualquer região – um possível local de acomodação. Por estarem fora da regulação dos meios tradicionais de turismo e hotelaria, as plataformas estariam, supostamente, isentas de todas as burocracias, tributos e regulações que envolvem o setor hoteleiro. Isso porque a legislação não é clara a respeito do regime jurídico que se deve aplicar a essas modalidades de disponibilização de residências.

Esse vácuo legal abriu margem para uma disputa entre proprietários e condomínios,[1] fruto da flexibilização da modalidade de locação ofertada pelas plataformas. O Superior Tribunal de Justiça (STJ),[2] no âmbito de um conflito entre proprietários de uma unidade autônoma de empreendimento seus condomínios, relatou um debate acerca da natureza jurídica das operações realizadas pelas plataformas e pôs em discussão uma baliza regulatória dessa plataforma que seria competência dos condomínios.

Nesta esteira, considerar os serviços disponibilizados por essas empresas especializadas como uma locação ou uma hospedagem se tornou um importante debate jurídico em razão de seus efeitos práticos. Ao longo do presente artigo, pretendemos expor como os precedentes do STJ atribuíram aos condomínios uma competência regulatória de determinar o uso dos espaços da propriedade conforme o disposto em suas convenções de condomínio.

2. LOCAÇÕES: CONCEITO E PRÁTICA

As mudanças no cenário das formas de locação causadas pelas inovações decorrentes dos serviços de estadia intermediados por aplicativo, aliado ao crescimento do número de empresas que oferecem o referido serviço[3] aumentando a oferta de imóveis nestas plataformas[4] e fomentando o mercado imobiliário, desafiam os institutos jurídicos tradicionais que regram as formas de usos dos imóveis.

---

1. TAVOLARI, Bianca. NISIDA, Vitor. Entre o Hotel e a Locação: Análise Jurídica e Territorial das Decisões do Tribunal de Justiça de São Paulo sobre o Airbnb. *Revista InternetLab*. v. 1. n. 2. p. 5 a 30. dez. 2020. Disponível em: https://revista.internetlab.org.br/entre-o-hotel-e-a-locacao-analise-juridica-e-territorial-das-decisoes-do-tribunal-de-justica-de-sao-paulo-sobre-o-airbnb/.
2. BRASIL. Superior Tribunal de Justiça. Recurso Especial 1.819.075-RS. Recorrentes: Monica Dutczak e Gyan Celah dos Santos. Recorrido: Condomínio Edifício Cooriga. Assistente: Airbnb Ireland UC. Relator: Ministro Raul Araújo. Brasília, 20 de abril de 2021.
3. Disponível em: https://exame.com/negocios/receita-do-airbnb-cresce-com-reabertura-de-paises-a-viajantes-vacinados/. Acesso em: 27 jun. 2022.
4. Disponível em: https://canaltech.com.br/mercado/numero-de-imoveis-ativos-do-airbnb-supera-as-maiores-redes-de-hoteis-combinadas-181472/. Acesso em: 27 jun. 2022.

O conceito de locação, conforme disposto pelo ilustre jurista Orlando Gomes, é o contrato em que uma das partes se obriga, mediante contraprestação em dinheiro, a conceder à outra, temporariamente, o uso e gozo de coisa não fungível. Contratualmente, o Código Civil aborda o contrato de locação com base no acorde de vontade das partes – cujos elementos essenciais são tempos, coisa e preço – e a Lei 8.245/1991 dispõe sobre a locação de imóveis urbanos e os procedimentos a ela pertinentes.

A Lei do Inquilinato também fez uma importante distinção das espécies de locação predial urbana, distinguindo[5] a residencial, destinada à moradia do locatário, e não residencial, atribuída ao exercício de atividade empresarial no local. Além disso, no âmbito do estudo das estadias ofertadas pelos aplicativos, destaca-se a locação por temporada que está contemplada pelo artigo 48 da citada Lei, conforme destacamos seu caput abaixo:

> Art. 48. Considera-se locação para temporada aquela destinada à residência temporária do locatário, para prática de lazer, realização de cursos, tratamento de saúde, feitura de obras em seu imóvel, e outros fatos que decorrem tão-somente de determinado tempo, e contratada por prazo não superior a noventa dias, esteja ou não mobiliado o imóvel.

Há um debate acerta da natureza jurídica das locações por temporada. Marcos Lopes Prado[6] enfatiza que essa modalidade de locação pertence ao gênero de locações residenciais, exclusivamente. Segundo o autor, não há locação para temporada de finalidade não residencial, especialmente diante de sua interpretação da excepcionalidade descrita no artigo 50, da Lei do Inquilinato.[7]

Por outro lado, o modelo de negócios das empresas de plataformas em sites e aplicativos na internet como o *Airbnb* e o Booking causaram uma mudança no perfil dos locatários em empreendimentos residenciais. Segundo Sylvio Capanema, o uso dessas modalidades de estadia não apresenta algumas características presentes na locação residencial:

> Nesses casos, a alta rotatividade dos locatários, as dificuldades de identificação e de controle de seus comportamentos, o aumento do consumo de água e luz, já que é comum que várias pessoas se instalem no imóvel, vêm provocando grandes conflitos nos condomínios. Sentem-se os moradores habituais ameaçados, por não terem maiores informações das pessoas que

---

5. Há também a locação predial urbana privilegiada que é destinada à instalação de hospitais, unidades sanitárias oficiais, asilos, estabelecimentos de saúde e de ensino autorizados e fiscalizados pelo Poder Público ou por entidades religiosas.
6. REIS, Adriana Marchesini dos Reis et. al. In: SCAVONE JUNIOR, Luiz Antonio; PERES, Tatiana Bonatti (Org.). *Lei do Inquilinato comentada artigo por artigo*: visão atual na doutrina e jurisprudência: 2. ed. Rio de Janeiro: Forense, 2017, p. 141.
7. Art. 50. Findo o prazo ajustado, se o locatário permanecer no imóvel sem oposição do locador por mais de trinta dias, presumir-se-á prorrogada a locação por tempo indeterminado, não mais sendo exigível o pagamento antecipado do aluguel e dos encargos.

passam a com eles transitar nos corredores e elevadores, muitas vezes de aparência duvidosa. Discute-se, então, se essa prática pode ser vedada pelos condomínios edilícios, em defesa da qualidade de vida dos condôminos e de sua segurança. A resposta é difícil, o que explica a divergência doutrinária e jurisprudencial que se tem criado nos diversos Tribunais do país. Uma primeira vertente de opinião sustenta que não há como impedir que o condômino, que tem a propriedade exclusiva da unidade, possa dela dispor para ceder a sua posse a terceiro. (...) Em sentido contrário vem se fortalecendo cada vez mais a corrente doutrinária que admite a vedação dessa conduta. O principal argumento é o direito à segurança, que é hoje um dos valores mais importantes para que se tenha um mínimo de qualidade de vida. Sobre o direito individual do condômino deve pairar o interesse coletivo dos demais moradores.

Como exposto pelo autor, houve uma divergência doutrinária e jurisprudencial nesse contexto em que os direitos de propriedade contrastaram com os direitos contratuais de um condomínio edilício. O uso indiscriminado das locações por meio da plataforma poderia descaracterizar um condomínio residencial e causar desconforto em seus condôminos.

A dificuldade de enquadramento das operações nas plataformas de estadia está no fato de que em seus espaços é possível realizar locações que superem o curto espaço. Sendo possível, por exemplo, locar imóveis, quartos por períodos superiores a um ano, por exemplo.

Neste passo, iniciou-se um grande debate na jurisprudência e na doutrina sobre a caracterização das relações jurídicas transacionadas pelas plataformas intermediadoras, se contratos de hospedagem ou locação por temporada.

3. HOSPEDAGEM

Diferentemente da locação predial urbana, que pode ser realizada por meio de um contrato de locação por temporada, os contratos de hospedagem são caracterizados pelos meios de hospedagem descritos pela Lei 11.771/2008, que dispõe sobre a Política Nacional de Turismo.

A hospedagem, segundo Maria Helena Diniz[8] é o contrato em que alguém, denominado hoteleiro,[9] se compromete perante outrem, hóspede, a prestar serviços de hotelaria, ou seja, a alugar quarto, apartamento mobiliado ou salão para eventos culturais, bem como a fornecer alimentos, a guardar bagagem ou bens, mediante pagamento de remuneração.

---

8. DINIZ, Maria Helena. *Tratado teórico e prático dos contratos*. 5. ed. São Paulo: Saraiva: 2003, v. 3, p. 03.
9. A lei detalha os prestadores de serviços turísticos a partir de seu artigo 21, considerando as sociedades empresárias, sociedades simples, os empresários individuais e os serviços sociais autônomos que prestem serviços turísticos mediante remuneração. As empresas estão obrigadas a obter certificado junto ao Ministério do Turismo decorrente de prévio cadastro no órgão para a efetiva prestação dos serviços de hospedagem, excetuados os serviços de transporte aéreo.

Segundo a legislação, para a celebração do contrato de hospedagem, as partes devem observar características específicas, como a estipulação de diárias,[10] a possibilidade de retomada do imóvel em caso de inadimplência, ainda que por um período mais curto, e a inexistência de direito de preferência do locatário. Características essas que aproximam as transações realizadas no âmbito de uma plataforma de estadia de um contrato de hospedagem.

É diante desses aspectos que a utilização do contrato de hospedagem é usualmente debatida nos negócios jurídicos celebrados para aluguel em curtos períodos, especialmente através das empresas intermediadoras que fornecem os serviços pela internet. Isso pois os usuários de plataformas como *Airbnb* e *Booking* procuram locais para alugar por períodos variados, majoritariamente curtos, para realizar viagens de trabalho, lazer ou turismo.

A exemplo do aplicativo do Airbnb que, segundo o artigo "*The Rise of the Sharing Economy: Estimating the Impact of Airbnb on the Hotel Industry*",[11] funciona como um marketplace de uma comunidade baseada na confiança, conforme explica o seguinte trecho:

> Airbnb describes itself as 'a trusted community marketplace for people to list, discover, and book unique accommodations around the world', and exemplifes a peer-to-peer in the sharing economy. Prospective hosts list their spare rooms or apartments on the Airbnb platform, establish their own nightly, weekly or monthly price, and offer accommodation to guests.

A existência desta relação jurídica fomentou os debates na doutrina e na jurisprudência sobre o tema, destacando o preenchimento dos requisitos como fatos determinante para estabelecer a natureza jurídica do contrato.

Silvio Venosa[12] entende que, a despeito da urgente necessidade de legislação específica para essa modalidade de cessão do imóvel anunciada em plataformas digitais, é possível interpretarmos que diante das suas características há uma hospedagem e não uma locação por temporada.

Francisco Eduardo Loureiro[13] entende que a possibilidade de locação de unidades autônomas residenciais para curta temporada, especialmente em plataformas via internet, é questão relativamente nova e relevante que tem gerado debates nos tribunais, visto que se discute se tal situação viola a vedação legal de

---

10. Art. 23 (…) § 4º Entende-se por diária o preço de hospedagem correspondente à utilização da unidade habitacional e dos serviços incluídos, no período de 24 (vinte e quatro) horas, compreendido nos horários fixados para entrada e saída de hóspedes.
11. ZERVAS, Georgios; PROSERPIO, Davide; W. BYERS, John. The Rise of the Sharing Economy: Estimating the Impact of Airbnb on the Hotel Industry. *Journal of Marketing Research*, 2017.
12. VENOSA, Silvio de Salvo. *Lei do Inquilinato Comentada*. 15. ed. São Paulo: Atlas, 2020, p. 292.
13. LOUREIRO, Francisco Eduardo. In: PELUSO, Cezar (Coord.). *Código Civil Comentado*: Doutrina e Jurisprudência. São Paulo: Editora Manole, 2019, p. 1310-1311.

desvio de uso, ou, ainda, se podem as assembleias de condomínio vedar tal modalidade de locação. Na visão do jurista, o primeiro passo para analisar a questão é identificar o objeto predominante do contrato. Considerando que a mesma plataforma da internet pode disponibilizar apenas a locação de imóvel urbano, ou, ainda, oferecer serviços semelhantes aos de hospedagem, mediante fornecimento de alimentação, arrumação e concierge, é necessário identificar o que se predomina na relação. Caso prevaleça a hipótese de disponibilização do local, mas mediante fornecimento de alimentação e serviços típicos de hospedagem, pode-se concluir que o objeto predominante é a hospedagem, e não a locação de coisas, existindo claro desvio de uso, vedado pela lei, caso realizado em condomínio residencial. Ao contrário, se a causa predominante é a locação de imóvel urbano, a locação de curta duração não tem vedação legal, e pode como regra geral ser admitida em condomínio residencial.

Nos tribunais estaduais, vemos posicionamentos favoráveis[14] e desfavoráveis[15] à possibilidade de locações de temporada mediante plataformas digitais em condomínios residenciais.

Apesar de decisões conflitantes proferidas pelos Tribunais Estaduais, o STJ pacificou o entendimento jurisprudencial estabelecendo uma lógica que possibilita a utilização dos aplicativos sem o desconforto da descaracterização de um empreendimento residencial.

4. ENTENDIMENTO JURISPRUDENCIAL DAS CONVENÇÕES DE CONDOMÍNIO

Como visto, a Lei do Inquilinato dispõe sobre a locação por temporada, e o contrato de hospedagem é fundamentado na Lei do Turismo. Restava a dúvida,

---

14. TJSP – Apelação Cível 1002697-72.2018.8.26.070. Rel. Milton Carvalho: "Ocupação do imóvel por pessoas distintas, em espaços curtos de tempo (Airbnb) que não descaracteriza a destinação residencial do condomínio."; e TJRJ – Agravo de Instrumento 0054469-98.2017.8.19.0000. Des. Guaraci de Campos Vianna: "A locação por temporada encontra previsão legal no artigo 48 da Lei 8.245/1991 e é aquela contratada por prazo não superior a 90 dias. Entre os direitos do proprietário, está o direito de usufruir o bem, inclusive locando a terceiros, por temporada, não podendo tal direito ser limitado pela Convenção nem pelo Regimento Interno do Condomínio, sob pena de indevida interferência e restrição no direito exclusivo de propriedade do condômino sobre a sua unidade residencial".
15. TJSP – Agravo de Instrumento 2257026-11.2018.8.26.0000. Rel. José Augusto Genofre Martins: "Convenção Condominial que veda tal prática ao dispor que as unidades autônomas possuem destinação residencial – Utilização de imóvel residencial com contornos de hotelaria, em condomínio, configurando-se, tal modalidade, na prática, uma atividade com fins comerciais – Alta rotatividade de pessoas no condomínio que altera a rotina e a segurança do local, não se vislumbrando, por ora, restrição ao direito de propriedade, mas sim, medida proibitiva e protetiva do interesse geral dos moradores."; e TJRJ – Apelação 0486825-49.2015.8.19.0001. Des. Juarez Fernandes Folhes: "Direito de propriedade que não pode ser exercido de forma absoluta, em prejuízo ao sossego e segurança dos demais condôminos. Aplicação da teoria da pluralidade dos direitos limitados."

diante da dualidade legal, em qual das categorias se enquadravam as transações realizadas pelas plataformas de estadia. Tal dúvida foi, contudo, pacificada pelos acórdãos proferidos pelo STJ no REsp 1.819.075/RS, sob a relatoria do Ministro Luis Felipe Salomão, e no REsp 1.884.483/PR, sob relatoria do Ministro Ricardo Villas Bôas Cueva.

4.1 Natureza jurídica

No âmbito do REsp 1.819.075/RS, o voto divergente do Sr. Ministro Raul Araújo acabou prevalecendo sobre o do Sr. Ministro Relator Luiz Felipe Salomão.[16] Apesar de incontroversa a ausência de amparo legal típico sobre o contrato firmado por meio da plataforma, os ministros divergiram quanto à natureza residencial dessa acomodação. O entendimento que prevaleceu foi, nas palavras do Ministro Raul Araújo:

> No caso dos autos, tem-se um contrato atípico de hospedagem, expressando uma nova modalidade, singela e inovadora de hospedagem de pessoas, sem vínculo entre si, em ambientes físicos de padrão residencial e de precário fracionamento para utilização privativa, de limitado conforto, exercida sem inerente profissionalismo por proprietário ou possuidor do imóvel, sendo a atividade comumente anunciada e contratada por meio de plataformas digitais variadas.

Isso pois, relembremos o *caput* do artigo 48, da Lei de Locação, que descreve a locação por temporada como aquele contrato que é destinado a residência temporária do locatário, independentemente da razão, desde que decorram tão somente de um curto e delimitado tempo, por isso a contratação não superior a noventa dias, como suporta o seguinte trecho da ementa do REsp 1.819.075/RS:

> Os conceitos de domicílio e residência (CC/2002, arts. 70 a 78), centrados na ideia de permanência e habitualidade, não se coadunam com as características de transitoriedade, eventualidade e temporariedade efêmera, presentes na hospedagem, particularmente naqueles moldes anunciados por meio de plataformas digitais de hospedagem.

Essa distinção entre domicílio e residência[17] que atribui à locação por temporada a destinação à residência temporária do locatário, por isso caracterizada

---

16. Nas palavras do Ministro, proibir a exploração econômica do próprio imóvel afronta o direito de propriedade garantido na Constituição. A destinação econômica do apartamento não se confunde com atividade comercial. Fruto de avanços disruptivos da sociedade moderna.
17. Podemos, pois, da seguinte forma estabelecer a diferenciação entre domicílio e residência: o primeiro é conceito jurídico, criado pela própria lei e por meio do qual, para efeitos jurídicos, se presume estar presente a pessoa em determinado lugar. Residência, por sua vez, é relação de fato, é o lugar em que a pessoa habita ou tem o centro de suas ocupações. A essência do primeiro é puramente jurídica e corresponde à necessidade de fixar a pessoa em dado local; a da segunda é meramente de fato". MONTEIRO, Washington de Barros. *Curso de direito civil*: parte geral. São Paulo: Saraiva, 2005, v. 1. p. 164.

como o local em que a pessoa estabelece uma habitação[18] e, em contraste as hospedagens não são destinadas à habitação que as locações por meio dos aplicativos são caracterizadas como hospedagem.

O STJ, então, ecoando o entendimento majoritário dos Tribunais, atribuiu à relação jurídica performada por meio das plataformas digitais a natureza de hospedagem de pessoas, sem vínculo entre si, em ambientes tipicamente de residência familiar, uma vez que a demanda envolve a oferta de imóvel com a possibilidade de usufruto de serviços de hotelaria, como recepção, serviço de quarto e demais recursos que o condomínio tenha disponível, como academia, piscina e churrasqueira, conforme outro trecho da ementa do referido julgado:

> Na hipótese, tem-se um contrato atípico de hospedagem, que se equipara à nova modalidade surgida nos dias atuais, marcados pelos influxos da avançada tecnologia e pelas facilidades de comunicação e acesso proporcionadas pela rede mundial da internet, e que se vem tornando bastante popular, de um lado, como forma de incremento ou complementação de renda de senhorios, e, de outro, de obtenção, por viajantes e outros interessados, de acolhida e abrigo de reduzido custo.

No REsp 1.884.483/PR, o acórdão foi no sentido de que a disponibilização de espaços ociosos para uso de terceiros, seja de um imóvel inteiro ou de um único cômodo, pode ocorrer das mais variadas formas: por meio de plataformas digitais, por intermédio de imobiliárias, por simples panfletos afixados nas portarias dos edifícios, anúncios em classificado, entre outros. Dessa forma, o meio por qual determinado imóvel é disponibilizado para uso de terceiros não é o fator decisivo para que tal atividade seja enquadrada em um ou outro regramento legal. A disponibilização de imóveis para uso de terceiros por meio de plataformas digitais de hospedagem, a depender do caso concreto, pode ser enquadrada nas mais variadas hipóteses existentes no ordenamento jurídico, sobretudo em função da constante expansão das atividades desenvolvidas por empresas do gênero. Sendo assim, somente a partir dos elementos fáticos delineados em cada hipótese submetida à apreciação judicial – considerados aspectos relativos ao tempo de hospedagem, ao grau de profissionalismo da atividade, à destinação exclusiva do imóvel ao ocupante ou o seu compartilhamento com o proprietário, à destinação da área em que ele está inserido (se residencial ou comercial), à prestação ou não de outros serviços periféricos, entre outros – é que se afigura possível enquadrar determinada atividade em alguma das hipóteses legais, se isso se mostrar relevante para a solução do litígio.

---

18. PEREIRA, Caio Mário da Silva. *Instituições de direito civil*. 23. ed. Rio de Janeiro: Editora Forense, 2010, p. 318.

4.2 Convenção de condomínio

Para além da natureza jurídica das transações, o STJ também decidiu por atribuir às convenções de condomínio o papel de dar ao condomínio em questão uma destinação – residencial ou não – vinculante, impondo um limite ao direito individual do proprietário.

Nos conflitos jurisprudenciais entre proprietários e condomínios é comum a defesa dos direitos de vizinhança, porquanto envolvem o direito de propriedade do locador e a inobservância dos direitos ao sossego, à saúde e à segurança pelos locatários, em acinte aos demais condôminos.

Ocorre que ao mesmo tempo que em são válidos os direitos individuais dos titulares do direito de propriedade como destaca o artigo 1.228, do Código Civil,[19] também é certo dizer que o uso da propriedade é condicionado ao bem--estar social, de tal forma que os interesses particulares se sobrepõem aos direitos individuais do titular do direito,[20] de modo que os vizinhos tem o direito de fazer cessar interferências decorrentes do uso anormal da propriedade, considerado pela utilização da propriedade que ultrapasse os limites dos incômodos que devam ser tolerados pelo homem comum, penetrando na esfera do dano ao sossego, à saúde ou à segurança dos vizinhos.[21]

No que concerne à prevalência dos direitos coletivos sobre os direitos individuais,[22] parte da ementa do referido REsp 1.819.075/RS dispôs que:

> O direito de o proprietário condômino usar, gozar e dispor livremente do seu bem imóvel, nos termos dos arts. 1.228 e 1.335 do Código Civil de 2002 e 19 da Lei 4.591/64, deve harmo-

---

19. Art. 1.228. O proprietário tem a faculdade de usar, gozar e dispor da coisa, e o direito de reavê-la do poder de quem quer que injustamente a possua ou detenha.
20. "Tratando-se de interesses particulares, ou protegidos privadamente, o proprietário ou possuidor de um prédio tem direito de impedir que o mau uso da propriedade vizinha possa prejudicar a segurança, o sossego e a saúde dos que o habitam. (...) Inquilino não está, aí, por locatário, mas, exemplificativa-mente, por possuidor imediato não próprio: a ação, que nasce, nasce ao proprietário, como ao possuidor imediato não próprio; e é de entender-se que, à semelhança do proprietário, também a tem o possuidor mediato não próprio, como o locatário-sublocador, ou o usufrutuário que aluga". MIRANDA, Pontes de. *Direito das coisas*: loteamento; direito de vizinhança. Atualizado por Luciano de Souza Godoy. São Paulo: Ed. RT, 2012, p. 462.
21. CARNEIRO, Waldir de Arruda Miranda. *Perturbações sonoras nas edificações urbanas*: ruído em edifícios, direito de vizinhança, responsabilidade do construtor, indenização: doutrina, jurisprudência e legislação. Belo Horizonte: Del Rey, 2014, p. 30.
22. Considerando os direitos do proprietário do imóvel em cotejo aos direitos dos demais condôminos, Invoca-se a Teoria da Pluralidade dos Direitos para indicar a submissão da disposição do bem pelo proprietário às normas condominiais, conforme preconiza Rodrigo Karpat, trata-se da "limitação ao exercício do direito de propriedade em função da supremacia do interesse coletivo daqueles condôminos (em geral) diante do direito individual de cada condômino". KARPAT, Rodrigo. *A legalidade da locação por diária/Hospedagem nos condomínios residenciais*. Ordem dos Advogados do Brasil. São Paulo. Disponível em: https://www.oabsp.org.br/comissoes2010/direito-imobiliario/trabalhos_pareceres/Locacao%20por%20Temporada%20AIRBNB%20-1.pdf/download. Acesso em: 29 jun. 2022.

nizar-se com os direitos relativos à segurança, ao sossego e à saúde das demais múltiplas propriedades abrangidas no Condomínio, de acordo com as razoáveis limitações aprovadas pela maioria de condôminos, pois são limitações concernentes à natureza da propriedade privada em regime de condomínio edilício

Da mesma forma, o REsp 1.884.483/PR também foi no sentido de privilegiar os direitos coletivos sobre os direitos individuais, como se vê em parte da ementa do referido julgado:

> A exploração econômica de unidades autônomas mediante locação por curto ou curtíssimo prazo, caracterizada pela eventualidade e pela transitoriedade, não se compatibiliza com a destinação exclusivamente residencial atribuída ao condomínio. 10. A afetação do sossego, da salubridade e da segurança, causada pela alta rotatividade de pessoas estranhas e sem compromisso duradouro com a comunidade na qual estão temporariamente inseridas, é o que confere razoabilidade a eventuais restrições impostas com fundamento na destinação prevista na convenção condominial. 11. O direito de propriedade, assegurado constitucionalmente, não é só de quem explora economicamente o seu imóvel, mas sobretudo daquele que faz dele a sua moradia e que nele almeja encontrar, além de um lugar seguro para a sua família, a paz e o sossego necessários para recompor as energias gastas ao longo do dia.

A prevalência dos direitos coletivos se efetiva por meio da vinculação e efetividade do disposto na convenção de condomínio. Há, conforme o precedente estabelecido, a possibilidade de restrição da convenção de condomínio ao direito de dispor do proprietário de imóvel integrante de condomínio edilício com finalidade residencial. Isto posto, é permitido aos proprietários dispor de seu imóvel caso integrem condomínios que não tenham destinação residencial ou que, em havendo, não contenham vedação na convenção condominial.

Isso pois, diante das peculiaridades da relação contratual existente, há a possibilidade da convenção de condomínio proibir a disponibilização das unidades autônomas por seus proprietários em plataformas de intermediação com locatários, principalmente pela alta rotatividade de pessoas desconhecidas, tornando-as os primeiros freios regulatórios dessa atividade econômica.

Lembremos que a convenção de condomínio é um documento escrito no qual se estipulam os direitos e deveres de cada condômino,[23] devendo ser subscrita pelos titulares de, no mínimo, dois terços das frações ideais e obrigatória aos titulares e possuidores.[24] Segundo Caio Mário da Silva Pereira:[25]

---

23. GONÇALVES, Carlos Roberto. *Direito civil brasileiro*. São Paulo: Saraiva, 2006, v. V: direito das coisas p. 373.
24. Artigo 1.333, do Código Civil.
25. PEREIRA, Caio Mário da Silva. *Instituições de direito civil*. 23. ed. Rio de Janeiro: Editora Forense, 2010, p. 163.

Uma vez aprovada e registrada, a Convenção condominial torna-se obrigatória para todas os titulares de direitos sobre as unidades, bem como a todas as pessoas que, em caráter permanente ou eventual, ingressem no edifício. Assim é que, independentemente de cláusula expressa, a convenção obriga os adquirentes, promitentes ou cessionários de unidades; os locatários, comodatários ou detentores, ainda que eventuais, de unidades. E, mais ainda, a todos quantos, por qualquer motivo, ingressem na edificação.

O posicionamento jurisprudencial, pautado pelos acórdãos proferidos no REsp 1.819.075/RS, sob a relatoria do Ministro Luis Felipe Salomão, e no REsp 1.884.483/PR, sob relatoria do Ministro Ricardo Villas Bôas Cueva, afirmam que o Código Civil permite que a convenção de condomínio regularmente aprovada e registrada no Cartório de Registro de Imóveis tenha autonomia e força normativa, de acordo com seus artigos 1.333 e 1.334. Portanto, se a Convenção de Condomínio possui uma regra que estabelece o uso residencial das unidades, não é apropriado utilizá-las para outras finalidades que não sejam residenciais, de acordo com os artigos 1.332, III, e 1.336, IV do CC/2002.

Dessa forma, é possível que os próprios condôminos, em assembleia, deliberem por maioria qualificada (dois terços das frações ideais) a permissão para o uso das unidades condominiais para fins de hospedagem atípica, através de plataformas digitais ou outra modalidade de oferta, ampliando o uso além do estritamente residencial. Essa modificação pode posteriormente ser incorporada à Convenção do Condomínio.

5. CONCLUSÃO

Com o aumento do número de acordos realizados por meio de plataformas especializadas em hospedagem de curta duração, surge uma preocupação legal sobre a natureza desses contratos e a definição dos direitos e deveres de cada parte envolvida.

Em uma decisão que ecoa o posicionamento jurisprudencial majoritário, o Superior Tribunal de Justiça decide que as relações jurídicas intermediadas por sites e aplicativos para disponibilização de imóveis é considerada como uma modalidade atípica de hospedagem, resguardando-se os direitos coletivos dos condôminos em detrimento do direito de propriedade do titular do imóvel.

Há um debate sobre a natureza jurídica desses contratos, principalmente em relação à delimitação dos direitos dos condôminos em condomínios edilícios residenciais, que são afetados pela alta rotatividade de pessoas estranhas e pela falta de cumprimento das normas da convenção condominial.

Além disso, atribui à convenção de condomínio a competência para a proibição destes negócios jurídicos, contanto que o condomínio tenha finalidade exclusivamente residencial e disponha sobre tal vedação em sua redação.

Isso pois a popularidade dessas formas alternativas de hospedagem levantou discussões sobre a proteção dos direitos de terceiros, como a tranquilidade, segurança e saúde dos residentes de condomínios residenciais diante do constante fluxo de pessoas desconhecidas e da falta de atenção dos hóspedes às normas de convivência.

A Corte da Cidadania entendeu que esta limitação ao direito de propriedade pode se dar se o proprietário residir em imóvel sujeito ao regimento de condomínio edilício e caso haja proibição na convenção de condomínio. Isto posto, caso o proprietário não esteja sujeito às normas de condomínio edilício ou, caso resida, não haja vedação na convenção condominial, será facultado a ele a disposição de sua unidade autônoma através de plataformas que ofereçam serviços de intermediação para a hospedagem.

Todavia, isto não prejudica os demais condôminos que sintam seus direitos ao sossego, à saúde e à segurança desrespeitados, resguardando-se a possibilidade de questionamento da hospedagem perante o Poder Judiciário em decorrência de eventuais prejuízos ou danos causados pelo hóspede. Portanto, torna-se imprescindível à análise do caso concreto verificar a sujeição do proprietário ao regimento de condomínio edilício e a existência de vedação na convenção de condomínio.

REFERÊNCIAS

BRASIL. Superior Tribunal de Justiça. Recurso Especial 1.819.075-RS. Recorrentes: Monica Dutczak e Gyan Celah dos Santos. Recorrido: Condomínio Edifício Coorigha. Assistente: Airbnb Ireland UC. Relator: Ministro Raul Araújo. Brasília, 20 de Abril de 2021.

CARNEIRO, Waldir de Arruda Miranda. *Perturbações sonoras nas edificações urbanas*: ruído em edifícios, direito de vizinhança, responsabilidade do construtor, indenização: doutrina, jurisprudência e legislação. Belo Horizonte: Del Rey, 2014, p. 30.

DINIZ, Maria Helena. *Tratado teórico e prático dos contratos*. 5. ed. São Paulo: Saraiva: 2003. v. 3.

GONÇALVES, Carlos Roberto. *Direito civil brasileiro*. São Paulo: Saraiva, 2006. v. V: direito das coisas.

KARPAT, Rodrigo. *A legalidade da locação por diária/Hospedagem nos condomínios residenciais*. Ordem dos Advogados do Brasil. São Paulo. Disponível em: https://www.oabsp.org.br/comissoes2010/direito-imobiliario/trabalhos_pareceres/Locacao%20por%20Temporada%20AIRBNB%20-1.pdf/download. Acesso em: 29 jun. 2022.

LOUREIRO, Francisco Eduardo. In: PELUSO, Cezar (Coord.). *Código Civil Comentado*: Doutrina e Jurisprudência. Editora Manole: São Paulo, 2019.

PEREIRA, Caio Mário da Silva. *Instituições de direito civil*. 23. ed. Rio de Janeiro: Editora Forense, 2010.

REIS, Adriana Marchesini dos Reis et. al. *Lei do Inquilinato comentada artigo por artigo*: visão atual na doutrina e jurisprudência: organização Luiz Antonio Scavone Junior, Tatiana Bonatti Peres. 2. ed. Rio de Janeiro: Forense, 2017.

TAVOLARI, Bianca. NISIDA, Vitor. Entre o Hotel e a Locação: Análise Jurídica e Territorial das Decisões do Tribunal de Justiça de São Paulo sobre o Airbnb. *Revista InternetLab*. v. 1. n. 2. p. 5-30. dez. 2020. p. 5 a 30. Disponível em: https://revista.internetlab.org.br/entre-o-hotel-e-a-locacao-analise-juridica-e-territorial-das-decisoes-do-tribunal-de-justica-de-sao-paulo-sobre-o-airbnb/.

VENOSA, Silvio de Salvo. *Lei do Inquilinato Comentada*. 15. ed. São Paulo: Atlas, 2020.

ZERVAS, Georgios; PROSERPIO, Davide; W. BYERS, John. The Rise of the Sharing Economy: Estimating the Impact of Airbnb on the Hotel Industry. *Journal of Marketing Research*, 2017.

ACORDOS PROCESSUAIS NOS CONTRATOS DE LOCAÇÃO DE IMÓVEL URBANO

Jaques Bushatsky

Presidente da Comissão de Locação e Compartilhamento de Espaços do IBRADIM. Cofundador e diretor da MDDI – Mesa de Debates de Direito Imobiliário. Escritor, professor e palestrante; articulista. No SECOVI-SP é membro do Conselho Jurídico da Presidência, Diretor de Legislação da Locação, Coordenador do PQE e Pró-Reitor da Universidade corporativa. Foi procurador de São Paulo e Juiz do TIT/SP; chefiou a Procuradoria da Assembleia Legislativa de São Paulo. Coordenou a área de Locação e Compartilhamento de Espaços na Comissão de Direito Imobiliário da OAB/SP. Advogado.

E-mail: jaques@bushatsky.com.br

Sumário: 1. Inicialmente, o pressuposto na lei das locações – 2. A leitura deve evoluir, sempre, contemplando as novas relações e os novos hábitos – 3. O estímulo advindo da "declaração dos direitos de liberdade econômica" em 2019 – 4. A prudência nos ajustes remanesce imprescindível – 5. Os acordos processuais nos contratos de locação – Referências.

1. INICIALMENTE, O PRESSUPOSTO NA LEI DAS LOCAÇÕES

Ao pensarmos sobre as cláusulas contratuais que hoje a Sociedade demanda e que os novos negócios de locação imobiliária exigem, encontramos como freio básico a referência proibitiva contida no artigo 45 da Lei das locações,[1] que trata das nulidades contratuais, em específico ao dispor sobre as "cláusulas do contrato que visem a elidir os objetivos da presente lei", pois proclama a supremacia dos "objetivos da presente lei".

Ou seja, da *razão de ser* da lei há de resultar a sua perfeita aplicação e de alcançar-se sua efetiva meta e, evidentemente, se concluirá sobre a admissibilidade – ou não de determinada cláusula. Este pressuposto norteia a breve análise que se segue.

2. A LEITURA DEVE EVOLUIR, SEMPRE, CONTEMPLANDO AS NOVAS RELAÇÕES E OS NOVOS HÁBITOS

Perceba-se, a boa interpretação do dispositivo legal deve ser contemporânea. A evolução dos costumes, da tecnologia, das necessidades e dos objetivos econô-

---

1. Artigo 45: São nulas de pleno direito as cláusulas do contrato que visem a elidir os objetivos da presente lei, notadamente as que proíbam a prorrogação prevista no art. 47, ou que afastem o direito à renovação, na hipótese do art. 51, ou que imponham obrigações pecuniárias para tanto.

micos e sociais integram, obviamente, novos modos de usar a unidade imobiliária e de entender e operar o contrato de locação.

A ilustrar essa necessidade – e essa vocação – dois exemplos dentre tantos que existem, ilustram: (1º) nos condomínios edilícios desenvolve-se a mescla de usos, residenciais e não residenciais, em unidades autônomas, com franco reflexo nos contratos de locação; (2º) no dia a dia se pensa em "locações por assinatura" com um redimensionamento do período de locação, quiçá do próprio bem locado, dentre outros aspectos. Imaginável a diversidade de temas de índole processual advindos desses exemplos.

O acolhimento das novas relações econômicas (e os novos hábitos, as novas necessidades e metas de locadores e locatários, investidores imobiliários e usuários, dos novos interesses e das novas relações enfim[2]) exige, a par da elaboração de novos contratos, a leitura e a compreensão dos pactos existentes, porém de novos modos, contemporâneos e coerentes com os usos atuais, com as razoáveis cautelas, exatamente para que os interessados possam usar e gozar plenamente dos imóveis, inclusive em situações de dissenso levadas aos tribunais. Cabe a interpretação inteligente do convencionado, como o cabe do legislado.

3. O ESTÍMULO ADVINDO DA "DECLARAÇÃO DOS DIREITOS DE LIBERDADE ECONÔMICA" EM 2019

E, com maior suporte legal o artigo 45 pode ser entendido diante da Lei 13.874, de 20.09.2019, decretada com o propósito de instituir a "Declaração de Direitos de Liberdade Econômica", sempre a privilegiar a liberdade expressa nos contratos.

Essa "declaração de direitos" há de ter lembrado caminhos, não propriamente os inaugurando, mas é inegável que deu relevância a quanto se contrate; é certo que a liberdade econômica, a boa-fé, a liberdade profissional, o direito de propriedade, foram realçados como princípios norteadores de todo o arcabouço legal (art. 1º, par. 2º).

Essa inegável "norma geral de direito econômico" (art. 24, da Constituição Federal) enfatizou "a intervenção subsidiária e excepcional do Estado sobre o exercício de atividades econômicas" (art. 2º – III); previu que as "dúvidas de interpretação do direito civil, empresarial, econômico e urbanístico serão resolvidas de forma a preservar a autonomia privada, exceto se houver expressa disposição em contrário" (art. 3º – V), a par de garantir que "os negócios jurídicos empresariais paritários serão objeto de livre estipulação das partes pactuantes" (art. 3º – VIII).

---

2. Impossível neste passo esquecer Karl Marx que dizia que "O tempo é o campo do desenvolvimento humano".

A lei realçou "a intervenção mínima" e (tema que merecerá muitos estudos) até a "excepcionalidade da revisão contratual", conforme o novo parágrafo único do art. 421, do Código Civil; cujo novo art. 421 – A, faz presumir "paritários e simétricos" os "contratos civis e empresariais", tudo a enaltecer a quase absoluta liberdade de contratar. Esta é, atualmente, a lei. Com base nela é que são atualmente escritos e lidos os contratos.

Importantíssimo, o novo artigo 113, do Código Civil conduz a interpretação dos contratos – e é deles que trata o dispositivo da lei das locações – como "II – corresponder aos usos, costumes e prática do mercado relativas ao tipo de negócio", a trazer diretamente nova leitura diante das novas práticas exemplificadas; "III – corresponder à boa fé", auferível além da férrea e quiçá enganada letra; "V – corresponder a qual seria a razoável negociação [...] inferida das demais disposições do negócio e da racionalidade econômica das partes...".

Esses destaques, que não pretendem nem podem exaurir o estudo das inovações legislativas, nos conduzem a usar e ler com maior elasticidade os mencionados "objetivos da presente lei" das locações.

4. A PRUDÊNCIA NOS AJUSTES REMANESCE IMPRESCINDÍVEL

Tudo se fará com prudência: o prestígio à boa fé contratual (afastem-se de pronto as previsões maliciosas[3] ou, mesmo, safadas: seriam foco de outros estudos), à função social do contrato, do negócio, da propriedade, a submissão às cláusulas gerais do Código Civil, nada disso é novo nem foi derrogado, é e deve ser respeitado.

O que se dará será a maior abertura às novidades contratadas, sua apreciação aberta e sem preconceitos, deixando-se no passado aquele rançoso apego ao que se fez, para se olhar com boa vontade ao que se faz e ao que se fará.

Daí se viabilizar a conclusão de que diante do exato objetivo da lei, cuja elisão é especificamente proibida pelo artigo 45, a regulamentação da locação de imóveis urbanos, a disciplina do mercado e o seu pacífico desenvolvimento, em perfeita consonância com o direito constitucional e, especificamente, com a liberdade de contratar é o caminho estimulado pela Lei 13.874/19

Hoje, pode ser dito que os contratos de locação merecerão mais amplas construções intelectuais da parte de seus redatores, e permitirão – sem ranço – a

---

3. Importante – sempre, aliás – ler Sylvio Capanema de Souza (*A Lei do Inquilinato comentada*. 8. ed. Rio de Janeiro: Forense, 2012, p. 188), que com a clareza aplaudida em suas aulas, apresentou a inadequação de previsões maliciosas em contratos: "A criatividade humana imagina incontáveis fórmulas astuciosas para fraudar os objetivos da lei, fugindo às restrições por ela impostas".

expressão e o trato com segurança jurídica das novas pretensões, das novas ideias dos contratantes.

Logo, enquanto os contratos não se desviarem do norte legal – regular e desenvolver com segurança jurídica as locações, não serão abusivos. A lei dirige para o desenvolvimento eficaz, com liberdade, das relações sociais, econômicas.

Este, pensa-se, é o objetivo[4] da lei e a fronteira das cláusulas contratuais.

5. OS ACORDOS PROCESSUAIS NOS CONTRATOS DE LOCAÇÃO

Pois bem. De seu turno, o Código de Processo Civil vigente ampliou a possibilidade de as partes alterarem a marcha processual, nos litígios que versem sobre direitos que admitam a autocomposição, conforme disposto nos artigos 190 e 200 do Código de Processo Civil.[5]

Na prática, é lícito[6] que as partes, legitimamente capazes, estipulem[7] mudanças no procedimento processual, para ajustá-lo de acordo com os seus interesses e às especificidades da causa, sendo possível constituir, modificar e até mesmo excluir situações processuais (por exemplo: as partes podem convencionar que a citação ocorra exclusivamente por correspondência eletrônica; convencionar a quem incube provar determinado fato; podem renunciar à audiência de conci-

---

4. Foi, aliás, a conclusão que tentei expor em "Nulidade de cláusula em contrato de locação de imóvel urbano". *Revista dos Tribunais*. São Paulo: Ed. RT, ano 86, v. 736, p. 117, fev. 1997.
5. Essa flexibilização poderá ter previsão em lei especial, que tratará do assunto em foco especificamente nas locações não residenciais, conforme Projeto de Lei 4.571/2019, proposto pelo Senador Rodrigo Pacheco, objetivando que: "Em qualquer fase da relação de locação, os contratantes poderão estipular mudanças no procedimento judicial para ajustá-lo às especificidades da sua relação e da causa judicial e convencionar sobre os seus ônus, poderes, faculdades e deveres processuais, assim como sobre as formas de comunicação de atos, a escolha do mediador ou do conciliador, a delimitação da matéria a ser ajuizada ou sentenciada e à gradação do suporte da sucumbência, tomando, sem a elas se limitarem, como base de tais estipulações, o previsto na Lei 13.105, de 16.03.2015".
6. Luiz Rodrigues Wambier e Ana Tereza Basílio apontaram: "Mas a grande inovação do CPC de 2015 consiste em criar uma inovadora modalidade de procedimento, que podemos classificar de especialíssima: a que deriva de negócios jurídicos processuais, por convenção das partes, de modo bilateral e no plano contratual; ou, ainda, de acordo das partes, celebrado em juízo e de maneira mais complexa, para estabelecer o procedimento, no âmbito endoprocessual" (*O negócio processual*: Inovação do Novo CPC. Disponível em: https://www.migalhas.com.br/depeso/228542/o-negocio-processual--inovação--do-novo-cpc).
7. Alerte-se, como explicou Humberto Theodoro Júnior, o negócio processual não prescinde do atendimento de requisitos legais: "a alteração convencional de alguns procedimentos, alinhada ao princípio da cooperação e buscando o ajuste das especificidades da causa, exige o preenchimento dos seguintes requisitos: i) a causa deve versar sobre direitos que admitam autocomposição; ii) as partes devem ser plenamente capazes; iii) a convenção deve limitar-se aos ônus, poderes, faculdades e deveres processuais das partes (art. 190, *caput*). O ajuste pode ocorrer antes ou durante a marcha processual" (THEODORO JUNIOR, Humberto. *Curso de direito processual civil*. 59. ed., 2. reimp., rev., atual. e ampl. Rio de Janeiro: Forense, 2018, v. 1, p. 501).

liação). Farão, resguardados certos limites, as suas[8] regras, expressão inconteste de liberdade.

Essa criação, essa modalidade de acordo denominado pela jurisprudência e pela doutrina de *negócio jurídico processual*, em muito interessa aos contratos de locação, pois é por meio de uma ação judicial, por meio de um processo, que o contrato de locação terá cumprimento forçado ou a sua resolução, caso o locador e/ou o locatário deixem de observar o pacto ou a lei.

Ou seja, os processos judiciais são essenciais às locações, afinal, é através deles que se faz valer o que foi contratado e, por isso, a Lei das Locações engloba (tradicionalmente, diga-se) as regras processuais. Eles assumem o papel, de certo modo, dos estímulos ao cumprimento contratual, tal qual as multas.

Verdade que o contrato de locação que utilize das inovações legais e discipline com minúcia a relação ajustada, por óbvio permitirá maior tranquilidade na respectiva operação, até mesmo, no que diz com o negócio processual, tornando eventual ação judicial menos penosa e mais econômica, favorecendo a ambas as partes. Mas, alerta-se, as previsões deverão ser *cuidadosas e minuciosas*, evitando-se estipulações vazias, enigmáticas, que nada resolvam. Como firmado na doutrina:

> Certo é que para as partes utilizarem o novo instituto, e mais uma vez analogamente a arbitragem, é essencial a elaboração de cláusula processual "cheia", discutida amplamente durante a elaboração do contrato, contendo todas as possibilidades sopesadas pelas partes para simplificar o processo, sem desrespeitar o devido processo legal. Cláusulas processuais patológicas, que não indiquem a real vontade das partes, se perderão em inúmeras disputas quanto a sua validade e eficácia, perdendo-se o seu real interesse: um inventivo para as partes aperfeiçoarem a sua posição contratual/processual e certamente de chegarem a maior justiça possível no caso concreto.[9]

Realça-se que embora sejam possíveis esses ajustes até mesmo no início do processo judicial, será de boa cautela que os contratantes façam essa negociação quando celebrarem o contrato de locação, quando tudo está bem, o momento e as perspectivas naturalmente forem positivos. Guardadas as devidas proporções, exemplifica-se com um casamento: é mais simples e eficaz debater um pacto antenupcial no noivado, do que discutir direitos à época do divórcio.

---

8. Com muitos, evidentes e enormes limites, atendendo à angústia de Charles Gavin em "Estado Violência": "Estado violência deixem-me querer. Estado violência, deixem-me pensar. Estado violência, deixem-me sentir. Estado violência, deixem-me em paz".
9. BUSHATSKY, Daniel. Capítulo 13. Os negócios jurídicos processuais nos contratos internacionais: uma opção à arbitragem? In: OLIVEIRA, Ana Carla V. Ribeiro de; FERREIRA, Carolina Iwancow; ALARCON, Rosana Bastos. *Atualidades do Direito Internacional*: Estudos em homenagem ao Prof. Antônio Márcio Guimarães. Editora Arraes: 2016. p. 119-121.

Assim, locador e locatário poderão convencionar no contrato de locação: *(i)* a impenhorabilidade de algum bem; *(ii)* a dispensa de assistentes técnicos em caso de perícia; *(iii)* a ampliação ou diminuição de prazos processuais[10] (com parcimônia, pois já existe controvérsia na jurisprudência quanto à possibilidade de diminuição); *(iv)* o rateio ou não das despesas processuais;[11] *(v)* a admissão do crédito locatício ou do próprio imóvel a título de caução pelo Locador para suprir exigência legal à concessão de liminar; *(vi)* o ajuste de que não seja promovida execução provisória; *(vii)* a realização de mediação ou de conciliação extrajudicial prévia obrigatória, como pressuposto do ajuizamento de ação; *(viii)* a renúncia prévia à realização de audiência de conciliação (prevista no CPC); *(ix)* a disponibilização prévia da documentação (pacto de *disclosure*) que evitará documentos surpreendentes e permitirá que todos avaliem a conveniência de transações imediatas; *(x)* a estipulação de sanção negocial, aplicável em situações de inadimplemento do trato; *(xi)* a concessão de liminar em determinadas hipóteses;[12] *(xii)* a validade de procuração recíproca (por exemplo, entre sublocadora e sublocatário, entre fiador e locatário);[13] dentre outras hipóteses.

---

10. "Agravo de instrumento – Contrato de locação comercial – Embargos à execução – Decisão agravada que indeferiu o pedido de gratuidade da justiça, e recebeu os embargos sem atribuição de efeito suspensivo. Preliminar de intempestividade do recurso. Alegação dos agravados em contraminuta. Contrato de locação com cláusula de negócio jurídico processual que estipulava a contagem de prazos em dias corridos. Artigo 190, parágrafo único do CPC. Contrato firmado na modalidade adesiva, no qual cabe ao locatário aceitar ou não as cláusulas do pacto firmado pelo locador. Preliminar afastada. Tempestividade reconhecida. Justiça gratuita – Determinação de juntada de documentos comprobatórios da alegada hipossuficiência – Não atendimento pelos agravantes – Gratuidade não concedida com determinação para recolhimento das custas relativas ao processamento do recurso, sob pena de inscrição da dívida pública (...) Recurso provido em parte". (TJSP – AI 2257839-67.2020.8.26.0000, Relator: Francisco Carlos Inouye Shintate, Data de Julgamento: 31.05.2021, 29ª Câmara de Direito Privado, Data de Publicação: 31.05.2021).

11. "Agravo de instrumento. Locação. Despejo c.c. cobrança. Cumprimento de sentença. Homologação de acordo. Despesas sucumbenciais que devem ser arcadas pelos agravados-executados. Previsão expressa no acordo que os executados seriam responsáveis pelas custas processuais. Negócio jurídico processual válido. Art. 190 do CPC. Princípio da causalidade. Decisão reformada. Recurso provido" (TJSP – AI: 2214368-64.2021.8.26.0000, Relator: Ruy Coppola, Data de Julgamento: 29.11.2021, 32ª Câmara de Direito Privado, Data de Publicação: 29.11.2021).

12. "Agravo de instrumento – Ação declaratória de rescisão de contrato de compromisso de compra e venda e locação de imóvel c/c reintegração de posse. Decisão que deferiu a liminar. Insurgência. Liminar que foi prevista no contrato. Validade dessa cláusula com fundamento no art. 190 do CPC/2015. Decisão mantida. Agravo não provido". (TJSP – AI 2105948-62.2021.8.26.0000, Relator: Morais Pucci, Data de Julgamento: 29.07.2021, 35ª Câmara de Direito Privado, Data de Publicação: 29.07.2021).

13. "Agravo de Instrumento. Locação de imóvel. Despejo por falta de pagamento c.c. cobrança. Inegável o vínculo existente entre fiador e locatário e, se foram signatários de contrato que prevê procuração recíproca com poderes especiais, inclusive para receber citação, nada obsta a realização do ato em nome do fiador na pessoa do locatário, ante a existência de cláusula contratual válida neste sentido. Decisão reformada. Recurso provido". (TJSP – Agravo de Instrumento 2124986-60.2021.8.26.0000; Relator (a): Felipe Ferreira; Órgão Julgador: 26ª Câmara de Direito Privado; Foro de Marília – 4ª Vara Cível; Data do Julgamento: 30.09.2021; Data de Registro: 30.09.2021).

É claro que o rol acima é exemplificativo, sendo inúmeras as possibilidades, considerando os tipos de locação (*built to suit, shopping center* e outros), bem como a necessidade, as especificidades e interesses dos contratantes, da locação, do bem locado. Os interessados exercerão a liberdade ao ajustarem.

Por ilustração, uma questão (lembrada no rol acima) que muito atormentou e que já foi julgada, mas interessará prever: para cumprir a obrigação de caucionar "valor equivalente a três meses de aluguel" (art. 59, parágrafo 1º, da Lei das Locações) e assim obter liminar de despejo, seria possível prestar essa garantia oferecendo o próprio imóvel (isto é, sem depositar dinheiro)? Sim, já disse boa jurisprudência,[14] e mesmo aí interessará a inserção de uma boa cláusula prevendo tal garantia, evitando batalhas judiciais que embora de final previsível, sempre serão longas e dispendiosas.

Ou seja, mesmo itens já referendados pela jurisprudência merecerão contemplação no contrato, tão somente para evitar-se a oneração advinda de recursos judiciais que, malgrado tenham conclusão previsível, certamente demandarão tempo, energia, custos.

Utilizando o negócio jurídico processual, os contratantes poderão pactuar, outro exemplo, a dispensa da audiência de conciliação em despejo por falta de pagamento, ajustando que, em caso de demandas judiciais que versem sobre a falta de pagamento de aluguéis e ou encargos, visando aos princípios da celeridade e da colaboração, seja dispensada a audiência de conciliação prevista no artigo 334 do CPC, visto que a autocomposição poderá se dar diretamente entre as partes, extrajudicialmente. Tal previsão privilegia o princípio da economia processual e da duração razoável do processo, trazendo dinamismo ao processo judicial e, bem por isso tem sido constantemente utilizada, a par de motivar projeto de lei.[15]

---

14. Agravo de instrumento. Ação de despejo por falta de pagamento, cumulada com cobrança. Deferimento da medida liminar de desocupação condicionada ao oferecimento de caução. Locador que ofereceu o próprio crédito objeto da locação. Possibilidade. Recurso provido. Nos termos do art. 59, § 1º, IX, da Lei 8.245/91, a contracautela objetiva assegurar a reparação dos danos derivados de eventual revogação da tutela antecipada, garantindo o exato restabelecimento do estado anterior de coisas ou, ao menos, a compensação pelos danos causados. O locador sustenta a existência de um crédito de aluguéis de valor superior ao montante exigido a título de caução. Desse modo, inexiste razão para deixar de acolher o pleito. Convém observar que a caução pode ser real ou fidejussória e o crédito indenizatório decorrente de eventual revogação da medida poderá ser objeto de compensação. (TJSP – Agravo de Instrumento 2154933-96.2020.8.26.0000; Relator (a): Adilson de Araujo; Órgão Julgador: 31ª Câmara de Direito Privado; Foro de Ilhabela – 1ª Vara; Data do Julgamento: 21.07.2020; Data de Registro: 21.07.2020).

15. Projeto de Lei 4.287/2021, proposto pelo Deputado Carlos Bezerra, visando acrescentar parágrafo ao artigo 59, da Lei 8.245/1991, que dispõe sobre as locações dos imóveis urbanos e os procedimentos a elas pertinentes, para estabelecer que é de competência exclusiva do Judiciário a apreciação de ação de despejo.

Contudo, alerta-se que o negócio jurídico processual deve ser aplicado – a par de em obediência aos limites legais de sua aplicação[16] – à luz da boa-fé, atendendo aos requisitos de validade do artigo 104 do Código Civil, porque, do contrário, eventual macula poderá resultar no reconhecimento de abusividade por parte do Poder judiciário.

Sim, os negócios jurídicos processuais possuem limites, na lição de Alexandre Freitas Câmara:

> Não fala a lei, corretamente, em "direitos indisponíveis", mas em direitos que admitem autocomposição. É que há casos em que, não obstante a indisponibilidade do direito material, há aspectos que admitem autocomposição, como se dá em matéria de alimentos, por exemplo. Pois nestes casos os negócios processuais são admissíveis (FPPC, enunciado 135: "A indisponibilidade do direito material não impede, por si só, a celebração de negócio jurídico processual"). Em outros termos, apenas naqueles casos em que seja possível a realização de negócios jurídicos de disposição sobre o direito material é que se poderá, também, celebrar negócios processuais. Seria, por exemplo, vedada a celebração de negócios processuais em um processo cujo objeto seja o reconhecimento da prática de ato de improbidade administrativa. O negócio jurídico processual também não pode afastar posições jurídicas que sejam inerentes ao modelo processual adotado no Brasil, como se daria, por exemplo, com um negócio processual que dispensasse o contraditório ou a boa-fé (FPPC, enunciado 6: "O negócio processual não pode afastar os deveres inerentes à boa-fé e à cooperação"). Do mesmo modo, não se admite negócio processual destinado a excluir a intervenção obrigatória do Ministério Público no processo (FPPC, enunciado 254), ou a intervenção do amicus curiae (FPPC, enunciado 392).[17]

Considerando as delimitações do instituto em foco, valerá a prévia e boa consulta jurisprudencial acerca das matérias sobre as quais os contratantes pretendem celebrar acordo processual,[18] de modo que a liberdade seja exercida com segurança jurídica e eficácia, evitando posterior invalidade da cláusula negocial.[19]

---

16. Enunciado 20 do Fórum Permanente de Processualistas Civis: "Não são admissíveis os seguintes negócios bilaterais, dentre outros: acordo para modificação da competência absoluta, acordo para supressão da primeira instância".
17. CÂMARA, Alexandre Freitas. *O novo Código de Processo Civil brasileiro*. São Paulo: Atlas, 2019, p. 8.
18. Enunciado 19 do Fórum Permanente de Processualistas Civis: "São admissíveis os seguintes negócios processuais, dentre outros: pacto de impenhorabilidade, acordo de ampliação de prazos das partes de qualquer natureza, acordo de rateio de despesas processuais, dispensa consensual de assistente técnico, acordo para retirar o efeito suspensivo de recurso, acordo para não promover execução provisória; pacto de mediação ou conciliação extrajudicial prévia obrigatória, inclusive com a correlata previsão de exclusão da audiência de conciliação ou de mediação prevista no art. 334; pacto de disponibilização prévia de documentação (pacto de *disclosure*), inclusive com estipulação de sanção negocial, sem prejuízo de medidas coercitivas, mandamentais, sub-rogatórias ou indutivas; previsão de meios alternativos de comunicação das partes entre si".
19. "Ação de despejo por falta de pagamento – Negócio jurídico processual – Inobservância da boa-fé – Relação jurídica diagonal. Cláusula que previu o "negócio jurídico processual" que se limitou a prever benefícios ao locador, como a redução dos prazos, desocupação do imóvel de forma imediata e sem garantia, recursos apenas com efeito devolutivo e custeio de eventuais provas sempre pelo locatário, a quem não foi prevista qualquer garantia ou vantagem. Em verdade, não se configurou negócio processual fruto de autonomia de vontades, mas sim de um modo de afastar a aplicação da lei específica

E como já dito, em consequência, é certo que atualmente "os contratos de locação merecerão mais amplas construções intelectuais da parte de seus redatores, e permitirão – sem ranço – a expressão e o trato com segurança jurídica das novas pretensões, das novas ideias dos contratantes",[20] inclusive, como forma de prever e tentar evitar prejuízos para os contratantes, imaginando as mais diversas situações que poderão impactar a relação contratual.

Por fim, conclui-se que os ajustes processuais consistem importante evolução no ordenamento jurídico, bem como nas locações, dando força às declarações dos que são diretamente interessados no evento, sem prejuízo de serem resguardados, notadamente, os direitos indisponíveis (os quais não se poderá modificar ou eliminar) porquanto a ação adequada e o processo eficiente é o maior impulsionador dos negócios locatícios, dado que locador e locatário conseguem vislumbrar, desde as tratativas, quais são os riscos da locação e, havendo o inadimplemento contratual, qual caminho será trilhado para solucionar a lide.

Desde que o exercício da liberdade contratual resultante nos ajustes processuais leva à eficácia e ao desenvolvimento da locação imobiliária urbana, em consequência adere perfeitamente aos objetivos da lei das locações, mostrando-se, portanto, válido e eficaz.

REFERÊNCIAS

BUSHATSKY, Daniel. Capítulo 13. Os negócios jurídicos processuais nos contratos internacionais: uma opção à arbitragem? In: OLIVEIRA, Ana Carla V. Ribeiro de; FERREIRA, Carolina Iwancow; ALARCON, Rosana Bastos. *Atualidades do Direito Internacional*: Estudos em homenagem ao Prof. Antônio Márcio Guimarães. Editora Arraes: 2016.

BUSHATSKY, Jaques. A contemporânea leitura das nulidades em contratos de locação de imóvel urbano. In: ABELHA, André (Coord.). *Coletânea IBRADIM*: Estudos de direito imobiliário: homenagem a Sylvio Capanema de Souza. São Paulo: Ibradim, dezembro 2020.

BUSHATSKY, Jaques. Nulidade de cláusula em contrato de locação de imóvel urbano. *Revista dos Tribunais*. São Paulo: Ed. RT, ano 86, v. 736, p. 117, fev. 1997.

CÂMARA, Alexandre Freitas. *O novo Código de Processo Civil brasileiro*. São Paulo: Atlas, 2019.

SOUZA, Sylvio Capanema de. *A Lei do Inquilinato comentada*. 8. ed. Rio de Janeiro: Forense, 2012.

---

quando esta se mostrava desfavorável ao autor da ação de despejo ou credor dos respectivos alugueis. Cláusula que dispensa o dever de prestar caução para fins de liminar que deve ser afastada. Declaração de invalidade que pode ser feita de ofício pelo julgador. Recurso improvido". (TJSP – Agravo de Instrumento 2233478-88.2017.8.26.0000; Relator (a): Maria Lúcia Pizzotti; Órgão Julgador: 30ª Câmara de Direito Privado; Foro Central Cível – 22ª Vara Cível; Data do Julgamento: 21.03.2018; Data de Registro: 26.03.2018).

20. BUSHATSKY, Jaques. A contemporânea leitura das nulidades em contratos de locação de imóvel urbano. In: ABELHA, André (Coord.). *Coletânea IBRADIM*: Estudos de direito imobiliário: homenagem a Sylvio Capanema de Souza. São Paulo: Ibradim, dezembro 2020. p. 38-45.

THEODORO JUNIOR, Humberto. *Curso de direito processual civil*. 59. ed., 2. reimp., rev., atual. e ampl. Rio de Janeiro: Forense, 2018. v. 1.

TJSP – Agravo de Instrumento 2124986-60.2021.8.26.0000; Relator (a): Felipe Ferreira; Órgão Julgador: 26ª Câmara de Direito Privado; Foro de Marília – 4ª Vara Cível; Data do Julgamento: 30.09.2021; Data de Registro: 30.09.2021.

TJSP – Agravo de Instrumento 2154933-96.2020.8.26.0000; Relator (a): Adilson de Araujo; Órgão Julgador: 31ª Câmara de Direito Privado; Foro de Ilhabela – 1ª Vara; Data do Julgamento: 21.07.2020; Data de Registro: 21.07.2020.

TJSP – Agravo de Instrumento 2233478-88.2017.8.26.0000; Relator (a): Maria Lúcia Pizzotti; Órgão Julgador: 30ª Câmara de Direito Privado; Foro Central Cível – 22ª Vara Cível; Data do Julgamento: 21.03.2018; Data de Registro: 26.03.2018.

TJSP – AI 2105948-62.2021.8.26.0000, Relator: Morais Pucci, Data de Julgamento: 29.07.2021, 35ª Câmara de Direito Privado, Data de Publicação: 29.07.2021.

TJSP – AI 2257839-67.2020.8.26.0000, Relator: Francisco Carlos Inouye Shintate, Data de Julgamento: 31.05.2021, 29ª Câmara de Direito Privado, Data de Publicação: 31.05.2021).

TJSP – AI: 2214368-64.2021.8.26.0000, Relator: Ruy Coppola, Data de Julgamento: 29.11.2021, 32ª Câmara de Direito Privado, Data de Publicação: 29.11.2021.

WAMBIER, Luiz Rodrigues e BASÍLIO, Ana Tereza. *O negócio processual*: Inovação do Novo CPC. Disponível em: https://www.migalhas.com.br/depeso/228542/o-negocio-processual--inovação-do-novo-cpc.

ADJUDICAÇÃO COMPULSÓRIA EXTRAJUDICIAL: PASSO FIRME RUMO À DESJUDICIALIZAÇÃO E À CONCREÇÃO DE DIREITOS

Fábio de Oliveira Azevedo

Mestre em Direito Civil – UERJ. Professor da EMERJ. Professor das Pós-Graduações da PUC, FGV e UERJ. Diretor do IBRADIM-RJ. Sócio do Escritório de Advocacia Fabio Azevedo & Bragança Advogados.

E-mail: fabioazevedo@farb.adv.br

Sumário: 1. Introdução – 2. Objeto da adjudicação: promessa de compra e venda e cessão – 3. Adjudicação compulsória "efetivada extrajudicialmente" – 4. Requisitos para a adjudicação extrajudicial; 4.1 Legitimidade extrajudicial; 4.2 Instrumento de promessa de compra e venda, cessão ou sucessão; 4.3 Prova do inadimplemento; 4.4 Ata notarial (vetado); 4.5 Certidões dos distribuidores forenses; 4.6 Comprovante de pagamento do respectivo imposto sobre a transmissão de bens imóveis (ITBI); 4.7 Procuração com poderes específicos – 5. Procedimento: Provimento 150 do CJF – 6. Conclusão.

1. INTRODUÇÃO

Um recentíssimo relatório[1] divulgado pelo CNJ (Conselho Nacional de Justiça) revelou que o Poder Judiciário julgou, tão somente em 2021, o assombroso número de 26,9 milhões de processos em todo o país. Tal volume representa um significativo aumento de 11,1% em relação ao número total de casos julgados em 2020.

Para a angústia do sistema de justiça brasileiro, no mesmo período em que essa quantidade brutal de processos recebeu uma solução, iniciaram-se nada menos que 27,7 milhões novos processos judiciais, representando um crescimento de 10,4% em relação ao ano de 2020.

Para os fins desse despretensioso artigo sobre a "adjudicação compulsória extrajudicial" criada pela Lei 14.382/22, não importa a reflexão sobre as complexas razões que levam o país a ser um dos recordistas mundiais em demandas judiciais.

Parte-se do somatório realizado pelo CNJ, somente para constatar que a entrega da jurisdição, imperiosamente, precisa ser acompanhada de outros me-

---

1. Consulta ao site do CNJ e ao Relatório Justiça em números 2022 realizada em 03.09.2023 (https://www.cnj.jus.br/justica-em-numeros-2022-judiciario-julgou-269-milhoes-de-processos-em-2021/).

canismos que desestimulem a judicialização e auxiliem na solução dos conflitos em sociedade, como são as ferramentas da arbitragem (Lei 9.307/96), execução extrajudicial de dívida garantida por alienação fiduciária em garantia (Lei 9.514/07), recursos repetitivos (art. 1.036 do CPC), processo judicial eletrônico (Lei 11.419/06) e tantas outras. Inclusive, a conciliação e a mediação – que são importantes medidas ao lado de outros métodos de solução consensual de conflito – devem, por imperativo legal, ser estimuladas pelos principais atores da jurisdição (CPC/15, art. 3º, § 2º).

Soma-se a esse movimento o valoroso papel desempenhado pelos notários e registradores. Embora não sejam servidores públicos ou agentes políticos, são particulares que prestam serviço público de alta relevância para o Estado, por delegação atípica e obtida por meio de concurso público de provas e títulos.

Nesse contexto precisa ser compreendida a chamada "adjudicação compulsória extrajudicial", expandindo a atividade notarial e registral para que, colaborativamente, possa contribuir para a desjudicialização pela condução de um minucioso procedimento extrajudicial, como ocorre com os bem-sucedidos exemplos do divórcio extrajudicial, do inventário extrajudicial e da usucapião extrajudicial.

2. OBJETO DA ADJUDICAÇÃO: PROMESSA DE COMPRA E VENDA E CESSÃO

O art. 216-B da Lei 6.015/73 foi introduzido pela redação que lhe deu a Lei 14.382/22, estabelecendo que "sem prejuízo da via jurisdicional, a *adjudicação compulsória* de imóvel *objeto de promessa de venda ou de cessão* poderá ser efetivada extrajudicialmente no serviço de registro de imóveis da situação do imóvel, nos termos deste artigo".

Desse modo, é preciso, introdutoriamente, compreender a promessa de compra e venda – e as cessões que transfiram as respectivas posições contratuais – para identificar o que estará sendo adjudicado, ou seja, o objeto da adjudicação recai sobre as obrigações contraídas no âmbito desse tipo contratual.

No caso da cessão contratual (cessão da posição contratual), a rigor, o que existe é um contrato atípico (art. 425 do CC), celebrado entre cedente, cessionário e cedido, modificando subjetivamente o contrato de promessa de compra e venda. É o caso do promitente comprador que não consegue pagar as prestações ou não tem mais interesse no imóvel por alguma razão. Opta, então, por ceder sua posição contratual e tornar-se cedente (promissário comprador originário), contrato de cessão esse celebrado com o cessionário (novo promissário comprador), com a obrigatória participação do cedido (promitente vendedor) para a existência desse arranjo negocial.

Para compreender o contrato de promessa de compra e venda é necessário enxergá-lo em dupla perspectiva: *obrigacional* e *real*. Isso porque toda promessa de compra e venda cria uma relação obrigacional (contrato preliminar), só havendo a relação real (direto real à aquisição) se tal contrato preliminar for levado ao registro imobiliário, impondo-se, então, desenvolver um pouco e separadamente essas duas perspectivas.

Em *primeiro lugar*, o contrato preliminar é regulado nos arts. 462 ao 466 do Código Civil (CC), podendo ser definido como um negócio jurídico bilateral pelo qual uma (contrato preliminar unilateral), ou mais de uma parte (contrato preliminar bilateral), se compromete a celebrar um contrato definitivo.

Eis a estrutura básica: credor de um crédito, de um lado, credor de uma prestação de fazer, de outro. Prestação principal de dar para o promissário comprador, prestação de fazer para o promitente vendedor. Deveres anexos impostos pela boa-fé objetiva (proteção, lealdade, informação e cooperação). E vínculo jurídico composto por tais débitos (*shuld*) e pela responsabilidade patrimonial (*haftung*).

Vê-se que a promessa de compra e venda é uma espécie de contrato preliminar bilateral, atraindo a disciplina jurídica dos referidos artigos (arts. 462/465), com exceção do art. 466, específico para o contrato preliminar unilateral.

Dessa forma, a promessa de compra e venda, de acordo com o art. 462 do CC, precisa conter todos os requisitos do contrato de compra e venda, com exceção da forma. Por exemplo, se a compra e venda exige o consentimento do cônjuge do vendedor, por ser casado pelo regime da comunhão parcial de bens (art. 1.647 do CC), transporta-se a exigência do contrato definitivo para o contrato preliminar, de modo que a promessa de compra e venda também o exija. Se o contrato principal não exige um requisito, por sua vez, dispensá-lo-á o contrato preliminar.

Sobre a *forma* do contrato preliminar, muito embora a interpretação do art. 462 do CC não exija a escritura pública, em regra obrigatória para a compra e venda imobiliária, é preciso lembrar que a promessa de compra e venda pode – *rectius*: deve – ser "celebrada por *instrumento público ou particular*", conquanto assim preveja o art. 1.417 do CC.

Esse art. 1.417 do CC, ao permitir a utilização do instrumento particular para a realização de negócio jurídico aquisitivo do direito real à aquisição, revela-se uma exceção, expressamente prevista pela regra do art. 108 do CC. Este artigo exige escritura pública para a aquisição de direitos reais sobre imóveis de valor superior a trinta vezes o maior salário mínimo vigente no país, "*não dispondo a lei em contrário*", como afirma sua parte inicial.

Em outras palavras, a regra geral em relação à forma dos atos jurídicos consiste na inexistência de forma (art. 107 do CC). De modo que, por esse artigo 107 do CC, ao menos se for considerado isoladamente, um contrato de promessa de compra e venda poderia, até mesmo, ser celebrado verbalmente. Porém, o próprio artigo 107 ressalva que a liberdade quanto à forma existe até "a lei expressamente a exigir". E a lei expressamente exige, no art. 1647 do CC, ao menos, o instrumento particular. Em suma, a possibilidade da promessa de compra e venda ser celebrada por instrumento particular é uma exceção, autorizada pelo artigo 108, e prevista pelo 1.647 do CC.

Não nos parece acertada, assim, a prática, adotada por alguns registradores imobiliários, ao se exigir que a promessa de compra e venda seja celebrada por escritura pública como requisito para o registro imobiliário. E, pela mesma razão, nos parece violar o princípio da legalidade registral eventual exigência que venha a impor a escritura pública como requisito para a adjudicação compulsória extrajudicial.

Em *segundo lugar*, sendo o contrato preliminar de promessa de compra e venda levado ao registro imobiliário, será criado o direito real à aquisição (direito do promitente comprador), ou seja, a obrigação criada pelo contrato preliminar será a *causa*, e o registro será o *modo* aquisitivo do direito real (art. 167, "9", da Lei 6.015/73).

3. ADJUDICAÇÃO COMPULSÓRIA "EFETIVADA EXTRAJUDICIALMENTE"

Como visto no capítulo anterior, o contrato preliminar de promessa de compra e venda cria uma relação jurídica obrigacional. Seu objeto consiste na emissão de uma declaração de vontade, de forma que promitente comprador e promissário vendedor se comprometem a externar a vontade necessária à celebração do contrato definitivo de compra e venda.

Cria-se uma obrigação de fazer peculiar, já que a conduta a ser praticada não consiste em um comportamento positivo qualquer (fazer), mas um comportamento específico, um *fazer específico*, consistente em emitir declaração de vontade necessária à celebração do contrato definitivo.

Por esse motivo a jurisprudência do Egrégio STJ, ao contrário do que entendia a jurisprudência do Egrégio STF,[2] se consolidou no sentido de que a ausência de

---

2. O STF julgou essa questão até a CF/88, quando foi criado o STJ. Essa orientação constou da *Súmula 167* ("não se aplica o regime do Decreto-Lei 58, de 10.12.1937, ao compromisso de compra e venda não inscrito no registro imobiliário, salvo se o promitente vendedor se obrigou a efetuar o registro), *Súmula 168* (Para os efeitos do Decreto-Lei 58, de 10.12.1937, admite-se a inscrição imobiliária do compromisso de compra e venda no curso da ação) e *Súmula 413* (O compromisso de compra e venda de imóveis, ainda que não loteados, dá direito à execução compulsória, quando reunidos os requisitos legais). Como o CC/02 é fruto de um projeto criado em 1975 (Projeto 634-B), essa posição acabou

registro da promessa de compra e venda – hipótese em que não existe um direito real, repita-se, mas apenas uma relação obrigacional – não impossibilita a adjudicação compulsória, por ser, a adjudicação compulsória, uma ação de natureza pessoal[3] e não real, na qual o credor pretende o cumprimento da obrigação. E, caso haja recusa, pode-se pretender a substituição da vontade do devedor em mora por uma decisão judicial com efeitos assemelhados.

Nessa mesma linha, para que não pairassem dúvidas sobre o tema, o vetado § 2º do art. 216-B da Lei 6.015/73 pretendia deixar claro que "o deferimento da adjudicação *independe de prévio registro* dos instrumentos de promessa de compra e venda ou de cessão e da comprovação da regularidade fiscal do promitente vendedor". De todo modo, apesar do criticável veto parcial ao projeto de lei, esse raciocínio nos parece dever ser, forçosamente, respeitado e imprimido no procedimento registral.

O art. 501 do CPC confere a solução processual para a substituição, no caso de adjudicação judicial, ao prever que "na ação que tenha por objeto a emissão de declaração de vontade, a sentença que julgar procedente o pedido, uma vez transitada em julgado, *produzirá todos os efeitos da declaração não emitida*." E tal solução, agora no campo extrajudicial, é dada pelo equivalente § 3º do art. 216-B, da Lei 6.015/73.

Veja-se em que consiste a adjudicação compulsória judicial: uma demanda que busca obter um provimento judicial que produza os mesmos efeitos que seriam produzidos se a parte recalcitrante cumprisse, voluntariamente, sua obrigação de celebrar o contrato definitivo. No caso da promessa de compra e venda, a sentença equivale à própria compra e venda, com todas as suas recalcitrâncias, isto é, se a compra e venda, por exemplo, deveria ser registrada para criar o direito real, igualmente deverá ser registrada a sentença judicial.

Do mesmo modo, e com as mesmas limitações que tem a sentença judicial, ocorrerá o ato extrajudicial conclusivo do procedimento de adjudicação extrajudicial, emitido por um oficial de registro e não por um juiz, de modo que o registrador "procederá ao registro do domínio em nome do promitente comprador, servindo

---

influenciando a literalidade do art. 1.418 do CC, que exige o registro para a adjudicação. Esse aspecto histórico é corrigido por interpretações que consideram o registro mero fatos de eficácia em relação a terceiros, embora dispensável para a eficácia entre as partes. Vide os Enunciados da I Jornada de Direito Civil do CJF, números 30 (A disposição do parágrafo único do art. 463 do novo Código Civil deve ser interpretada como fator de eficácia perante terceiros) e 95 (O direito à adjudicação compulsória (art. 1.418 do novo Código Civil), quando exercido em face do promitente vendedor, não se condiciona ao registro da promessa de compra e venda no cartório de registro imobiliário (Súmula 239 do STJ)".

3. Súmula 239 do STJ: "O direito à adjudicação compulsória não se condiciona ao registro do compromisso de compra e venda no cartório de imóveis".

de título a respectiva promessa de compra e venda ou de cessão ou instrumento que comprove a cessão".

Pense-se, por exemplo, na seguinte situação: A promete vender um imóvel para B. Deslealmente, porém, A vende para C em seguida, pois este se ofereceu para pagar um valor mais alto que o estipulado pela promessa de compra e venda. Então, C registra o seu contrato de compra e venda e adquire a propriedade do imóvel. Nesse caso, o registrador com atribuição (situação do imóvel) saberá, pelo histórico contido na matrícula, que o bem já foi vendido e indeferirá o requerimento de adjudicação compulsória, devendo eventual prejuízo ter sua reparação buscada judicialmente.

Mas, se o imóvel ainda se encontrar no patrimônio de A, o descumprimento do contrato preliminar, que poderia ser substituído por uma decisão judicial (adjudicação compulsória judicial), também o será por ato do registrador imobiliário, realizando-se aquilo que o caput do art. 216-B denomina como ser "efetivada extrajudicialmente" (adjudicação compulsória extrajudicial).

4. REQUISITOS PARA A ADJUDICAÇÃO EXTRAJUDICIAL

4.1 Legitimidade extrajudicial

De acordo com o § 1º do art. 216-B da Lei 6.015/73, são legitimados para requerer a adjudicação compulsória as partes da promessa de compra e venda, sejam elas originárias ou sucessoras (cessão da promessa).

Muito embora, na prática, seja comum a adjudicação compulsória judicial ajuizada pelo promissário comprador, por ser a mora atribuída usualmente ao promitente vendedor, nada impede que ocorra a situação inversa, ou seja, o promissário comprador, por alguma razão – dívidas, divórcio, entre tantas outras – não queira celebrar o contrato definitivo de compra e venda. Afinal, são substituições de vontade da parte em mora, o que não pode ficar restrito apenas à mora do promitente vendedor, devendo se estender ao promissário comprador.

Manter o bem objeto da promessa de compra e venda no patrimônio do promitente vendedor revela-se situação paradoxal, especialmente quando o contrato foi cumprido pelo promissário comprador, com o pagamento do preço. Primeiro, porque o conteúdo da propriedade foi esvaziado, especialmente quando a posse foi transmitida e o contrato registrado, retirando do proprietário registral o exercício das faculdades de usar, fruir dispor e reaver que compõem a propriedade (art. 1228 do CC). Segundo, porque pode continuar a recair sobre o promitente vendedor a responsabilidade pelo pagamento de tributos que incidam sobre o bem. Pode haver reflexos e inconsistências no balanço patrimonial do promitente vendedor. Há risco de penhora por dívidas do promitente vendedor e consequente evicção, dentre outras situações diversas e indesejadas por aquele que não possui mais interesse na propriedade esvaziada pela quitação do contrato de promessa de compra e venda.

Nesse caso, provado que o promissário comprador quitou o preço e cumpriu todas as suas obrigações, mas se recusa a celebrar o contrato definitivo apesar de notificado para esse fim, poderá o promitente vendedor, invertendo a situação que usualmente ocorre na prática, iniciar ele próprio o procedimento de adjudicação extrajudicial.

Por se tratar de iniciativa pela qual o cidadão busca o Estado para executar um contrato descumprido por uma das partes, torna-se essencial que o pretendente seja assistido por advogado, considerado "indispensável à administração da justiça" (art. 133 da CF e art. 2º da Lei 8.906/94).

Inclusive, o art. 1º, § 2º-A, da Lei 8.906/94, reconhecendo a possibilidade de postulações judicial e administrativa – espécies do gênero *postulação*, privativo da advocacia para o art. 1º da Lei 8.906/94 –, previu que "no processo administrativo, o advogado contribui com a postulação de decisão favorável ao seu constituinte, e os seus atos constituem múnus público".

Essa postulação administrativa, obrigatoriamente realizada por advogado, é uma exigência que o art. 216-B, § 1º, toma o cuidado de prever expressamente, sobretudo pelos inúmeros pressupostos jurídicos que precisam ser observados, de modo que ao registrador imobiliário cabe a serenidade e equidistância necessárias para que ocorra a imparcialidade, senão igual, ao menos semelhante àquela imposta à magistratura.

4.2 Instrumento de promessa de compra e venda, cessão ou sucessão

Prevê o inciso I do art. 216-B três situações muito distintas, ou seja, postulações realizadas pelo (i) promitente comprador, (ii) cessionário ou promitente cessionário e (iii) sucessores.

Na *primeira situação*, o pretendente apresentará o contrato de promessa de compra e venda para iniciar o procedimento de adjudicação compulsória extrajudicial. Esse negócio jurídico poderá ser celebrado por instrumento público ou particular, como se explicou acima, observados os arts. 462 ao 465 do CC. E o registro imobiliário prévio será desnecessário.

Na *segunda situação*, uma das partes – habitualmente o promissário comprador – resolve ceder sua posição contratual para outra, que sucede a anterior no contrato e assume todos os seus deveres com efeitos *ex nunc*. Desse modo, se parte do preço era devido, referente a parcelas anteriores a cessão contratual, tal responsabilidade recairá sobre o cedente e não sobre o cessionário, a recomendar, como ocorre na prática, a adoção de redobrada cautela e, eventualmente, renegociação pelo cedido (promitente vendedor).

Se houver sucessivas cessões contratuais, bastará que o cessionário atual compareça. Por exemplo, "A" promete vender para "B", que cede sua posição para "C", este para "D", que por sua vez cede para "E". Neste caso, "E" será o promitente comprador, de modo que só caberá ao promissário comprador "E" e ao promitente vendedor "A" figurarem no procedimento da adjudicação extrajudicial. Isso, simplesmente, porque os demais ("B", "C" e ""D") deixaram de ser partes e tornaram-se estranhos à relação contratual, devendo, quando muito, caso já não tenha sido feito, determinado o registro dessa cadeia de cessões para reverenciar o princípio da continuidade registral.

Diferente ocorre com a *promessa de cessão*, também prevista no dispositivo comentado. Seria a hipótese, utilizado o mesmo exemplo acima, de "A" prometer vender para "B". Por sua vez, este *promete ceder* – não cede, diz que cederá – sua posição para "C" (porque o preço é pago parceladamente, como é muito comum). Este, então, promete ceder sua posição para "D". Neste caso, pensamos que "D", por ainda não ocupar a posição de promitente comprador de "B", precisa notificar todos na cadeia, para que, então, possa alcançar a posição de "B" e adjudicar extrajudicialmente.

Na *terceira situação*, uma das partes do contrato preliminar falece. Nesse caso, a posição contratual de promissário comprador ou promitente vendedor será objeto de sucessão – mortis causa e não inter vivos, como se dá na cessão contratual – e tal posição se juntará à universalidade de direito denominada espólio. No curso do inventário, ao espólio caberá exigir o cumprimento do contrato preliminar ou ser exigido, se o falecido for o promitente vendedor. Concluído o inventário e extinto o espólio, a legitimidade passará a ser dos próprios sucessores do de cujus, em geral os seus herdeiros.

4.3 Prova do inadimplemento

De acordo com o inciso II do art. 216-B, existe um procedimento prévio à adjudicação extrajudicial. Com a mora de uma das partes do contrato preliminar, o credor deverá solicitar ao registrador imobiliário – atribuição delegável ao oficial de registo de títulos e documentos – que promova a notificação do devedor (promitente vendedor ou promissário comprador, conforme o caso), para que este celebre o contrato definitivo de compra e venda no prazo de 15 dias.

Na promessa de compra e venda a mora do promitente vendedor se caracteriza como *ex persona*, ou seja, exige sua prévia interpelação para que pague as parcelas em aberto, sem o que não ocorrerá a mora imediatamente (Decreto-Lei 745/69), como é a regra geral do CC (art. 397 do CC – "Dies interpellat pro homine").

Não se confundem as duas hipóteses. O que deseja o legislador no inciso II do art. 216-B é a notificação específica para o cumprimento do dever de celebrar o contrato definitivo, de modo a caracterizar a recusa de uma das partes e viabilizar uma situação análoga à necessidade judicial, ou seja, a demonstração do que se poderia denominar como "interesse procedimental extrajudicial".

4.4 Ata notarial (Vetado)

Pela redação original do inciso III do art. 216-B da Lei 6.015/73, deveria ser necessário juntar ao procedimento de adjudicação extrajudicial uma ata notarial de atribuição do tabelião de notas e ofício, contendo o seguinte: i. descrição do imóvel; ii. identificação e qualidade jurídica das partes; iii. prova do pagamento do preço; iv. descumprimento da obrigação de celebrar o contrato definitivo.

Em primeiro lugar, com relação ao pagamento do preço, é preciso que inexista controvérsia em relação ao valor devido. E isso porque as questões controvertidas precisam e devem ser levadas para o Poder Judiciário. Desse modo, se a parte discorda do valor de uma dívida ou até mesmo da exigibilidade de uma prestação em razão da prescrição, essa divergência só poderá ser solucionada pelo Poder Judiciário, devendo ser indeferido o pedido de adjudicação extrajudicial pelo oficial de registro imobiliário, uma vez comunicado pela parte sobre essas questões.

Sobretudo, no exemplo da prescrição, porque esta não extingue o direito subjetivo de crédito, mas sua exigibilidade (pretensão, pelo art. 189 do CC, a permitir a alegação da prescrição como exceção), de modo que o promitente vendedor pode, perfeitamente, alegar que o promissário comprador ainda o deve e não o pagou, daí porque não celebrou o contrato definitivo de compra e venda. Por sua vez, o promissário comprador pode advogar a tese de que o credor pretende, por via obliqua, atribuir à sua obrigação uma exigibilidade já extinta pela prescrição, alegando-a como defesa no procedimento, embora o CC preveja a lógica de que "a exceção prescreve no mesmo prazo em que a pretensão" (art. 190 do CC). Esse imbróglio dogmático só pode ser resolvido pelo Judiciário, jamais pelo registrador imobiliário.

Descrever e identificar um imóvel, por sua vez, sobretudo quando a matrícula é aberta pelo próprio registrador imobiliário que conduzirá o procedimento de adjudicação compulsória extrajudicial, parece ser um custo e uma burocracia desnecessária. O mesmo se diga da qualificação das partes e até mesmo o pagamento do preço, se o promitente comprador tem os recibos de pagamento e pode exibi-los ao registrador imobiliário.

4.5 Certidões dos distribuidores forenses

No inciso IV, exigem-se "certidões dos distribuidores forenses da comarca da situação do imóvel e do domicílio do requerente que *demonstrem a inexistência de litígio* envolvendo o contrato de promessa de compra e venda do imóvel objeto da adjudicação".

Isso porque, como visto acima, a desjudicialização utilizando a atividade notarial e registral deve ficar restrita aos casos em que não há profundas divergências sobre a situação de fato que é submetida à apreciação do delegatário.

Já tendo sido judicializada a divergência, não caberá o procedimento extrajudicial. Igualmente, mesmo em não havendo ação judicial em curso, de acordo com as informações das certidões que forem apresentadas, pensamos que eventual notificação extrajudicial ao registrador que apresente argumentos sólidos também deve obstar o procedimento extrajudicial. Se for o caso de insistência do registrador, o interessado, inclusive, poderá obter uma decisão liminar em procedimento de tutela provisória de urgência – eventualmente, até tutela de evidência – antecedente ou cautelar (art. 294 do CPC).

4.6 Comprovante de pagamento do respectivo Imposto sobre a Transmissão de Bens Imóveis (ITBI)

Muito embora o pagamento do ITBI não possa ser exigido na promessa de compra e venda, de acordo com o Egrégio STF (Tema 1.124) e o STJ (AgInt no Agravo em Recurso Especial 1.760.009 – SP), o dispositivo pode gerar controvérsia porque até mesmo a adjudicação precisa ser levada ao registro imobiliário.

Apesar de o direito tributário escapar do escopo desse artigo, a decisão judicial ou administrativa de adjudicação produz os mesmos efeitos do contrato definitivo (compra e venda) e não dispensa o registro imobiliário, momento no qual a propriedade é transferida (art. 1.245 do CC), sendo esse, portanto, o fato gerador do ITBI (transmissão da propriedade e não formação do título causal apto a permitir o modo aquisitivo registral).

4.7 Procuração com poderes específicos

Como visto há pouco, sendo a postulação judicial e administrativa uma atividade privativa do advogado, sua atuação deve ser feita com a outorga de poderes de representação, o que ocorre pela assinatura do instrumento do mandato (procuração).

Prevê a legislação mais um caso de poderes que exigem outorga específica, nesse caso devendo a procuração conter poderes para o advogado requerer a adjudicação compulsória extrajudicial ao registrado com atribuição, qual seja o da localização do imóvel.

5. PROCEDIMENTO: PROVIMENTO 150 DO CJF

Em 11.09.2023, o Código Nacional de Normas da Corregedoria Nacional de Justiça do CNJ – Foro Extrajudicial, recém-criado pelo provimento 149 em 30/08/23, sofreu modificações imprimidas pelo provimento 150 do CJF e criou algumas regras procedimentais para a adjudicação compulsória extrajudicial.

Resumam-se as fases do procedimento:

i. Requerimento de instauração do procedimento: petição dirigida ao registrador imobiliário física ou eletronicamente (SERP) com os requisitos (à semelhança de uma petição inicial) do art. 440-L e 440-M (inclui a ata notarial), gerando a prenotação, termo a partir da qual se fixará o marco da adjudicação;

ii. Notificação: preenchidos os requisitos, o registrador, que preside o procedimento, deferirá a notificação, contendo os requisitos do art. 440-S, com o prazo de 15 dias úteis para responder, contado do primeiro útil seguinte à notificação, podendo o(s) requerido(s) anuir ou impugnar o pedido. Esse ato poderá ser realizado por A.R. ou delegado ao cartório de títulos e documentos. Não sendo localizado o requerido, a notificação poderá ser realizada por edital (art. 440-X).

iii. Anuência ou impugnação: por meio eletrônico, instrumento particular com firma reconhecida ou escritura pública, por declaração ao registrador imobiliário ou ao preposto responsável pela notificação (que certificará o ato), poderá ser reconhecido o direito à adjudicação compulsória. De todo modo, se apesar da anuência, não houver providências concretas para a celebração do contrato definitivo, deverá o procedimento seguir o seu curso regular. Por sua vez, pode ser apresentada impugnação no prazo de 15 dias, como exposto acima;

iv. "Réplica": apresentada a impugnação, o oficial notificará o requerente para se manifestar sobre o ato impugnativo, no prazo de 15 dias úteis, a exemplo da réplica no processo civil, muito embora o provimento não utilize essa nomenclatura;

v. Decisão: se entender que não deve instaurar a conciliação ou a mediação dos interessados, no prazo de 10 dias após a "réplica", o registrador decidirá a impugnação para indeferi-la (fundamentando, com base no art. 440-AB) ou acolhê-la;

vi. Recurso contra a decisão que decide a impugnação: da decisão que *rejeitar a impugnação* caberá recurso pelo requerido, no prazo de 10 dias úteis e com igual prazo para a resposta do requerente. Se ocorrer o *acolhimento da impugnação*, o requerente será notificado para se manifestar em 10 dias úteis. E, caso não se impugne a decisão, o procedimento será extinto. Tal recurso será julgado pelo Poder Judiciário para o exame da procedência da impugnação, determinando-se a extinção do procedimento se for acolhida, ou seu prosseguimento caso seja indeferida.

Vii. Qualificação e registro: decidida a impugnação, anuindo o requerido ao pedido ou não havendo impugnação, o oficial de registro (i) expedirá nota devolutiva para o suprimento de exigências ou (ii) decidirá o procedimento, deferindo ou rejeitando a adjudicação, em nota fundamentada. Em caso de rejeição ou apresentação de exigência, será cabível o procedimento de dúvida previsto no art. 198 da Lei 6.015/73. Dentro de 5 dias úteis antes da lavratura do registro deverá ocorrer o pagamento do imposto de transmissão.

6. CONCLUSÃO

Da mesma forma que ocorre com o processo judicial, o procedimento extrajudicial de adjudicação compulsória se inicia por uma postulação da parte, por meio de advogado que a represente, desdobrando-se em fases e culminando com uma decisão de deferimento ou indeferimento da postulação.

Louva-se, com entusiasmo, a iniciativa do legislador com a inclusão do art. 216-B na Lei 6.015/73, por meio da alteração imprimida pela Lei 14.382/02.

Crê-se que, ao Judiciário, devem ser reservadas as causas que não podem realmente ser resolvidas sem a intervenção desse importante Poder do Estado de Direito, Republicano e Democrático brasileiro, sendo dever de todos contribuir para a criação e aperfeiçoamento dos meios de solução que dispensam a sua participação, que, repita-se, deve e precisa ser residual.

Só assim, pensamos, caminharemos para a construção de uma sociedade efetivamente "fundada na harmonia social e comprometida, na ordem interna e internacional, com a solução pacífica das controvérsias" e que busca a "igualdade e a justiça como valores supremos".

INOVAÇÃO CONTRATUAL POSSIBILITA ATUAÇÃO EM ESCALA DO SETOR PRIVADO NA PRODUÇÃO DE HABITAÇÕES DE INTERESSE SOCIAL

Mariana Moschiar Almeida

Master of Laws (LL.M.) pela University of Pennsylvania. Advogada.
E-mail: moschiar_almeida@yahoo.com.br.

Sumário: 1. Introdução – 2. Política municipal de habitação: aquisição de imóveis privados como alternativa – 3. O credenciamento como instrumento para a aquisição de imóveis privados pelo poder público; 3.1 Da flexibilidade do credenciamento; 3.2 Da modulação do credenciamento às necessidades públicas e às condições mercadológicas do setor; 3.3 Caso prático: o projeto do município de são paulo – 4. Considerações finais – Referências.

1. INTRODUÇÃO

A proposta do presente artigo surgiu a partir da análise do procedimento inédito, nomeado Projeto em Estudo, o qual foi realizado em Janeiro de 2022 pelo município de São Paulo para adquirir 40 mil unidades habitacionais futuras para serem destinadas a habitações de interesse social e que, em sua sessão de abertura, teve adesão significativa de interessados, recebendo a oferta de venda de mais de 104 mil unidades.

O instrumento de credenciamento, previsto na Lei Municipal 17.638/2021, é utilizado no Projeto em Estudo com a intenção de viabilizar a aquisição, em grande quantidade e curto período, de imóveis capazes de abastecer as políticas de habitação social do Município, possibilitando, assim, que o Poder Público atue com maior celeridade no atendimento das demandas habitacionais.

Pretende-se com este artigo demonstrar como a flexibilidade do instituto do credenciamento permitiu, ao mesmo tempo, adequação às necessidades públicas e às condições mercadológicas do setor, assegurando a criação de um procedimento inovador com amparo legal e eficiência.

Ao fim e ao cabo, evidenciar-se-á a vantagem da escolha pelo procedimento do credenciamento para operacionalizar a Política Municipal de Habitação em parceria com a iniciativa privada.

2. POLÍTICA MUNICIPAL DE HABITAÇÃO: AQUISIÇÃO DE IMÓVEIS PRIVADOS COMO ALTERNATIVA

Em recente positivação, o ordenamento municipal da cidade de São Paulo, com a intenção ampla de diversificar a provisão habitacional, reforçou a possibilidade da Administração Pública de adquirir unidades habitacionais destinadas à Política Municipal de Habitação (PMH).[1]

Instituído pela Lei Municipal 17.638/2021, o Programa Pode Entrar introduz uma série de mecanismos de incentivo à produção de empreendimentos habitacionais de interesse social a serem empregados pelo Poder Público,[2] dentre os quais a realização periódica de credenciamentos para fins da aquisição de unidades habitacionais que se enquadrem como Habitação de Interesse Social (HIS).[3]

Cumpre destacar que a legislação federal vigente resguarda, de antemão, às empresas públicas e sociedades de economia mista, a dispensa de licitação para a aquisição de imóveis para a realização de atividades intrínsecas aos seus deveres constitucionais,[4] como é o caso da Companhia Municipal de Habitação (COHAB-SP) na sua esfera de competência como operadora da Política Municipal de Habitação.[5] Não obstante, observa-se que a aquisição de imóveis para fins de destinação como habitação de interesse social ganhou novos contornos com a regulamentação proposta no âmbito do Programa Pode Entrar.

3. O CREDENCIAMENTO COMO INSTRUMENTO PARA A AQUISIÇÃO DE IMÓVEIS PRIVADOS PELO PODER PÚBLICO

Como mencionado, o presente artigo tem por finalidade demonstrar a adequação do procedimento administrativo de credenciamento como instrumento viabilizador da operacionalização da Política Municipal de Habitação em conjunto com a iniciativa privada.

Apresentado o arcabouço legal que possibilita a aquisição de imóveis como mecanismo de atendimento à PMH, serão abordados, a seguir, aspectos legais e procedimentais relevantes à modulação do credenciamento para fins da garantia do interesse público na aquisição de imóveis privados para HIS.

---

1. Lei Municipal 11.632, de 22 de julho de 1994.
2. Artigo 2º da Lei Municipal 17.638, de 9 de setembro de 2021.
3. Artigo 16º da Lei Municipal 17.638/2021, de 9 de setembro de 2021.
4. Artigo 29, inciso V da Lei Federal 13.303, de 30 de junho de 2016:
   "É dispensável a realização de licitação por empresas públicas e sociedades de economia mista: [...]
   V – para a compra ou locação de imóvel destinado ao atendimento de suas finalidades precípuas, quando as necessidades de instalação e localização condicionarem a escolha do imóvel, desde que o preço seja compatível com o valor de mercado, segundo avaliação prévia".
5. Artigo 3º da Lei Municipal 11.632, de 22 de julho de 1994.

Por fim, será também objeto do presente tópico como o credenciamento foi, especificamente, implementado no Projeto em Estudo levado a cabo pelo município de São Paulo.

3.1 Da flexibilidade do credenciamento

Dos termos normativos trazidos pela Nova Lei de Licitações, a qual institui o regime geral de Licitações e Contratos Administrativos, depreende-se que o instituto do credenciamento consiste em uma modalidade de procedimento mais abrangente, qual seja, o de chamamento público.[6]

O chamamento público é um procedimento administrativo utilizado pela Administração Pública como mecanismo para convocar parceiros para a realização de atividades de interesse público. Via de regra, o chamamento público tem como propósito credenciar as empresas ou organizações que preencham os requisitos necessários para a adequada prestação dos serviços ou execução dos projetos objeto da convocação.[7]

A natureza jurídica do chamamento público é de contrato atípico, não estando vinculado às regras procedimentais de uma licitação pública, podendo, com isso, ser estruturado de acordo com a necessidade legal da contratação desejada, resguardadas as pretensões do regime jurídico contemporâneo quanto

---

6. Artigo 6º da Lei Federal 14.133, de 1º de abril de 2021:
"Para os fins desta Lei, consideram-se: [...]
XLIII – credenciamento: processo administrativo de chamamento público em que a Administração Pública convoca interessados em prestar serviços ou fornecer bens para que, preenchidos os requisitos necessários, se credenciem no órgão ou na entidade para executar o objeto quando convocados;
7. Nesse sentido, Carvalho Filho (*Manual de Direito Administrativo*, 2016, p. 82) discorre sobre o mecanismo de chamamento público definindo-o como uma ação administrativa que serve para divulgar as atividades da Administração Pública e credenciar interessados, *in verbis*:
"Ultimamente, tem-se desenvolvido a ação administrativa denominada de "chamada pública" (também intitulada de chamamento público), por meio da qual a Administração pública edital com o objetivo de divulgar a adoção de certas providências específicas e convocar interessados para participar da iniciativa, indicando, quando for o caso, os critérios objetivos necessários à seleção. É o caso, entre outros, da convocação de interessados para credenciamento junto à Administração, ou de capacitação de comunidades para recebimento de algum serviço público, ou ainda para apresentação de projetos e programas a serem estudados por órgãos administrativos. Semelhante instrumento espelha, sem dúvida, a aplicação do princípio da publicidade, na medida em que, de forma transparente, a Administração divulga seus objetivos e permite que interessados do setor privado acorram na medida de seus interesses. [...]
Embora também se formalize por meio de edital e, lato sensu, integre o sentido de licitação, a chamada pública serve para divulgar atividades da Administração e convocar interessados do setor privado para participação. Portanto, não visa diretamente a obras, serviços ou compras, mas à seleção de credenciados, de associações civis, de autores de projetos etc., mediante a prévia e clara indicação dos critérios seletivos".

às contratações públicas, entre as quais destacam-se os princípios de legalidade, impessoalidade, moralidade, publicidade e eficiência.[8]

Em outras palavras, a Administração Pública, na seara do procedimento do chamamento público, deve garantir a divulgação e o acesso irrestrito ao edital respectivo, bem como definição de critérios objetivos para a ordenação das propostas, de modo a permitir a ampla participação e a livre concorrência entre os interessados.[9]

Assim, tem-se no credenciamento, um instrumento disponível à Administração Pública para otimizar a assertividade nas contratações complexas, uma vez que este representa via direta de comunicação com a sociedade e assegura a flexibilidade que permite que o procedimento seja desenvolvido com as especificidades necessárias à garantia do interesse público na contratação.

3.2 Da modulação do credenciamento às necessidades públicas e às condições mercadológicas do setor

Em continuidade ao exposto na seção anterior, partindo da premissa do atendimento aos requisitos constitucionais das contratações públicas, poderá a Administração Pública propor chamamentos públicos com desenhos diversos de procedimentos, cujas exigências específicas deverão guardar relação com a garantia do atendimento aos interesses públicos perseguidos na contratação futura pretendida.

Utilizando-se do recorte proposto no presente artigo, tem-se que a realização de um chamamento público destinado à aquisição de unidades autônomas em construção para atendimento à PMH deverá, necessariamente, garantir *(i)* que as unidades adquiridas sejam aptas à destinação como HIS[10] e *(ii)* que a aquisição do imóvel ocorra por preço compatível com o valor de mercado.[11]

---

8. Artigo 37 da Constituição Federal de 1988:
"A administração pública direta e indireta de qualquer dos Poderes da União, dos Estados, do Distrito Federal e dos Municípios obedecerá aos princípios de legalidade, impessoalidade, moralidade, publicidade e eficiência."
9. Nas palavras de Maria Sylvia Zanella Di Pietro, as disposições legais que historicamente implementaram a publicidade e a livre concorrência nas contratações públicas tiveram como objetivo "assegurar ao Governo um preço justo e razoável, além de permitir aos diversos empresários igual oportunidade para competirem e participarem dos negócios com o Governo".
10. O enquadramento de unidades como Habitação de Interesse Social perpassa o atendimento às legislações, códigos e normas pertinentes, tais como Lei Federal 13.146/2015, Lei Municipal 16.050/2014, Lei Municipal 16.402 2016, Lei Municipal 16.642/2017, e suas alterações, assim como as dimensões mínimas e a organização funcional dos espaços definidas nas normas ABNT NBR 15575 – Edificações Habitacionais – Desempenho e NBR 9050 – Acessibilidade.
11. Requisito para aquisição de imóveis por COHAB mediante dispensa de licitação, no âmbito de suas finalidades precípuas, conforme previsto no Artigo 29, inciso V da Lei Federal 13.303, de 30 de junho de 2016.

Assim, para resguardar o interesse público na futura contratação de compra de imóvel, impõe-se a necessidade legal de que eventual procedimento de chamamento público a ser proposto defina, de antemão, condicionantes que possibilitem assegurar a qualidade da infraestrutura das unidades a serem adquiridas, e que permitam a ocorrência de um procedimento competitivo que assegure a prática de valores de mercado.

Por outro lado, para além do atendimento aos requisitos legais, também integra o interesse público o compromisso da Administração Pública com o sucesso do procedimento, uma vez que contribui para o aproveitamento dos atos administrativos praticados e para o efetivo cumprimento das metas de atendimento habitacional.

Desta feita, analisados aspectos que de alguma forma podem contribuir para o sucesso do procedimento de compra de unidades habitacionais, depreende-se a necessidade de que o procedimento do credenciamento, em suas especificidades e complexidades, não onere a atratividade do certame, servindo-lhe, por garantia, imprimir dinâmica semelhante à praticada pelo setor imobiliário.

Entre os elementos caros ao modelo de negócio praticado nas incorporações imobiliárias para venda de unidades autônomas futuras, destaca-se, em especial, a necessidade de assegurar a perenidade da execução das obras de construção dos empreendimentos, a qual relaciona-se diretamente com a garantia de realização do fluxo de pagamento e da manutenção do poder de compra do preço de aquisição do imóvel.

Ainda no que tange às especificidades existentes no processo de aquisição imobiliária, destacam-se: (i) a necessidade da condução de auditoria documental para assegurar que a aquisição seja livre de ônus legais e patrimoniais e resguardar a boa-fé subjetiva do adquirente e (ii) a necessidade da formalização da fase compromissória, que tem por objetivo estabelecer as condições comerciais atinentes às partes no decorrer da execução das obras, até a entrega final do imóvel e a respectiva transferência da posse e propriedade.

Feitas essas considerações, a seguir será abordado, por meio da exposição da modelagem de projeto já estruturado, como se configurou, nesse caso, o credenciamento para aquisição de unidades de HIS.

A partir do que será exposto, poderá ser observado que a opção pela criação de um procedimento competitivo na fase inicial do Projeto em Estudo, propiciou garantia quanto à qualidade dos imóveis ofertados e à prática de preços de mercado, possibilitando uma economia de escala e racionalidade para sua ulterior contratualização.

No mesmo sentido, a opção do modelo em estudo pela segregação do procedimento de aquisição em fases bem delineadas e condizentes com a praxe consumerista dos procedimentos de aquisição de unidades autônomas em construção serviu para atender à dinâmica do setor e incorporar atratividade ao certame.

Assim, sob a perspectiva da Administração Pública, restará identificado que a opção pelo instituto do credenciamento mostra-se vantajosa porque permite alavancar a operacionalização da PMH, na medida em que agrega eficiência e economicidade na implementação de projetos habitacionais, ao mesmo tempo que resguarda as condições legais necessárias para atuação da Administração Pública em conjunto com a iniciativa privada no atendimento habitacional.

3.3 Caso prático: o projeto do Município de São Paulo

A despeito de outros instrumentos jurídicos aptos a viabilizar a provisão de habitação social, a figura do credenciamento foi recentemente colocada à prova pelo executivo municipal, amparada na prerrogativa legal do Programa Pode Entrar.

A seguir será abordado um projeto de credenciamento lançado pelo município de São Paulo, estruturado mediante a forma de chamamento público. Por meio da exposição da modelagem deste Projeto em Estudo, será possível vislumbrar as razões pelas quais o credenciamento se apresenta como instrumento de funcionalidade ímpar para permitir a execução de projetos habitacionais de forma conjunta com a iniciativa privada.

O Município de São Paulo publicou edital de Chamamento Público[12] no qual indicou sua intenção em comprar imóveis para serem destinados a habitações de interesse social. O referido Edital destina-se à aquisição de 40.000 imóveis residenciais individualizados, em empreendimentos inteiros e novos, cujas construções estejam finalizadas em até 24 meses da assinatura dos compromissos de compra e venda.

Trata-se do primeiro projeto público de compra direta de unidades de HIS prontas via mercado privado. O certame ocorreu em janeiro de 2023 e reuniu 72 propostas, as quais totalizaram 104.000 unidades imobiliárias ofertadas. Em que pese a atual fase do Edital, de condução do procedimento para publicação de resultados, serão analisadas, a seguir, em linhas gerais, as principais peculiaridades desse Projeto em Estudo, nos termos do que foi encartado nos documentos já publicados.

O objeto do Edital define, além do quantitativo máximo de unidades imobiliárias que se pretende adquirir, também as condições mínimas às quais tais

---

12. Município de São Paulo. Edital de Chamamento Público 01/SEHAB/2022. São Paulo, 08 de dezembro de 2022. Disponível em: https://www.prefeitura.sp.gov.br/cidade/secretarias/governo/desestatizacao_projetos/aquisicao_de_imoveis/index.php?p=343546. Acesso em: 15 mar. 2023.

unidades devem atender para que sejam passíveis de credenciamento, sendo considerados, em tal análise, tanto aspectos qualitativos quanto econômicos do objeto ofertado.

Na seara qualitativa, o Edital especifica as características físicas, estruturais e urbanísticas obrigatórias aos imóveis, dentre as quais as tipologias de tamanho e acabamentos,[13] bem como os parâmetros legais aplicáveis às Habitações de Interesse Social.[14]

Na seara econômico-financeira, para que sejam passíveis de credenciamento, o Edital prevê que os imóveis deverão ser ofertados pelo valor individual, igual ou inferior, ao limite de R$210.000,00, respeitando-se, ainda, os limites dos valores de metro quadrado praticados no distrito de localização de cada unidade.[15]

Destaca-se, ainda, dentre os aspectos de qualificação da proposta cunhados pelo Edital, a necessidade de que a oferta do participante abranja, necessariamente, a totalidade das unidades residenciais do empreendimento em construção, devendo ser atribuído à cada unidade integrante do empreendimento, preços idênticos entre si.[16]

Há, como opção da modelagem do Projeto em Estudo, a padronização do objeto do credenciamento, o que resulta na possibilidade e estímulo, a todos os interessados e em condições de igualdade, de que forneçam bens dentro dos parâmetros técnicos almejados, a preços que correspondem às expectativas e às possibilidades de remuneração do Poder Público, atendendo, assim, aos mandamentos de livre concorrência e de eficiência na contratação pública. Ademais, identifica-se na ordenação para credenciamento dos imóveis a partir de critérios objetivos, um reforço aos mandamentos de moralidade e impessoalidade na concorrência em tela.

Elencados os requisitos do objeto, o Edital passa a definir os critérios para o procedimento de credenciamento. Observa-se, então, que a etapa de credencia-

---

13. O Edital discrimina, em seu Anexo I, os Requisitos Mínimos das Unidades Habitacionais aceitas no âmbito do credenciamento, entre os quais a dimensão das unidades que devem conter entre 32 e 70m^2 e a disposição interna contendo, ao menos, 2 dormitórios e 1 banheiro.
14. Para enquadramento das unidades ofertadas como aptas à destinação como Habitação de Interesse Social, o Edital requer o atendimento aos requisitos legais respectivos e a regularidade dos mesmos perante a Prefeitura Municipal de São Paulo.
15. O Edital estabelece, em seu Anexo II, o conceito e os valores aplicáveis às Zonas de Precificação, as quais, divididas conforme os distritos da cidade de São Paulo, tem por objetivo definir a precificação do mercado atribuída, em cada área, ao valor de venda e compra de imóveis semelhantes aos objetivados no credenciamento.
16. Ao condicionar o objeto do Edital à aquisição de empreendimentos inteiros, verifica-se que o procedimento do Chamamento Público provoca a redução do número de interlocutores e gera uma economia de escala, na medida em que simplifica a auditoria documental e elimina custos de comercialização das unidades, resultando inclusive no aumento da atratividade do certame.

mento consiste em um procedimento competitivo a ser processado pela Comissão de Seleção onde, inicialmente, é verificado o cumprimento de cada proposta com os requisitos preestabelecidos de tipologia e valor máximo acima descritos e, ato seguinte, são ranqueadas as propostas válidas conforme as ofertas economicamente mais favoráveis ao Poder Público.

Para qualificação do procedimento competitivo mencionado, o Edital segmenta territorialmente o município de São Paulo em lotes, visando, assim, a priorização da aquisição de imóveis de forma homogeneizada espacialmente e a criação de um incentivo à concorrência. Ainda nessa intenção, o Edital determina a priorização da ordem do credenciamento em razão da localização dos imóveis apresentados, de forma que, no âmbito de cada lote, serão ranqueados inicialmente aquelas propostas de empreendimentos a serem construídos nos eixos de estruturação da transformação urbana e, na sequência, aqueles empreendimentos situados nas áreas remanescentes da cidade. A modelagem do chamamento público propõe, com isso, um incentivo à produção habitacional alinhada com as diretrizes do Plano Diretor Estratégico do Município.

A etapa inicial do Projeto em Estudo se encerra com a publicação, para cada um dos lotes do chamamento público, da relação dos imóveis credenciados, os quais passarão a contar com a garantia de serem adquiridos pelo município de São Paulo, desde que assegurada a manutenção das condições estabelecidas no Edital ao longo da etapa seguinte.[17]

Como se vê, o credenciamento envolve a convocação e acreditação de potenciais interessados para posterior formalização da aquisição dos imóveis pela Administração Pública, sendo incerto, neste momento, quantos e quais imóveis serão adquiridos – e até mesmo se haverá imóveis aptos à aquisição almejada. Vislumbra-se, pelos termos do Edital publicado, que a efetiva aquisição dos imóveis ocorrerá após a aprovação da auditoria imobiliária pela Comissão de Avaliação, que é condição *sine qua non* para que seja celebrado o compromisso de compra e venda, e assim formalizada a contratação pública.

---

17. A garantia de um compromisso Municipal para fins da aquisição no âmbito do Chamamento Público é, em si, uma inovação, uma vez que *benchmarks* anteriores previam ato administrativo específico e futuro para configurar o compromisso do Poder Público.
Nesse sentido, o Edital de Credenciamento 001/2022-SH-PRC-2021/00054, do Estado de São Paulo, publicado no Diário Oficial do Estado de São Paulo, em 21 de janeiro de 2022, para fins de credenciar "agentes promotores mediante apresentação de propostas de projetos, visando à sua futura contratação para atuarem no Programa de Apoio ao Crédito Habitacional – Modalidade Carta de Crédito Associativo, objeto da deliberação normativa do CGFPHIS 026, de 30 de novembro de 2021", previa a possibilidade de compra de imóvel pelo Ente Federativo, porém condicionada a ato administrativo futuro, pendente inclusive de regulamentação específica para o procedimento de celebração do contrato.

Vencida a etapa do credenciamento, o Edital prevê que uma nova composição de comissão, a Comissão de Avaliação, conduzirá uma sequência de fases preestabelecidas para a referida formalização das aquisições e entrega das unidades, fixando, de forma detalhada e compartimentada, todos os procedimentos a serem observados pelas partes em cada uma dessas fases.

São elas, a fase compromissória, que consiste na realização da auditoria documental, definição dos termos e assinatura do compromisso de compra e venda e pagamento do sinal. A fase de execução de obras, que consiste na comprovação do andamento da construção dos empreendimentos e consequente pagamento das parcelas do preço. E, por fim, a fase de entrega, que consiste na vistoria e recebimento da unidade autônoma, lavratura da escritura definitiva de venda e compra e no pagamento do saldo final do preço.

Assim, em uma visão macro, procedimentalmente o Edital se divide em dois momentos principais, uma etapa inicial de credenciamento das unidades aptas a serem adquiridas, que guarda relação com um procedimento administrativo competitivo, e uma etapa seguinte, que consistente em um procedimento faseado que replica a praxe do setor imobiliário na formalização da aquisição de unidades autônomas em construção.

Em relação à fase compromissória do Edital, destaca-se a necessidade de apresentação do registro da incorporação imobiliária com comprovação de regime de patrimônio de afetação e a aceitação, para o caso de apontamentos existentes sobre o imóvel ou o vendedor, de relatório dos advogados responsáveis pelos processos, com prognóstico e valor estimado de eventuais riscos, indicando a ausência de ônus sobre a transação pretendida. Avalia-se que a opção da modelagem pela adoção de tais aspectos ampliam a segurança jurídica da Administração Pública como adquirente de boa-fé e reduzem a atuação individualizada da Comissão de Avaliação, contribuindo, assim, para uma auditoria documental mais enxuta e eficiente.

Para além do regime de patrimônio de afetação, corrobora com a possibilidade de abreviar a qualificação dos participantes do Edital, a exigência, ainda na fase compromissória, de que o ofertante apresente seguro garantia do término das obras, atestando o integral cumprimento dos prazos e condições para alienação das unidades, bem como o ressarcimento da importância segurada.

Por seu turno, em relação à fase de execução das obras, destaca-se a criação de um mecanismo de pagamento do preço vinculado a uma instituição financeira independente, de modo a assegurar o fluxo das parcelas atrelado à demonstração do andamento do cronograma de obras.

Em maior detalhe, o Edital prevê, como condição para a assinatura do compromisso de venda e compra, a abertura de conta vinculada em instituição financeira independente onde será depositado, pela Administração Pública, a integralidade do preço de aquisição do imóvel. O desembolso das parcelas do preço de compra acompanhará o ritmo de construção das obras e será operacionalizado mediante apresentação, pelo participante à instituição financeira e Comissão de Avaliação, da comprovação de cumprimento da etapa respectiva no cronograma de obra.[18]

Assim, com o intermédio de uma instituição financeira isenta, a opção da modelagem amplia a segurança jurídica das partes no que se refere à perenidade da execução das obras de construção dos empreendimentos. Ainda no que tange à ampliação da segurança jurídica do procedimento, o Edital estabelece as principais condições comerciais aplicáveis às partes nos termos da minuta do compromisso de venda e compra que prevê, entre outros, a aplicação de correção monetária ao preço de aquisição dos imóveis e às condições para o desfazimento do negócio, definindo, de antemão, a atribuição de riscos da relação contratual, desde a execução das obras, até a entrega final do imóvel e sua respectiva transferência da posse e propriedade.

De maneira mais ampla, a análise conclui que a formatação do chamamento público cria um procedimento padrão para possibilitar à Administração Pública realizar aquisições imobiliárias simultâneas com eficiência econômica e segurança, valendo-se, para tanto, (i) da definição das tipologias de imóveis aceitas; (ii) da utilização de critérios de ponderação de preço para ordenar a concorrência de maneira a respeitar características de cada região; (iii) da padronização dos documentos a serem exigidos e dos procedimentos e prazos para avaliação dos imóveis apresentados; e (iv) da uniformização do modelo de negócio praticado pelas partes para garantir sua atratividade.

4. CONSIDERAÇÕES FINAIS

A limitação da capacidade de ação dos atores que operam a PMH evidencia um momento de busca por alternativas para fomentar o atendimento à demanda habitacional de forma célere e escalável, com a adoção de novas estruturas e modelos de contratação que perpassem o potencial produtivo da iniciativa privada.

No caso em tela verificou-se que o município de São Paulo se utiliza da prerrogativa da flexibilidade do credenciamento para permitir à COHAB implementar

---

18. O cronograma físico e financeiro da execução das obras integra os documentos a serem apresentados pelo participante para formalização do Compromisso de Compra e Venda, e deve atender à distribuição do preço de venda em até 15% de sinal, 50% em parcelas mensais fixas, 25% em parcelas semestrais atreladas às obras e 10% de saldo, contra lavratura da escritura definitiva de venda e compra. Nota-se a opção da modelagem por replicar aspectos comerciais do setor imobiliário, isentando de risco procedimental uma porção do fluxo de pagamentos, porém mantendo a vinculação ao cumprimento do cronograma de obras.

sua competência através de procedimento de chamamento público que se vale da definição de regras e garantias específicas para assegurar a compra de unidades adequadas, a preço de mercado e em prazo célere.

O Projeto em Estudo possibilita garantir a escala e celeridade pretendida via acesso ao mercado privado de imóveis com potencial de lançamento nos próximos 2 anos e, em especial, por diferir das políticas habitacionais tradicionais, que dependem da contratação direta da construção dos imóveis pelo Poder Público em que há, consequentemente, o compartilhamento do risco relativo à construção com o ente público, bem como a assunção dos trâmites inerentes às contratações públicas das obras.

A significativa participação do setor imobiliário no certame do procedimento em tela indica, como perspectiva para os próximos anos, um Poder Público consumidor, em atacado, de unidades autônomas em construção para que sejam destinadas à Habitação de Interesse Social. Espera-se, desta forma, que o Projeto em Estudo possa complementar de maneira relevante a política habitacional do Município, contribuindo, por conseguinte, para a superação do déficit habitacional.

REFERÊNCIAS

AMORIM, José Roberto Neves; ELIAS FILHO, Rubens Carmo (Coord.). *Direito imobiliário*: questões contemporâneas. Rio de Janeiro: Elsevier, 2008.

CARVALHO FILHO, José dos Santos. *Manual de Direito Administrativo*. 30. ed. rev., atual. e ampl. São Paulo: Atlas, 2016.

DALLARI, Adilson Abreu. *Aspectos jurídicos da licitação*. 6. ed. São Paulo: Saraiva, 2003.

DI PIETRO, Maria Sylvia Zanella. *Direito administrativo*. 33. ed. Rio de Janeiro: Forense, 2020. *e-book*.

PEREIRA, Caio Mário da Silva. *Condomínio e Incorporações*. 10. ed. Rio de Janeiro: Ed. Forense, 1997.

ROMARO, Eros. A Prática do Registro da Incorporação Imobiliária, peculiaridades e requisitos. In: AMORIM, José Roberto Neves; ELIAS FILHO, Rubens Carmo (Coord.). *Direito imobiliário*: questões contemporâneas. Rio de Janeiro: Elsevier, 2008. *e-book*.

SCAVONE JUNIOR, Luiz Antonio. *Direito imobiliário: teoria e prática*. 15. ed. Rio de Janeiro: Forense, 2020. *e-book*.

A FUNÇÃO SOCIAL DA PROPRIEDADE NO SÉCULO XXI: INSTRUMENTOS CONTRATUAIS COMO FERRAMENTAS POTENCIALIZADORAS

Danielle Portugal de Biazi Lamster

Doutora e Mestra em Direito pela PUCSP. Especialista em Direito dos Contratos pela Escola Paulista de Direito. Graduada em Direito pela Universidade Presbiteriana Mackenzie. Autora e coautora de obras jurídicas. Professora em cursos de pós-graduação. Advogada.

E-mail: danielle@biaziadvogados.com.br

Sumário: 1. A função social da propriedade no século XXI: primeiras reflexões – 2. A autonomia privada como ferramenta da função social – 3. Alguns modelos de fruição: contratos e o fim da ociosidade pela oferta – 4. Considerações finais – Referências.

1. A FUNÇÃO SOCIAL DA PROPRIEDADE NO SÉCULO XXI: PRIMEIRAS REFLEXÕES

O direito à propriedade e seu exercício funcionalizado vem estampado no artigo 5º, incisos XXII e XXIII da Constituição da República, direitos fundamentais que tem como premissa elementar a perspectiva de "propriedade-acesso", tal qual lecionava Luciano de Camargo Penteado.[1] Em outros termos, a propriedade inscrita na Carta Magna revela um caminho para o alcance de outros direitos constitucionais que possam envolver moradia, trabalho, proteção da família, do meio ambiente, um conjunto de elementos que entregam a dignidade fundamental aos cidadãos.

O exercício funcionalizado da propriedade, construído e reconstruído ao longo de milênios, ganhou corpo próximo ao que conhecemos hoje pelas lições de Leon Duguit,[2] na medida em que afasta o proprietário da postura passiva da titularidade representativa de privilégio e poder.

A concretização deste importante valor jurídico socializante sobre o exercício proprietário pode ser delimitado pela leitura sistemática não apenas do artigo 5º,

---

1. *Direito das Coisas*. São Paulo: Ed. RT, 2008, p. 163.
2. "O ser humano nasce integrado a uma coletividade; vive sempre em sociedade e assim considerando só pode viver em sociedade. Neste sentido, o ponto de partida de qualquer doutrina relativa ao fundamento do direito deve basear-se, sem dúvida, no homem natural; não aquele ser isolado e livre que pretendiam os filósofos do século XVIII, mas o indivíduo comprometido com os vínculos de solidariedade social". *Fundamentos do direito*. Trad. Marcio Pigliesi. São Paulo: Martin Claret, 2009, p. 29.

mas também dos artigos 182 e 187 da Constituição da República, assim como de normas especiais, tal qual o Estatuto da Terra, Estatuto da Cidade e até mesmo do Código Florestal. Tais diplomas denotam a função econômica e também socializante da propriedade.

Neste contexto é que o Código Civil brasileiro, em seu artigo 1.228 opta por descrever o que é *ser proprietário*, em outros termos, a faculdade de "usar, gozar e dispor da coisa, e o direito de reavê-la do poder de quem quer que injustamente a possua ou detenha".

Dito isso, é o mesmo Diploma Privado responsável por estabelecer entre os parágrafos seguintes que o direito de propriedade não se defere desprovido de ônus. Primeiro, determina que a titularidade desejável é aquela que se desenvolve de acordo com suas finalidades sociais e econômicas, de modo a também preservar flora, fauna, belezas naturais, equilíbrio ecológico, patrimônio histórico e artístico.

Os parágrafos subsequentes complementam o conteúdo da função social da propriedade que, *de per si*, é termo jurídico indeterminado. Assim, por exemplo, o parágrafo 2º do artigo 1.228 despretigia o exercício proprietário meramente emulativo.

Disso fica evidenciado um caráter proprietário proativo não apenas para seu bem-estar, mas de modo que o privilégio da titularidade também contribua para a construção da sociedade. Nesta medida é que o direito de propriedade se distanciou da mera apreciação *erga omnes* e ganhou função socializante que pode ser vislumbrada, construída e concretizada a partir da leitura do artigo 1.228 e seus parágrafos no Código Civil brasileiro.

É uma faculdade a ser exercida na voz ativa e que tem sido desafiada constantemente por rápidos avanços tecnológicos. Não se trata apenas de um exercício programático, não se trata apenas de um não lesar a sociedade como um todo, mas do desenvolvimento de mecanismos efetivos para a sua implementação prática, deixando de existir apenas no âmbito dos princípios e materializando-se, por exemplo, em relações contratuais inovadoras.

Tais premissas de concretização da função social balizada pelo artigo 5º, inciso XXIII da Constituição da República não estão livres de críticas. Dado o caráter de termo jurídico indeterminado,[3] a função social carece de critérios objetivos mais eficazes, inclusive quanto ao espaço de autonomia do titular, segundo o entendimento de Rachel Sztajn,[4] criando um exacerbado paternalismo e uma

---

3. ALVIM, Arruda. A função social da propriedade e os diversos tipos de propriedade, e a função social da posse. In: (ALVIM, José Manoel de Arruda; CAMBLER, Everaldo Augusto (Org.). *Estatuto da cidade*. São Paulo: Ed. RT, 2014, p. 22.
4. SZTAJN, Rachel. Função social da propriedade. *Revista de Direito Imobiliário*. São Paulo: Ed. RT, v. 85, ano 41, p. 411, jul./dez. 2018.

limitação da função social a noções que lhe são, por assim dizer, óbvias, tal qual a preservação da natureza e do patrimônio histórico e cultural.

Por esta razão, nos últimos anos, em tempos de revolução tecnológica e esgotamento de recursos naturais ocorrendo contemporaneamente, o conceito de função social da propriedade precisou revitalizar-se e incorporar novos conteúdos.

Para tanto, teorias vêm sendo desenvolvidas no sentido de racionalizar que a propriedade romana ou liberal, ainda que concebidas sob um caráter socializante, não encaixam à perfeição nos novos dilemas.[5]

Neste ponto, a propriedade funcionalizada sai dos limites "propriedade-acesso" e se encontra no "acesso-titularidade", na atividade negocial que viabiliza a efetivação do uso consciente dos imóveis, por exemplo, evitando a ociosidade, recuperando áreas subutilizadas e desenvolvendo soluções de moradia e subsistência para as mais diversas camadas sociais, não apenas como ferramenta econômica, mas também como instrumento de realização plena dos valores constitucionais.

Isso se dá com o aumento da incidência dos contratos na regulamentação das formas de fruição. O espaço limitado dos direitos reais cede para a flexibilidades das relações obrigacionais surgindo, por exemplo, estruturas de economia de compartilhamento como ferramentas eficientes na consagração da função social da propriedade.

O século XXI tem promovido a junção sistemática da função social da propriedade com a função social dos contratos. Exemplos já corriqueiros como *co-working*, *coliving* e mesmo os contratos de locação para temporada via aplicativos como Airbnb implementaram uma nova forma de aproveitamento do espaço imobiliário.

Não por acaso, Enzo Roppo previu que "dentro de um sistema capitalista avançado parece ser o contrato, e já não a propriedade, o instrumento fundamental de gestão de recursos e de propulsão da economia".[6]

Tais mecanismos, via obrigacional, criam disruptivas formas de fruição dos bens e reduzem o criticado caráter programático da função social ao aproximar, como se verá adiante, a rigidez dos direitos reais à necessária flexibilização e agilidade do mundo digital.

---

5. Vale a leitura de Orlando Gomes, ainda em 1950, criticando a dificuldade de inovar quando o tema envolve direito de propriedade: "Despe-se a propriedade tradicional das cousas de suas vestes talares, que se reconhecem fora de moda, e quando novos poderes sobre novos bens reclamam regulamentação jurídica, retira-se do museu a velha túnica dos romanos para recobrir os fatos novos. Como não e fértil a imaginação dos juristas, procuram explicar as situações novas com o auxílio do velho conceito." A evolução do direito privado e o atraso da técnica jurídica. *Revista Direito GV*. Rio de Janeiro, v. 1, n. 1, p. 129.
6. *O contrato*. Coimbra: Almedina, 2009, p. 66.

Não limitados aos direitos pessoais supra, que serão oportunamente analisados, também a função social da propriedade também tem se desenvolvido paralelamente ao conceito de bens comuns. Estes últimos, muito bem explorados pelo italiano Stefano Rodotà abrem margem para uma consciência coletiva das titularidades. Para o autor, alguns bens, dada a sua importância do ponto de vista da preservação da humanidade, merecem proteção apartada e especial.

Se de um lado novos modelos contratuais, como a economia compartilhada, oferecem uma universalidade de arranjos na fruição da propriedade pela via dos serviços ou da posse temporária; os bens comuns também comportam um melhor aproveitamento, porém dedicados ao interesse transindividual e são compreendidos por Rodotà nos seguintes termos:

> I beni comuni possono essere definiti partendo dalla considerazione che essi si caratterizzano per l'appartanenza coletiva e la sottrazione ala logica totalizante del mercato e deçça concorrenza, riguardando propriamente i beni material e immateriali indispensabili per leffettività dei diritti fondamentali, per il libero sviluppo dela personalità perché siano conservati anche nell'interesse dele generazioni future.[7]

Tais bens comuns (*commons* na prática anglo-saxã) sedimentam aspecto inovador da função social da propriedade, porém especialmente (embora não exclusivamente)[8] voltados para a leitura dos direitos humanos fundamentais.

Em síntese, a função social da propriedade que chama a atenção no século XXI pode ser compreendida incorporando a noção de acesso, não o acesso em seu sentido mais amplo, e sim, como já tivemos a oportunidade de escrever,[9] como resultado de um novo padrão de comportamento nos direitos reais implicando tanto o estudo de alguns instrumentos negociais (a exemplo da economia compartilhada), como a aplicação direta de proteções para certos bens que importem para o futuro das próximas gerações (bens comuns).

Para fins desta breve divagação, contudo, limitaremos o debate ao âmbito de alguns modelos contratuais que tem ampliado o rendimento da propriedade e potencializando, portanto, sua função social.

---

7. *Verso i beni comuni*. Le sentilelle dell'acropoli dell'anima. 2. ed. Napoli: La scuola i Pitagora, 2018, p. 36-37.
8. Embora os bens comuns pareçam conectar-se com causas como proteção do meio ambiente, das águas e até mesmo no debate da saúde sob a perspectiva da quebra de patentes de medicamentos e vacinas, não são estes seus únicos elementos. No ambiente da propriedade intelectual há as chamadas *creative commons*, licenças públicas gerais permitindo acesso à informação, educação e artes de modo mais inclusivo.
9. BIAZI, Danielle Portugal de. *Propriedade*: reconstruções na era do acesso e compartilhamento. São Paulo: Foco, 2022, p. 114.

2. A AUTONOMIA PRIVADA COMO FERRAMENTA DA FUNÇÃO SOCIAL

Uma breve busca em jornais de grande circulação demonstra graves problemas urbanísticos da atualidade. A título de exemplo, a capital do estado de São Paulo, 5ª maior cidade do mundo, conta com número aproximado de 31 mil imóveis ociosos considerando apenas o centro da capital, segundo Censo 2010,[10] ao mesmo tempo que sofre com o número aproximado de 31 mil pessoas em situação de rua.

Os números ainda poderão crescer com os resultados do último Censo, que devem ser divulgados ainda no ano de 2023. O alarmante volume de prédios sem qualquer utilidade contrasta com o déficit habitacional na metrópole e reacende as críticas ao conceito de função social da propriedade como norma de conteúdo meramente programático.

Mecanismos estatais para a redução do abandono dos bens imóveis são adotados na esfera administrativa e, embora muitas vezes onerosos, não compelem, tampouco alcançam a mudança deste padrão, especialmente no centro da capital, aqui utilizado para fins exemplificativos.

O próprio Código Civil possui ferramentas outras que visam reduzir a ociosidade e abandono de bens, como é o caso da desapropriação posse-trabalho prevista no artigo 1.228, § 4º do Diploma Privado. Na hipótese, ocupado um imóvel por um volume considerável de pessoas ali desempenhando relevante papel social e econômico, após 05 anos, o titular poderá ser submetido a uma modalidade de perda do bem pela via da desapropriação em favor dos posseiros.

Outras modalidades de perda da titularidade pelo abandono podem ser elencadas no caso das espécies de usucapião. Ocorre que, a via jurisdicional é lenta e não resolve a contento o grave problema de subaproveitamento dos bens. Nesta medida é que a autonomia privada, a partir da dinâmica de contratos típicos e atípicos, pode apresentar soluções, embora não suficientes para eliminar o problema, certamente interessantes para a redução dos danos da ociosidade imobiliária e crise habitacional.

Aqui entra a perspectiva da economia compartilhada como ferramenta da função social da propriedade no século XXI.

Conforme destaca uma das pesquisadoras do tema, a inglesa Rachel Botsman, a economia de compartilhamento promove a confiança recíproca entre os cidadãos no acesso a bens e serviços a partir de ferramentas digitais de interme-

---

10. Disponível em: https://g1.globo.com/profissao-reporter/noticia/2021/06/09/predios-abandonados-e-pessoas-em-busca-de-moradia-as-contradicoes-no-centro-de-sp.ghtml. Acesso em: 30 mar. 2023.

diação.[11] A troca, a locação e a prestação de serviços despontam como padrões socioeconômicos que atendem a sociedade por sua flexibilidade, diferentemente das balizas rígidas do direito real.

Isso fica bastante claro em análise formulada por Jeremy Rifkin, quando sugere uma visita aos padrões de comportamento dos últimos 25 anos revelando profundas mudanças no estilo de vida que impactam conceitos de propriedade, notadamente quanto ao trabalho e moradia. Para o autor, a migração da propriedade para as relações de acesso seria incontestável.[12]

Nesta medida, os contratos instrumentalizam os anseios econômicos e podem impulsionar o máximo aproveitamento imobiliário. Exemplo interessante é o *cohousing*, cujas características já foram previamente abordadas por esta autora em obra diversa como sendo

> situação em que um grupo de pessoas cria uma espécie de comunidade (vertical ou horizontal), conciliando áreas comuns e áreas privativas com intensos níveis de integração e divisão de tarefas, mais severos do que os de um condomínio regular ou edilício.[13]

Reduzem-se os custos, cria-se uma rede de apoio e promove-se o melhor aproveitamento imobiliário. A figura revela um agrupamento social que visa criar uma identidade comum, encorajando interações entre certos grupos, como ocorre no modelo *cohousing* sênior. Neste caso, a título de exemplo, um grupo de pessoas, de modo geral idosas, reúnem-se em uma estrutura imobiliária cujas áreas comuns ensejam amplo grau de convivência, restringindo-se as unidades habitacionais ao mínimo essencial. Assim, via associação, o grupo disciplina o uso de refeitório, lavanderia, salão de jogos e convivência, espaços de atendimento à saúde dos moradores, para além de regras de conduta.

Ao final, a ideia central envolve a criação de um amplo espaço de colaboração mútua, que do ponto de vista imobiliário pode ser estruturada pela pouco comentada figura do condomínio urbano simples instituído pela Lei 13.465/2017, artigos 61 a 63.

Nesta medida, o *cohousing* como fruto de deliberação contratual atende não apenas a autonomia privada, mas um modelo vanguardista de função social da

---

11. Em palestra a respeito do tema, Rachel Bostman fala sobre a mudança de paradigmas de confiança estabelecidos pela economia compartilhada. O vídeo pode ser assistido na íntegra em http://www.ted.com/talks/rachel_botsman_we_ve_stopped_trusting_institutions_and_started_trusting_strangers?language=pt-br. Acesso em: 30 mar. 2023.
12. *A era do acesso*: a transição de mercados convencionais para networks e o nascimento de uma nova economia. São Paulo: Makron Books, 2001, p. 93.
13. BIAZI, Danielle Portugal de. *Propriedade*: reconstruções na era do acesso e compartilhamento. São Paulo: Foco, 2022, p. 144.

propriedade, porque estimula a solidariedade social, preservação do meio ambiente e desenvolvimento equilibrado e projetado de espaços urbanos.

Considerando esta estrutura e o problema imobiliário brasileiro, a prefeitura de São Paulo tem dado início a um projeto bastante similar denominado Programa Reencontro, destinado à população de rua.[14] O modelo entrega casas modulares para moradia temporária de pessoas desalojadas, com unidade habitacional limitada a 18m² (quarto, cozinha e banheiro), sendo as demais áreas compartilhadas, incluindo horta, áreas de lazer, espaços para acolhimento, atendimento das pastas de saúde e emprego, acesso à rede Bom Prato e efetiva atuação social para reintegração da família à sociedade com maior autonomia após o prazo de moradia.

Vê-se, destarte, que o modelo *cohousing* previamente restrito à autonomia privada, pode inovar na gestão pública. São ideias da economia de compartilhamento que, por tamanha função social, extrapolam os limites privados e entregam maior qualidade de vida aos cidadãos em vias da máxima realização dos valores constitucionais na busca de uma sociedade livre, justa e solidária.

3. ALGUNS MODELOS DE FRUIÇÃO: CONTRATOS E O FIM DA OCIOSIDADE PELA OFERTA

A concretização da função social da propriedade pela via obrigacional, como visto anteriormente, tem efetividade não apenas no atendimento do interesse público, como também pode movimentar setores da economia. Neste sentido, valem ser mencionados alguns modelos contratuais da atualidade.

Primeiro, não é demais ressaltar a multipropriedade imobiliária, incorporada pela Lei 13.777 de 2018 como condomínio especial, mas que por décadas sobreviveu exclusivamente no âmbito contratual, lidando com as barreiras registrais.

A multipropriedade vem à doutrina pátria conceituada por Gustavo Tepedino como sendo a "relação jurídica de aproveitamento econômico de uma coisa móvel ou imóvel, repartida em unidades fixas de tempo, de modo que diversos titulares possam, casa um a seu turno, utilizar-se da coisa com exclusividade e de maneira perpétua".[15]

O regime de compartilhamento por frações de tempo, até a regulamentação em 2018, passou por excessiva resistência no Direito Registral, foi primeiramente acolhido pela doutrina na década de 90 e posteriormente pela jurisprudência do Superior Tribunal de Justiça, com o julgamento do Recurso Especial 1.546.165/

---

14. Dados do Censo 2021 antecipados à Prefeitura de São Paulo dão conta de aproximadamente 31 mil pessoas em situação de rua. Fonte: https://www.prefeitura.sp.gov.br/cidade/secretarias/governo/noticias/?p=330355. Acesso em: 30 mar. 2023.
15. TEPEDINO, Gustavo. *Multipropriedade Imobiliária*. São Paulo: Saraiva, 1993, p. 1.

SP, ao reconhecer a natureza de modalidade especial de condomínio ao ajuste, independentemente da previsão legal.

A multipropriedade, também conhecida como *time-sharing*, promove a redução da ociosidade de bens imóveis, em especial nas regiões de balneário. Com este mecanismo condominial, as partes estabelecem regras de propriedade limitadas a período de tempo, que se renova com determinada periodicidade, garantindo a ocupação permanente do imóvel e a divisão de custos, com o bônus do acesso facilitado a, por exemplo, um imóvel de lazer cujo valor individualizado seria menos atrativo.

Outros modelos, neste caso, meramente obrigacionais, que seguiram promovendo a movimentação da economia aliada ao melhor aproveitamento dos bens, são aqueles definidos por locações por temporada, como os contratos viabilizados em plataformas similares ao Airbnb.

Neste contexto típico da economia de compartilhamento, sujeitos disponibilizam imóveis para a locação em uma plataforma virtual, que cuida de aproximá-los dos pretensos locatários. A facilidade na divulgação do imóvel ganhou rapidamente o interesse de pessoas ao redor do mundo, mas ao mesmo tempo gerou uma enorme controvérsia quantos aos limites da disponibilização da unidade imobiliária em condomínios edilícios.

Como se sabe, o condomínio edilício é regulado pelas normas do Código Civil, pela Convenção e também pelo Estatuto. Na Convenção fica estabelecida a destinação do imóvel, isto é, comercial ou residencial, o que deve ser respeitado pelos condôminos sob pena de eventuais penalidades.

Com a popularização das plataformas de locação e, por sua vez, do fluxo de locatários, muitos condomínios, sob fundamento de segurança e proteção da coletividade, passaram a proibir condôminos de cederem seus imóveis em locações para temporada, justificando a oposição ao respeito ao caráter residencial da edificação. Ou seja, passou-se a instituir um limite ao direito de propriedade sob o fundamento de que a locação por métodos de econômica compartilhada implicaria em atividade comercial.

A questão foi levada ao Superior Tribunal de Justiça, julgada no ano de 2021 e, entre os pontos questionados, estava o pleno exercício proprietário *versus* o direito à limitação em prol da coletividade condominial. O Recurso Especial 1.819.075/RS não contou com votação unânime e restou vencido o Relator Luis Felipe Salomão, para quem a proibição violava o direito de propriedade do titular da unidade habitacional.

A maioria da Corte, seguindo o voto de divergência do Min. Raul Araújo, entendeu pela legalidade da fixação de regras de convivência, como a proibição de disponibilização do imóvel em plataformas de compartilhamento, com o fito de dar maior segurança e regularidade ao uso dos apartamentos.[16]

Muito embora a decisão do Superior Tribunal de Justiça relacione-se a um caso concreto, sem condão de criar efeitos *erga omnes*, é fato que a interpretação gerou precedente ainda objeto de intensas discussões entre os estudiosos do tema de direito imobiliário e economia colaborativa. Parece, contudo, com o devido respeito à posição adotada pelos Ministros, que ao chancelar a simples proibição, os condôminos são cerceados quanto a excelente oportunidade de circulação de riquezas e melhor utilização de bens imóveis, frequentemente desocupados por longos períodos. Nem se olvide que o Código Civil Brasileiro prevê inúmeras regras para punição de condômino antissocial que poderiam ser aplicáveis fossem identificados casos de abuso.

Parece, inclusive, que o legislador tem se movimentado para colaborar com o melhor aproveitamento imobiliário. Neste propósito, em 2022 foi sancionada a Lei 14.405, que entre outras atribuições, alterou o artigo 1.351 do Código Civil autorizando a mudança da convenção por voto de 2/3 dos condôminos, inclusive para estabelecer a destinação do condomínio ou de unidades imobiliárias. A regra original previa aprovação à unanimidade.

A economia colaborativa, portanto, vem propiciando novos vetores de aproveitamento dos bens imóveis, estimulando criações negociais cada vez mais inovadores na tentativa de atender ao mercado atual, como a figura do *coliving* e das ecovilas, cujas peculiaridades poderão ser aprofundadas em outras oportunidades.[17]

4. CONSIDERAÇÕES FINAIS

Com estas breves colocações, distantes da pretensão exaustiva, é possível extrair do comportamento socioeconômico atual excelentes e inovadoras fontes de realização da função social da propriedade, não apenas sob o viés da circulação de riquezas, mas também como produto de um fenômeno de acesso a maiores números de pessoas, implicando em um sistema cada vez mais livre da dicotomia público-privado. A explanação segue no sentido de concluir pela exploração da via negocial como uma ferramenta de realização efetiva dos valores constitucionais.

---

16. Acompanhando a posição do Min. Luis Felipe Salomão, tivemos a oportunidade de traçar algumas linhas sobre o tema no portal jurídico Migalhas. Disponível em: https://www.migalhas.com.br/depeso/346004/o-dilema-dos-contratos-via-airbnb. Acesso em: 30 mar 2023.
17. Tivemos a oportunidade de abordar a questão no livro *Propriedade*: reconstruções na era do acesso e compartilhamento. São Paulo: Foco, 2022.

Os desafios do mundo digital e conectado impõem agilidade na criação de soluções, neste sentido, parece que os contratos e o direito obrigacional são via adequada e eficaz na promoção da função social da propriedade no século XXI, considerando não apenas as demandas privadas, mas também transindividuais.

REFERÊNCIAS

ALVIM, Arruda. A função social da propriedade e os diversos tipos de propriedade, e a função social da posse. In: (Org) ALVIM, José Manoel de Arruda; CAMBLER, Everaldo Augusto. *Estatuto da cidade*. São Paulo: Ed. RT, 2014.

BIAZI, Danielle Portugal de. *Propriedade*: reconstruções na era do acesso e compartilhamento. São Paulo: Foco, 2022.

DUGUIT, Leon. *Fundamentos do direito*. Trad. Marcio Pugliesi. São Paulo: Martin Claret, 2009.

GOMES, Orlando. A evolução do direito privado e o atraso da técnica jurídica. *Revista Direito GV*. Rio de Janeiro, v. 1, n. 1, p. 121-134.

PENTEADO, Luciano de Camargo. *Direito das Coisas*. São Paulo: Ed. RT, 2008.

RIFKIN, Jeremy. *A era do acesso*: a transição de mercados convencionais para networks e o nascimento de uma nova economia. São Paulo: Makron Books, 2001.

RODOTÀ, Stefano et al. *Verso i beni comuni*. Le sentilelle dell'acropoli dell'anima. 2.ed. Napoli: La scuola i Pitagora, 2018.

ROPPO, Enzo. *O contrato*. Coimbra: Almedina, 2009.

SZTAJN, Rachel. Função social da propriedade. *Revista de Direito Imobiliário*. São Paulo: Ed. RT, v. 85, ano 41, p. 405-414, jul./dez. 2018.

TEPEDINO, Gustavo. *Multipropriedade Imobiliária*. São Paulo: Saraiva, 1993.

NEGÓCIO JURÍDICO PROCESSUAL EM CONTRATOS DE COMPRA E VENDA DE IMÓVEIS

Luis Arechavala

Membro da Comissão de direito urbanístico e imobiliário da OAB/RJ e da Comissão de direito condominial da OAB/RJ. Diretor acadêmico da Associação Nacional Da Advocacia Condominial (ANACON). Árbitro da Câmara de Mediação e Arbitragem Especializada (CAMES). Autor dos livros "Condomínio Edilício e suas instituições" e "Alienação de imóveis – Manual de Compra e Venda, Permuta e Doação", Ed. Lumen Juris. Advogado. Sócio fundador da Arechavala Advogados.
E-mail: luis@arechavalaadvogados.com.

Marisa Dreys

Doutoranda em Direito e Sociologia. Mestra em Antropologia. Pós-graduada em Direito Imobiliário. Membro da Comissão de Direito Condominial da ABA – Associação Brasileira de Advogados e do IBRADIM. Vice-Presidente da Comissão de Direito Imobiliário da 55ª Subseção da OAB. Advogada. Sócia do escritório Arechavala Advogados.
E-mail: marisa@dreys.adv.br.

Sumário: 1. Introdução – 2. Negócio jurídico processual; 2.1 Tipos de negócios processuais; 2.2 Necessidade ou não homologação do negócio jurídico processual – 3. Contrato de compra e venda de imóvel – 4. Negócio jurídico processual em contratos de compra e venda de imóveis – 5. Conclusão – Referências.

1. INTRODUÇÃO

A atividade jurídica é desafiadora para todos. Os escritórios são constantemente demandados por partes levando as mais diferentes causas, e a área imobiliária é um fértil campo de negócios jurídicos, objetivando o resgate, uso, gozo e disposição do bem imobiliário.

Assim é na locação, no condomínio, no arrendamento, na regularização fundiária, na incorporação, na alienação fiduciária, entre muitas outras situações envolvendo edificações, com destaque para a compra e venda – tema objeto desse artigo.

E se estamos tratando de negócios jurídicos, estamos muito próximos dos litígios, dos processos judiciais, uma vez que onde tem contrato pode haver distrato, sendo certo que todo acordo está suscetível a desacordo, descumprimento, contenda e consequentemente demanda judicial. E é aí que entra a importância dos negócios processuais.

2. NEGÓCIO JURÍDICO PROCESSUAL

Negócio jurídico processual é o negócio jurídico sobre o processo. É o negócio que tem por objeto a contenda que tramitará perante o Poder Judiciário, e não o conflito em si. Não é o problema que importa aqui, mas sim a forma como será resolvido na justiça.

Não se busca um acordo entre as partes da matéria em litígio, pois isso uma vez alcançado, extingue o processo. O processo é que será objeto da negociação. A ideia é que seja possível negociar e gerir sobre as regras do processo.

Na doutrina atual não existe unanimidade sobre o conceito de negócio jurídico processual, mas destacamos aqui a definição dada por Fredie Didier Júnior:

> fato jurídico voluntário em cujo suporte fático, descrito em norma processual, esteja conferido ao respectivo sujeito o poder de escolher a categoria jurídica ou estabelecer, dentre os limites fixados no próprio ordenamento jurídico, certas situações jurídicas processuais.[1]

No conceito de Bruno Garcia Redondo, "consiste o negócio jurídico processual em declaração unilateral ou plurilateral de vontade autorregrada, direcionada tanto à prática do ato, quanto ao seu resultado, que tenha por objeto a criação, a modificação ou a extinção de instituto de natureza processual, situação jurídica processual, relação jurídica processual ou algum aspecto do procedimento".[2]

Então, no negócio jurídico processual, o que se negocia é o processo em si. É o conjunto de atos encadeados que visa a produção de um ato final. E esta sequência envolve a petição inicial, citação, contestação, audiência e decisão, todos produzindo efeitos jurídicos a cada passo: ônus, poderes, direitos e deveres processuais. Nas palavras de Freddie Didier Júnior, o processo é a soma disso: a soma de vários atos entrelaçados com várias situações jurídicas dele decorrentes.

O tema não é novo e de acordo com o professor Haroldo Lourenço, apesar do CPC/73 não desconsiderar a vontade das partes, "não a estimulava genericamente", visto que "muito vinculado a ideia de "publicismo" do processo, em que o procedimento e relação jurídica processual deveriam ser exclusivamente controlados pela lei e pelo Estado-Juiz. O CPC/15 rompeu, significativamente, essa dogmática".[3]

Ao ampliar as possibilidades de negócio jurídico que já existiam no código anterior criando uma cláusula geral de negociação processual, o Código de Processo Civil permitiu a possibilidade de construção de um processo adequado ao

---

1. DIDIER JR., *Curso de direito processual civil*, Salvador.
2. REDONDO, Bruno Garcia. *Negócios jurídicos processuais atípicos*. Salvador: JusPodivm, 2017, p. 87.
3. Disponível em: https://www.jota.info/opiniao-e-analise/artigos/o-papel-do-advogado-no-contrato-de-locacao-e-os-negocios-juridicos-25072020.

conflito. E essa construção, baseada em experiências de mercado podem ajudar a construir o processo mais adequado a solução do problema dos envolvidos.

O negócio jurídico processual está previsto no Código de Processo Civil nos artigos 190 e 200:

> Art. 190. Versando o processo sobre direitos que admitam autocomposição, é lícito às partes plenamente capazes estipular mudanças no procedimento para ajustá-lo às especificidades da causa e convencionar sobre os seus ônus, poderes, faculdades e deveres processuais, antes ou durante o processo.
>
> Parágrafo único. De ofício ou a requerimento, o juiz controlará a validade das convenções previstas neste artigo, recusando-lhes aplicação somente nos casos de nulidade ou de inserção abusiva em contrato de adesão ou em que alguma parte se encontre em manifesta situação de vulnerabilidade.
>
> Art. 200. Os atos das partes consistentes em declarações unilaterais ou bilaterais de vontade produzem imediatamente a constituição, modificação ou extinção de direitos processuais.
>
> Parágrafo único. A desistência da ação só produzirá efeitos após homologação judicial.

Em verdade, as partes sempre adotaram negócios processuais em seus contratos ainda que não tivessem consciência disso. Um exemplo sempre mencionado é a cláusula de eleição de foro (art. 63 CPC), na qual se está negociando sobre a competência. Outro caso é o acordo realizado para suspensão do processo (art. 313, II, CPC), que segundo o mestre Fredie Didier Júnior, "paralisa a marcha dos atos processuais".[4]

O reconhecimento de que o Direito Processual Civil brasileiro na atualidade "não é mais inquisitivo nem *hiperpublicista*, não significa afirmar, porém, que tenhamos passado a adotar o privatismo, ou que estejamos literalmente em um meio-termo".[5]

Mesmo com essa flexibilização, "o Direito Processual ainda é claramente ramo do Direito Público, razão pela qual o modelo brasileiro ainda é, sem dúvida, o *publicista*, porém não mais hiperpublicista".[6] "Apesar do caráter público do processo, não se devem desconsiderar interesses privados existentes não só no campo do direito material, mas também no processo".[7]

O negócio processual pode ser elaborado antes do litígio – no próprio contrato, ou em instrumento apartado – ou no curso da lide, e sua validade depende

---

4. Disponível em: https://youtu.be/cOMvQMCNBIY. Acesso em: 19 out. 2020.
5. CÂMARA, Helder Moroni. Negócios jurídicos processuais: condições, elementos e limites. In: REDONDO, Bruno Garcia. *Negócios jurídicos processuais atípicos*. Salvador: JusPodivm, 2017, p. 55.
6. DINAMARCO, Cândido Rangel; LOPES, Bruno Vasconcellos Carrilho. Teoria Geral do novo processo civil. 3. ed. São Paulo: Malheiros, 2018. Apud REDONDO, Bruno Garcia. *Negócios jurídicos processuais atípicos*. Salvador: JusPodivm, 2017, p. 55.
7. CABRAL, Antonio do Passo. *Convenções processuais*. 2. ed. Salvador: JusPodivm, 2017. apud REDONDO, Bruno Garcia. *Negócios jurídicos processuais atípicos*. Salvador: JusPodivm, 2017, p. 55.

do preenchimento dos requisitos necessários para a valia de qualquer negócio jurídico, quais sejam, agente capaz, objeto lícito, possível, determinado ou determinável e forma prescrita ou não defesa em lei (art. 104 CC).[8]

O negócio jurídico processual pode ser celebrado no sistema dos juizados especiais (fazendário, cível e federal), desde que observado o conjunto dos princípios que o orienta, ficando sujeito a controle judicial na forma do parágrafo único do art. 190 do CPC.[9]

Alguns exemplos de negócios processuais podem ser dados inspirados no Enunciado 19[10] do Fórum Permanente de Processualistas Cíveis: "São admissíveis os seguintes negócios processuais, dentre outros: pacto de impenhorabilidade, acordo de ampliação de prazos das partes de qualquer natureza, acordo de rateio de despesas processuais, dispensa consensual de assistente técnico, acordo para retirar o efeito suspensivo de recurso, acordo para não promover execução provisória; pacto de mediação ou conciliação extrajudicial prévia obrigatória, inclusive com a correlata previsão de exclusão da audiência de conciliação ou de mediação prevista no art. 334; pacto de exclusão contratual da audiência de conciliação ou de mediação prevista no art. 334; pacto de disponibilização prévia de documentação (pacto de *disclosure*), inclusive com estipulação de sanção negocial, sem prejuízo de medidas coercitivas, mandamentais, sub-rogatórias ou indutivas; previsão de meios alternativos de comunicação das partes entre si".

2.1 Tipos de negócios processuais

Para não fugir do tema, vamos simplificar e dividir os negócios pela quantidade de partes envolvidas e por sua previsão ou não em lei.

Quanto as partes, o negócio pode ser unilateral, quando um sujeito processual, pelo exercício de vontade individual, gera consequências no processo. Daniel Amorim Assumpção Neves traz alguns exemplos: renúncia ao prazo (art. 225 CPC), desistência de execução ou medida executiva (art. 775 CPC), desistência do recurso (art. 998 CPC) e renúncia ao direito recursal (art. 999 CPC).[11]

Os negócios podem também ser bilaterais, nas hipóteses em que envolver as partes da lide, como é o caso da eleição de foro, pedido conjunto de suspenção do processo, escolha de mediador ou perito, arbitragem, e muitos outros.

---

8. Enunciado 493, do Fórum Permanente de Processualistas Civis (FPPC).
9. Enunciado 413, do Fórum Permanente de Processualistas Civis (FPPC).
10. Disponível em: https://www.jota.info/opiniao-e-analise/artigos/o-papel-do-advogado-no-contrato-de-locacao-e-os-negocios-juridicos-25072020#_ftnref4. O enunciado 19 foi acessado através do artigo escrito pelo professor Haroldo Lourenço.
11. *Manual de Direito Processual Civil*. 10. ed. Salvador: JusPodivm, Volume único, Ed. p. 387.

As partes podem, por exemplo, dispor sobre penhora (desde que não afete normas de ordem pública), como se ilustra pelo julgado abaixo:

> Execução de título judicial – Decisão agravada que indeferiu a homologação de acordo entabulado entre as partes – *Acordo levado a efeito entre as partes, com previsão de desconto de parcelas diretamente em benefício previdenciário da executada – Viabilidade – Com o advento do Novo Código de Processo Civil, é possível as partes celebrarem negócio jurídico processual, amoldando as normas processuais de acordo com os seus interesses – Inteligência do art. 190 do CPC – Composição que preserva os interesses das partes, bem como encontra arrimo no art. 774, V, e art. 829, § 2º, do CPC – Decisão reformada – Recurso provido –* Grifamos (TJSP, processo 2253864-71.2019.8.26.0000, Rel. Des. Spencer Almeida Ferreira, publ.: 23.11.2020).

Por fim, existe a possibilidade do negócio processual ser plurilateral, quando envolver também o juízo, cuja espécie mais latente é a calendarização processual (art. 191 CPC), que, uma vez estipulado, vincula as partes, vejamos este precedente:

> Apelação Cível – Reintegração de posse de bem móvel com pedido de liminar – *Calendário processual não observado – Recurso intempestivo – Não conhecido. I – Reconhece-se a alegada intempestividade do recurso, pois na calendarização processual houve fixação do prazo para a interposição de Recurso de apelação e este não foi observado pelo apelante. II – Recurso não conhecido. –* Grifamos (TJMS, processo 0800832-51.2020.8.12.0046, Rel. Des. Geraldo de Almeida Santiago, publ.: 04.02.2022).

Daniel Amorim Assumpção Neves, sempre brilhante, leciona que o saneamento compartilhado (art. 357, § 3º, CPC) é mais uma forma de negócio jurídico processual plurilateral.[12]

Contudo, as partes devem estar atentas para não transferirem ao juízo obrigações que são inerentes aos litigantes, exarcerbando os limites impostos pelo art. 190 CPC, que confere a liberdade de negociar sobre ônus, poderes, faculdades e deveres processuais das partes e não do magistrado, como se desenha neste julgado:

> Cumprimento de sentença. Acordo não homologado. Insurgência da agravante. *Cláusula 2.1 do acordo entre as partes transfere para o Juízo o ônus de cumprir a obrigação de fazer imposta ao réu no v. acórdão proferido na fase de conhecimento. Não é possível atribuir ao MM. Juízo "a quo" o ônus de suprir os procedimentos necessários para a transferência do bem objeto da execução. Negócio jurídico processual não pode impor obrigação ao Juízo que não participou do negócio. Impossibilidade de homologação do acordo nos moldes apresentados. Recurso não provido.* – Grifamos (TJSP, processo 2073499-17.2022.8.26.0000, Rel. Des. Lidia Conceição, publ.: 02.06.2022).

Pode ser classificado também por sua previsão em lei (típico) ou não (atípico), situação em que as partes podem criar situações que lhes sejam mais convenientes para customizar os atos processuais, conforme as características das partes envolvidas e do litígio.

---

12. *Manual de Direito Processual Civil*. 10. ed. Salvador: Juspodivm, Volume único, p. 388.

Vejamos trazer quatro hipóteses de negócios processuais previstos em lei: (i) o adiamento de audiência por convenção das partes (art. 362, I, CPC); (ii) a convenção de distribuição do ônus da prova (art. 373, § 3º, CPC); (iii) o acerto sobre a distribuição de prazo, no caso de haver litisconsórcio ou terceiro interveniente (art. 364, § 1º, CPC) e (iv) quando as partes convencionam que a liquidação da sentença se dará por arbitramento (art. 509, I, CPC).

Podem as partes escolherem, por exemplo, que as comunicações processuais (citação, intimação etc.) serão efetuadas por e-mail, que os prazos passam a contar independentemente de intimação, entre outros – criando regra não prevista em lei, portanto, criando negócios atípicos

2.2 Necessidade ou não homologação do negócio jurídico processual

A regra é a dispensa da homologação, de acordo com o caput do art. 200 CPC. Então, caso não haja previsão legal nem negocial, não há necessidade de homologação do negócio jurídico processual celebrado.

Sobre isso, ainda destacamos dois enunciados importantes: CJF, E. 115:[13] O negócio jurídico processual somente se submeterá à homologação quando expressamente exigido em norma jurídica, admitindo-se, em todo caso, o controle de validade da convenção. E, FPPC, E. 260: A homologação, pelo juiz, da convenção processual, quando prevista em lei, corresponde a uma condição de eficácia do negócio.

Seguem, à título de exemplo, dois artigos em que a previsão legal está expressa:

1) 'No parágrafo único do artigo 200, que prevê que "a desistência da ação só produzirá efeitos após a homologação judicial".

2) Em caso do acordo de organização do processo, previsto no art. 357, § 2º, CPC: "As partes podem apresentar ao juiz, para homologação, delimitação das questões processuais de fato e de direito a que se referem os incisos II e IV, a qual, se homologada, vincula as partes e o juiz.

No tema, encontramos precedente no STJ:

o negócio jurídico processual não se sujeita a um juízo de conveniência pelo juiz, que fará apenas a verificação de sua legalidade, pronunciando-se nos casos de nulidade ou de inserção abusiva em contrato de adesão ou ainda quando alguma parte se encontrar em manifesta situação de vulnerabilidade.[14]

Um *case* interessante é sobre o adiamento da audiência. Seria indispensável uma concordância do juízo ou apenas mera conveniência das partes? O STJ já decidiu ser indispensável anuência do juiz:

---

13. DIDIER JR., Fredie e PEIXOTO, Ravi. *Novo Código de Processo Civil*: anotado com dispositivos normativos e enunciados. 6.ed.rev.e atual. Salvador: JusPodivm, 2019, p. 158.
14. STJ – REsp: 1810444/SP, Rel. Min. Luis Felipe Salomão, publ.: 28.04.2021.

uma faculdade atribuída ao Magistrado, cujo indeferimento não configura cerceamento de defesa. A audiência pode ser adiada por convenção das partes, o que configura um autêntico negócio jurídico processual e consagra um direito subjetivo dos litigantes, sendo prescindível a homologação judicial para sua eficácia.[15]

Ainda existe discussão doutrinária acerca do recurso que cabe da decisão que não homologa ou que recusa a cláusula do negócio jurídico processual. Freddie Didier Júnior defende que o recurso devido é o agravo de instrumento em hipótese de aplicação por analogia. Segundo ele, "qualquer decisão que nega eficácia ao negócio jurídico processual ou que recusa sua homologação, está dentro do tipo previsto no art. 1015, III, CPC, que justifica o agravo de instrumento",[16] pois a analogia é que rejeitar convenção de arbitragem, é negar eficácia ao negócio processual, sobretudo depois que o STJ admitiu o que chamou de efetividade mitigada do art. 1.015 CPC.

Dentro do tema, existem diversos enunciados e cabe destaque ao Enunciado 18 do FPPC, que nos traz que "Há indício de vulnerabilidade quando a parte celebra acordo de procedimento sem assistência técnico-jurídica", situação bastante comum em contratos de compra e venda de imóveis.

3. CONTRATO DE COMPRA E VENDA DE IMÓVEL

Pelo contrato de compra e venda, um dos contratantes se obriga a transferir o domínio de certa coisa, e o outro, a pagar-lhe certo preço em dinheiro (art. 481 CC). O primeiro é chamado de vendedor e o segundo de comprador.

O contrato de compra e venda de imóveis tem natureza típica, bilateral, onerosa, comutativa, sendo solene apenas se o valor for superior a trinta salários-mínimos. Típica, por ter uma previsão própria na lei, previsto nos arts. 481 a 532 CC. Bilateral, por gerar obrigações para ambos os contratantes (um de pagar e o outro de transferir a propriedade); oneroso, por necessariamente envolver um preço na transação (caso contrário, seria doação); comutativo, por ter previsibilidade de obrigações ajustadas desde o início do contrato, em especial quanto a preço e objeto;[17] e solene quando se enquadrar no disposto no art. 108 CC, que determina: "não dispondo a lei em contrário, a escritura pública é essencial à validade dos negócios jurídicos que visem à constituição, transferência, modificação ou renúncia de direitos reais sobre imóveis de valor superior a trinta vezes o maior salário-mínimo vigente no País".[18]

---

15. Trecho extraído do julgado: STJ, REsp 1.524.130/PR, Rel. Min. Marco Aurélio Bellizze, publ.: 06.12.2019.
16. Disponível em: https://youtu.be/cOMvQMCNBIY. Acesso em: 19 out. 2020.
17. Diferente de um contrato aleatório, onde não se sabe ao certo o valor a ser pago por uma das partes, por exemplo, nos casos de seguro ou loteria, ficando dependente de vento incerto para sua definição (sinistro e sorteio respectivamente).
18. Como o próprio texto normativo sugere, a regra da escritura pública para imóveis com valor acima de trinta salários-mínimos comporta exceções, desde que previstas em lei, como é o caso das alienações

Importante ressaltar que o contrato de compra e venda não transfere a propriedade, ele apenas obriga a transferir, como descrito no próprio art. 481 CC: "um dos contratantes *se obriga a transferir* o domínio de certa coisa".

Portanto, o contrato tem efeitos meramente obrigacionais: para o comprador impõe o dever de pagamento, enquanto para o vendedor gera, como consequência, a obrigação de transferir a propriedade da coisa para o comprador.[19]

Isso nos mostra que a efetiva transferência é realizada em dois momentos, o primeiro, no qual as partes se obrigam a dar coisa certa (dinheiro em troca de imóvel) e o segundo, quando a transferência é realizada no registro do imóvel. Nesse ponto, vale transcrever os ensinamentos de Cesar Fiuza:

> Vemos, pois, duas fases bem distintas na compra e venda. A celebração do contrato, quando o vendedor se obriga a transferir ao comprador a propriedade da coisa, e a execução do contrato, quando a transferência da propriedade é realizada, seja pela entrega da coisa, quando esta for móvel, seja pelo registro no cartório de imóveis. Estas duas fases podem vir imediatamente uma após outra, nos contratos de execução imediata, como ocorre quando compramos um produto qual quer no supermercado, ou podem vir em momentos mais distantes no temo, nos contratos de execução futura, a exemplo do que acontece na compra e venda de imóveis.[20]

O negócio jurídico processual pode ser utilizado nos dois contratos, quais sejam, na promessa de compra e venda (contrato preliminar, onde se pactuam a forma como os contraentes desejam efetivar a compra e venda, inclusive com um pagamento prévio: sinal ou arras) e na compra e venda (contrato principal), eis que, ambos os casos estão sujeitos demandas judiciais.

4. NEGÓCIO JURÍDICO PROCESSUAL EM CONTRATOS DE COMPRA E VENDA DE IMÓVEIS

Uma vez entendido que a transferência de imóvel se desenvolve em várias etapas (promessa de compra e venda, contrato de compra e venda, registro etc.), é possível vislumbrar situações e cláusulas de negócios processual a serem elaborados pelas partes, referentes a transação imobiliária objeto deste trabalho.

Primeiro vamos colocas hipóteses atinentes a todos os contratos e demandas, mas que podem ser utilizadas na compra e venda de imóveis:

---

fiduciárias de bens imóveis (art. 38, Lei 9.514/97), na incorporação de imóveis para formação do capital social das sociedades por ações (art. 89, Lei 6.404/76) e as aquisições mediante financiamento imobiliário (art. 62, § 5º, Lei 4.380/64).

19. ROSENVALD, Nelson. In: PELUZO, Cezar (Coord.). *Código Civil comentado*: doutrina e jurisprudência. 15. ed. São Paulo: Manole, p. 523.
20. *Direito civil*: curso completo. 16. ed. Ed. Del Rey, p. 631.

Escolha consensual de perito: pode se dar para resolver conflitos de medição para extensão de área (venda *ad mensuram*[21]); ocorrência ou não de vício construtivo; valoração de benfeitorias etc.

Impenhorabilidade do próprio imóvel objeto do contrato: o imóvel pode não se enquadrar na impenhorabilidade descrita na Lei do Bem de Família, em especial, por conta da exceção prevista no art. 3º, II, Lei 8.009/90,[22] contudo, alienante e adquirente têm o direito de estabelecer que o bem contratado é impenhorável para fazer frente a eventual indenização oriunda de inadimplemento contratual. Nesses casos podem, inclusive, já deixar acertado uma ordem preferencial distinta da prevista na lei (art. 835 CPC), dando prioridade, por exemplo, para outro imóvel ao invés de dinheiro.

Nomeação de depositário: Para fugir do burocrático depósito público, os contraentes podem estabelecer uma pessoa – natural ou jurídica – como depositária em algumas situações, a saber: (i) para receber as chaves do imóvel, em caso de recusa ou impossibilidade de recepção pelo comprador, evitando a consignação em juízo; (ii) para a guarda de bens, se o imóvel, quando entregue, tiver coisas do vendedor, entre outras.

Estabelecer previamente como se dará o pagamento em caso de necessidade de consignação: diversas situações podem compelir uma parte a efetuar um pagamento forçado em dinheiro para o outro, por exemplo, (i) o vencimento de uma parcela da compra; (ii) o resgate do bem pelo vendedor na retrovenda; (iii) a quitação do valor definitivo do imóvel etc. Para tanto, em caso de divergência, a parte insatisfeita teria que se valer da consignação – judicial ou extrajudicial – em estabelecimento bancário (art. 539, § 1º, CPC). Todavia, os contraentes podem determinar que havendo necessidade de consignação, esta se dará diretamente na conta do outro, já previamente descrita no contrato, servindo o recibo da transferência como comprovante de depósito e permitindo o ajuizamento da ação. Nesse sentido caberia, inclusive, a dispensa da autorização judicial do depósito (art. 542, I, CPC), podendo ser feito de imediato.

Caução: em diversas situações o CPC exige ou permite ao juiz que exija, caução (garantia) para a prática de um ato processual, visando trazer um reforço prévio para a outra parte, caso ela venha a receber uma indenização decorrente deste ato processual. E como a caução é em benefício da parte e não do Poder Judiciário, é admissível sua transação por negócio processual, seja para aumentar,

---

21. A venda *ad mensuram* é a que se dá por metragem, cujo preço se afere por medida de extensão (art. 500 CC), ex.: um terreno de 6 hectares, sendo certo que cada hectare custa dois mil reais.
22. Art. 3º A impenhorabilidade é oponível em qualquer processo de execução civil, fiscal, previdenciária, trabalhista ou de outra natureza, salvo se movido: II – pelo titular do crédito decorrente do financiamento destinado à construção ou à aquisição do imóvel, no limite dos créditos e acréscimos constituídos em função do respectivo contrato.

diminuir ou mesmo dispensá-la. Nesse sentido é o Enunciado 262 FPPC: É admissível negócio processual para dispensar caução no cumprimento provisório de sentença. Para fins ilustrativos, podemos mencionar, além do exemplo acima, a caução para ordem de manutenção ou reintegração de posse (art. 678, § único, CPC); a caução para concessão de liminar (art. 337, XII, CPC); a caução para autor estrangeiro, se um dos contratantes não tiver nacionalidade brasileira (art. 83 CPC) – entre outras medidas para facilitar o processo judicial.

5. CONCLUSÃO

O tema da celebração do negócio jurídico processual é rico e instigante, tornando-se cada vez mais presente no dia a dia da advocacia, sobretudo na área imobiliária. A celebração de um contrato de compra e venda com cláusulas específicas, que atendam possíveis demandas futuras dos contraentes, abre a possibilidade de participação mais efetiva das partes no desenrolar do processo, dentro dos limites legais e estimulando a autocomposição.

E neste sentido segue a administração da justiça na atualidade, em busca de celeridade processual, consequente redução de litígios e uma excelente oportunidade para o exercício da advocacia de maneira mais criativa e eficaz.

REFERÊNCIAS

CABRAL, Antonio do Passo. *Convenções processuais*. 2. ed. Salvador: JusPodivm, 2017. In: REDONDO, Bruno Garcia. *Negócios jurídicos processuais atípicos*. Salvador: JusPodivm, 2017.

CÂMARA, Helder Moroni. Negócios jurídico processuais: condições, elementos e limites. 2018 In: REDONDO, Bruno Garcia. *Negócios jurídicos processuais atípicos*. Salvador: JusPodivm, 2017.

DIDIER JR., Fredie. e PEIXOTO, Ravi. *Novo Código de Processo Civil*: anotado com dispositivos normativos e enunciados. Salvador: JusPodivm, 2019.

DINAMARCO, Cândido Rangel; LOPES, Bruno Vasconcellos Carrilho. Teoria Geral do novo processo civil. 3. ed. São Paulo: Malheiros, 2018. In: REDONDO, Bruno Garcia. *Negócios jurídicos processuais atípicos*. Salvador: JusPodivm, 2017.

NEVES, Daniel Amorim Assumpção. *Manual de Direito Processual Civil*. 10. ed. Salvador: JusPodivm, 2018. Volume único.

NEGRÃO, Theothonio; GOUVÊA, José Roberto F.; BONDIOLI, Luis Guilherme A.; FONSECA, João Francisco N. *Código de Processo Civil e legislação processual em vigor*. São Paulo: Saraiva Educação, 2019.

REDONDO, Bruno Garcia. *Negócios jurídicos processuais atípicos*. Salvador: JusPodivm, 2017.

Links de acesso à internet

Artigo do Professor Haroldo Lourenço. Disponível em: https://www.jota.info/opiniao-e-analise/artigos/o-papel-do-advogado-no-contrato-de-locacao-e-os-negocios-juridicos-25072020#_ftn6. Acesso em: 19 out. 2020.

Entrevista com Fredie Didier Jr. Disponível em: https://youtu.be/cOMvQMCNBIY. Acesso em: 19 out. 2020.

HOLDING: INSTRUMENTO EFICAZ DE PLANEJAMENTO PATRIMONIAL SUCESSÓRIO?

Daniel Bushatsky

Doutor e Mestre em Direito Comercial pela PUC/SP. Professor de Direito Empresarial na Pós-Graduação da Pontifícia Universidade Católica de São Paulo (COGEAE). Professor de Mediação e Arbitragem na Universidade Municipal de São Caetano (USCS). Professor da Pós-Graduação da Faculdade de Direito de Franca. Professor convidado na Escola Superior de Advocacia (ESA), no Conselho Regional de Corretores de Imóveis (CRECISP), e na Escola Paulista de Direito (EPD). Instrutor no Instituto Brasileiro de Governança Corporativa (IBGC). Fundador do Instituto de Direito Empresarial e de Negócios (IDEN). Sócio Fundador da BRAVO Construções & Agropecuária. Presidente do Conselho Administrativo da INOVAFARM. Sócio da Advocacia Bushatsky. Ficou entre os 500 advogados mais admirados em 2019 pela revista "Análise Advocacia.

E-mail: daniel@bushatsky.com.br.

Sumário: 1. Planejamento patrimonial sucessório: complexo caldo de sentimentos – 2. *Holdings*: organização do patrimônio e do poder – 3. Notas finais: a necessidade de muita reflexão! – Referências.

1. PLANEJAMENTO PATRIMONIAL SUCESSÓRIO: COMPLEXO CALDO DE SENTIMENTOS

O planejamento patrimonial sucessório[1] é a complexa arte de fundir diversas áreas do direito, em especial as áreas do direito societário, de família e de sucessão, sem esquecer dos importantes e profundos aspectos tributários, com o objetivo de reorganizar o patrimônio da família e a respectiva sucessão[2] deste patrimônio aos herdeiros e sucessores.[3]

---

1. No ano de 2022, tive o prazer de escrever uma série de 10 (dez) colunas sobre planejamento patrimonial sucessório em parceria com o Jota. A ideia nasceu da experiência, prática, em ajudar as famílias a resolverem de forma clara a gestão do seu patrimônio, estruturando regras de governança corporativa, pensando e repensando o papel de cada membro da família e a transmissão menos onerosa, às vezes econômica, mas sempre emocionalmente, do patrimônio. Disponível em: https://www.jota.info/autor/daniel-bushatsky.
2. O processo sucessório em regra tem início com a morte, passando o domínio aos herdeiros de imediato, sendo isto conhecido como o princípio de saisine: na herança, o sistema de saisine é o direito que têm os herdeiros de entrar na posse dos bens que constituem a herança. A palavra deriva de saisir (agarrar, prender, apoderar-se). A regra era expressa por adágio corrente desde o século XIII: "Le mort saisit le vif" (o morto prende o vivo). (VENOSA, S. S. *Direito Civil*: Sucessões. 14. ed. São Paulo: Atlas, 2014. p. 15).
3. Por ser tema complexo, o trabalho heterogêneo é sempre recomendável, com convites a psicólogos, gestores de empresa, contadores, economistas etc. A riqueza do conhecimento individual somada ao grupo pode (e deve) trazer ótimos resultados.

O tema é velho e não são poucos os relatos encontrados na bíblia,[4] Grécia[5] e Roma[6] antigas tratando sobre as regras sucessórias do patrimônio familiar. No Brasil, sempre que se ventila a possibilidade de tributação de dividendos ou de grandes fortunas, o mercado aquece e as consultas aos especialistas no tema multiplicam-se.[7]

O problema cresce quando se adiciona ao caldo a questão do poder (lembrem-se dos reis da Idade Média[8]). Quem ficará com o patrimônio (empresa e outros bens)? Quem ficará com o comando da empresa? Duas questões que não só permeiam as empresas familiares, como também outras organizações empresárias ou não.

E, mais um misterioso tempero que pode mudar de gosto de tempos em tempos, deve ser introduzido no caldo dos negócios familiares: o(s) sentimento(s), que ora pode ser amor, ora pode ser ódio, ora pode navegar entre eles.

A resposta à difícil equação entre patrimônio, poder e sentimento é sempre um grande "depende"! Depende da vontade dos fundadores da família (patriarcas e matriarcas)[9] e quando, onde e como eles querem começar o processo sucessório.

Racionalmente, o mais recomendado é "quanto antes melhor", mas nem sempre há este grau de maturidade na família. Herdeiros cientes de seus papéis na estrutura da família e da empresa familiar tendem a cumprir de forma espontânea seus direitos e obrigações, tendo em vista que "realidade e expectativa" já foram delineados.

O sonho comum da família é ter uma empresa de alta performance, com uma gestão alinhada e competente, acionistas leais a empresa, com uma família unida em seus propósitos, missão e valores. Como se chegar a isto?

---

4. Provérbio 13:22 – "O homem de bem deixa uma herança aos filhos de seus filhos, mas a riqueza do pecador é depositada para o justo".
5. Tratava-se de um sistema de parentela combinado com o privilégio de masculinidade, de forma que a parentela do lado materno só era chamada à sucessão depois de esgotadas todas as do lado paterno, e sempre com preferência do sexo masculino sobre o feminino.
6. Se compreende por sucessão em geral, a substituição de uma pessoa por outra em determinada relação jurídica, de forma plena o Direito Romano criou, desenvolveu e estabeleceu esse direito para a posteridade.
7. A insegurança jurídica e os "humores" políticos, naturalmente, corroboram a necessidade de planejamentos patrimoniais. No dia 30.04.2023, pleno domingo, véspera do feriado em comemoração ao dia do trabalho, o Governo Federal publicou Medida Provisória 1.171/2023 com novas regras sobre tributação de investimentos financeiros no exterior, incluindo aqueles feitos por meio de empresas *offshore* e de *trust*.
8. Na Idade Média, o direito de sucessão se dava através da linhagem masculina, pois era ao filho homem e mais velho a quem o genitor transmitia o título, e, assim, o mesmo garantia e assegurava todo o seu patrimônio.
9. É sempre difícil definir o melhor momento: sucedido e sucessor devem estar preparados profissional e psicologicamente.

O primeiro passo é a conscientização sobre a importância do tema. As estatísticas do Instituto Brasileiro de Governança Corporativa (IBGC)[10] demonstram que somente 12% das empresas familiares chegam à terceira geração e 3% chegam à quarta. O mesmo instituto afirma que somente 27,3% das empresas familiares possuem um plano de sucessão e 10% nunca discutiram práticas de governança familiar.

Se as empresas familiares representam 90%[11] das empresas no Brasil, imaginava-se existirem preocupação e cuidados maiores com o tema. Como manter a perenidade do patrimônio, a organização patrimonial, a prevenção de conflitos e a eficiência tributária sem discutir estes importantes aspectos no seio familiar?[12]

O segundo passo, consiste na delicada conversa sobre o tema, aprofundando anseios, vontades, medos, deveres e responsabilidades de cada membro da família, lembrando que cada cargo possui suas especificidades (importância, também) e, consequentemente, remunerações.

O terceiro passo, já com a família alinhada (ou pelo menos sabedores da vontade dos "fundadores"), é colocar no papel o planejamento patrimonial sucessório, identificando as melhores ferramentas para atingir a vontade dos envolvidos.

É neste momento que é necessário a reflexão sobre as *holdings* patrimoniais e operacionais, acordos de sócios, aspectos tributários relacionados à integralização do patrimônio nos veículos societários[13] e alienação deles (ITBI,[14] ITCMD, IR),

---

10. Fonte: IBGC – Disponível em: https://ibgc.org.br/blog/presencadofundadorinfluenciapraticas.
11. Fonte: PWC – Disponível em: https://www.pwc.com.br/pt/sala-de-imprensa/artigos/empresas-familiares-e-plano-de-sucessao.html#:~:text=Dados%20do%20Instituto%20Brasileiro%20de,75%25%20dos%20trabalhadores%20no%20pa%C3%ADs.
12. A KPMG possui interessante pesquisa sobre as empresas familiares, apontando que: (i) elas se encontram em sua maioria no agronegócio (19%) e atacado e varejo (17%); (ii) o maior atributo para a escolha do sucessor é o conhecimento do negócio (58%), não importando somente um curso internacional (3%); (iii) 64% dos entrevistados, no ano de 2020, optaram por contratar um consultor externo para auxiliar na introdução de práticas de governança familiar e sucessão, um crescimento de 5% se comparado ao ano de 2016. Fonte: KPMG – Disponível em: https://assets.kpmg/content/dam/kpmg/br/pdf/2021/02/Retratos-Familia.pdf.
13. Apelação e Reexame Necessário. Mandado de Segurança. *ITBI. Integralização de imóveis ao capital social.* Pedido de reconhecimento de não incidência. Art. 156, § 2º, I, da CF. Município que alega se tratar de uma holding patrimonial voltada à gestão de bens imóveis e que, por isso, não faz jus à imunidade tributária sobre a conferência de bens ao seu capital social. Sentença que reconheceu a imunidade condicionada e concedeu a ordem. Pretensão à reforma. Desacolhimento. Objeto social da impetrante que não é voltado exclusivamente ao desenvolvimento de atividades imobiliárias. Impossibilidade de se presumir que as atividades imobiliárias preponderam sobre as demais, especialmente porque a sociedade impetrante fora recentemente constituída, em 30.12.2021. Necessidade de se aguardar o decurso do prazo de três anos previstos no § 2º do art. 37 do CTN para que se afaste ou não a imunidade condicionada, observados os valores efetivamente conferidos ao capital social. Sentença mantida. Recursos voluntário e oficial não providos. (TJ-SP – APL: XXXXX20228260356 SP XXXXX-82.2022.8.26.0356, Relator: Ricardo Chimenti, Data de Julgamento: 04.11.2022, 18ª Câmara de Direito Público, Data de Publicação: 04.11.2022).
14. Pela importância, vale conferir: *Tema 796 – Alcance da imunidade tributária do ITBI, prevista no art. 156, § 2º, I, da Constituição, sobre imóveis incorporados ao patrimônio de pessoa jurídica, quando o valor*

a transmissão dos bens por doação (com reserva de usufruto ou não) ou morte, com a elaboração do testamento, sem nunca se esquecer do contrato de namoro e as vitais regras de governança corporativa. Cada ferramenta poderá ser utilizada individualmente ou em conjunto.

Vamos, em seguida, aprofundar a análise de alguns tópicos sobre a *holding*, objeto principal deste estudo.

2. *HOLDINGS*: ORGANIZAÇÃO DO PATRIMÔNIO E DO PODER

As sociedades empresariais são pessoas jurídicas, com deveres, responsabilidades e obrigações, com autonomia patrimonial, e são constituídas, em geral, pela pluralidade de sócios em vista da consecução do objeto social. Não se olvida que os interesses dos sócios nem sempre são iguais, mas eles devem estar alinhados e convergindo à preservação da empresa, sua perenidade e longevidade.

Todas as organizações, das menores as maiores, devem se organizar para enfrentar o mercado com eficiência administrativa e operacional, redução de carga tributária, economia de custos etc., tudo para, como dito acima, consecução do objeto social e preservação da empresa.

Soma-se ao acima exposto, nas empresas familiares, a vontade dos fundadores de manutenção e bem-estar das gerações futuras, da cultura e do legado familiar e da certeza (se é que ela existe) que a sua história será lembrada, não só seu patrimônio. A cultura familiar se confunde com a cultura da empresa e isto será refletido nas regras de governança corporativa da empresa familiar.[15]

Em famílias que possuem patrimônio imobiliário *e* a operação de um negócio com produção ou circulação de bens e/ou serviços uma das formas de organizar este patrimônio pensando ou não na sucessão, são as *holdings*.

---

total desses bens excederem o limite do capital social a ser integralizado. Tese: A imunidade em relação ITBI, prevista no inciso I do § 2º do art. 156 da Constituição Federal, não alcança o valor dos bens que exceder o limite do capital social a ser integralizado. Relator(a): Min. Marco Aurélio; Leading Case: RE 796376; Descrição: Recurso extraordinário em que se discute, à luz dos arts. 1º, IV, 5º, II e XXXVI, 37, caput, 156, § 2º, I, e 170 da Constituição Federal, o alcance da imunidade tributária do Imposto de Transmissão Inter Vivos de Bens Imóveis – ITBI, prevista no art. 156, § 2º, I, da Lei Maior, em relação à incorporação de imóveis ao patrimônio de empresa, nos casos em que o valor total desses bens excederem o limite do capital social a ser integralizado.

15. "Sistema pelo qual a família desenvolve suas relações e atividades empresariais, *com base em sua identidade* (valores familiares, propósito, princípios e missão) e *no estabelecimento de regras*, acordos e papéis. Seu objetivo é obter informações mais seguras e com mais qualidade na tomada de decisões, auxiliar na mitigação ou eliminação de conflitos de interesse, superar desafios e propiciar a longevidade dos negócios" (grifo nosso) (https://www.ibgc.org.br/blog/governanca-familiar).

As *holdings*[16] nada mais são que sociedades, limitadas ou anônimas,[17] cujo objeto social é a administração de bens próprios[18] da família. Elas podem ser patrimoniais, quando recebem os bens imóveis; e operacionais, quando controlam os negócios. Nada impede que a mesma sociedade empresária seja a detentora do patrimônio e dos negócios (*holding* mista), mas, para fins de planejamento e organização, na maioria dos casos é recomendável, ao menos, constituir duas sociedades. Por fim, quando os sócios são membros de uma mesma entidade familiar, denomina-se *holding* familiar. Ou seja, a *holding* familiar não é um tipo societário novo e sim uma sociedade empresária que possui como sócios membros da mesma família.

Pesquisa da KPMG[19] aponta que 49% das empresas familiares optam pela sociedade limitada, 40% são sociedades anônimas fechadas e 6% são sociedades anônimas abertas. Já no âmbito do poder de controle, 35% são controladas através de *holdings* (controle indireto), 29% por pessoas físicas (controle direto) e as demais possuem controle compartilhado entre diversos membros da família.

Ora, não existe um modelo unânime de estrutura societária, cada caso é um caso e a resposta à difícil equação entre patrimônio, poder e sentimento é sempre um grande "depende"! A decisão de se optar por um dos dois tipos societários citados acima dependerá certamente dos objetivos da família, do grau de proximidade e confiança, da necessidade de captação de recursos no mercado financeiro, da divisão e tamanho dos negócios e assim por diante.

Entretanto, com a sociedade limitada se aproximando cada vez mais da anônima em alguns aspectos – como na possibilidade de quotas preferenciais, conselho de administração, quotas em tesouraria e conselho fiscal[20] e a anônima, por sua vez, se aproximando cada vez mais da limitada – inclusive com as novas disposições legais sobre a sociedade anônima simplificada[21] e a possibilidade de

---

16. A palavra que designa o nome da organização é derivada do verbo em inglês *to hold*, que significa *manter*. "ECON. Empresa que detém a posse majoritária de ações de outras empresas, ger. denominadas subsidiárias, centralizando o controle sobre elas [De modo geral a holding não produz bens e serviços, destinando-se apenas ao controle de suas subsidiárias]". HOUAISS, Dicionário. *Holding*. Brasil: Objetiva, 2007. 1544 p. Ainda, chamada também de "*parent companies*".
17. É possível outros tipos societários, mas a sociedade limitada e a sociedade anônima são as mais utilizadas.
18. O objeto social pode ser amplo, como exemplos: desenvolvimento de empreendimentos imobiliários, incorporação, compra, venda e locação, administração de bens próprios, assessoria empresarial e participação no capital de outras sociedades no país e no exterior.
19. KPMG. *Retratos de Família*: um panorama das práticas de governança corporativa e perspectivas das empresas familiares brasileiras. Disponível em: https://assets.kpmg/content/dam/kpmg/br/pdf/2021/02/Retratos-Familia.pdf. Acesso em: 04 abr. 2022.
20. Instrução Normativa DREI 81/2020. Disponível em: https://www.in.gov.br/en/web/dou/-/instrucao--normativa-n-81-de-10-de-junho-de-2020-261499054. Acesso em: 04 abr. 2022.
21. Alterações feitas por meio das leis: Lei do Ambiente de Negócio (Lei 14.195/2021) e Marco Legal das Startups (Lei Complementar 182/21). Alguns exemplos: (1) possibilidade de um único diretor; (2) não necessidade de diretor residente no Brasil; (3) a publicação de balanços de sociedades com faturamento abaixo de R$ 78 milhões de reais poderá ser realizada de forma eletrônica.

dissolução parcial de sociedade anônima familiar[22] –, a opção por um dos dois tipos societários deve, realmente, ser sopesada com os objetivos da família a médio e longo prazo. Uma família numerosa, com vários irmãos, primos, netos, com alguns se dedicando ao negócio familiar e outros não, provavelmente deveria optar pelo tipo societário do anonimato; por outro lado, uma família pequena, com todos trabalhando no negócio familiar, poderia se inclinar pela sociedade limitada.

E quanto ao famigerado aspecto da "blindagem"[23] patrimonial? É cediço que as *holdings* não blindam o patrimônio, elas podem criar "camadas" de proteção contra a investida de credores com o objetivo de salvaguardar o patrimônio da família. São amplamente aceitos nos tribunais pátrios a autonomia patrimonial da pessoa jurídica, a limitação de responsabilidade dos sócios e a desconsideração da personalidade jurídica[24] em caso de desvio de finalidade ou confusão patrimonial, conforme disciplina o artigo 50 do Código Civil.[25]

---

22. Agravo interno no agravo em recurso especial. Decisão da presidência. Reconsideração. Ação de dissolução parcial de sociedade. Processual civil e societário. Tribunal local concluiu pela legitimidade dos sócios dissidentes para promover a ação. Reexame fático e probatório dos autos. Súmula 7/STJ. Alegação de ofensa a dispositivo dissociado da tese recursal. Súmula 284/STF. *Sociedade anônima de cunho familiar*. Dissolução da sociedade por quebra da *affecttio societatis* e da confiança entre os sócios. Possibilidade. Súmula 83/STJ. Agravo interno provido para conhecer do agravo e negar provimento ao recurso especial. 1. Agravo interno contra decisão da Presidência que conheceu do agravo para não conhecer do recurso especial, devido à ausência de impugnação específica dos óbices contidos na decisão de admissibilidade do recurso especial. Reconsideração. 2. O Tribunal a quo, analisando o acervo fático-probatório carreado aos autos, concluiu que os sócios retirantes possuem legitimidade para propositura da ação, pois possuem mais de 5% do capital social. A modificação do referido entendimento demandaria o reexame de provas. [...] 4. *"A jurisprudência do STJ reconheceu a possibilidade jurídica da dissolução parcial de sociedade anônima fechada, em que preponderre o liame subjetivo entre os sócios, ao fundamento de quebra da affectio societatis"* (destaque nosso) (REsp 1.400.264/RS, Rel. Ministra Nancy Andrighi, Terceira Turma, julgado em 24.10.2017, DJe de 30.10.2017). 5. Agravo interno provido para conhecer do agravo e negar provimento ao recurso especial. (realce nosso) (AgInt no Agravo em Recurso Especial 1539920 – RS – Data do Julgamento – 18.05.2020).
23. O termo blindagem induz à ideia de revestimento ou cobertura, sendo esta utilizada como forma de proteção patrimonial.
24. Incidente de desconsideração da personalidade jurídica. Decisão que deferiu o pedido de desconsideração da personalidade jurídica da devedora e autorizou a inclusão de terceira empresa no polo passivo da execução *Pessoa jurídica devedora que foi constituída como "holding" para participação societária em terceira empresa, conjuntamente com seu próprio controlador* – Hipótese em que, após o ajuizamento da execução, a empresa devedora retirou-se de sociedade da qual detinha 90% do capital social, ocasião em que foi substituída por terceiras empresas pertencentes ao grupo familiar de seu controlador Sucessivas alterações na estrutura social da empresa, realizadas entre o próprio grupo familiar controlador, que culminaram no esvaziamento patrimonial da pessoa jurídica sujeita à execução *Circunstâncias dos autos que evidenciam a ocorrência de desvio de finalidade e confusão patrimonial aptos a autorizar a desconsideração da personalidade jurídica, nos termos do art. 50, do Código Civil* Ausência de comprovação de prejuízos a terceiros acionistas. Recurso não provido. (destaque nosso) (TJ-SP – AI: 2034697-18.2020.8.26.0000, Relator Renato Rangel Desinano, Data de Julgamento: 26.10.2020, Tribunal da Justiça do Estado de São Paulo). E: Cais Mauá do Brasil. Fundo de investimento em participações Cais Mauá do Brasil. GSS *holding*. Agravo de petição. *Desconsideração da personalidade jurídica*. Redirecionamento da execução em face do patrimônio dos gestores. Sociedade Anônima fechada. Viabilidade. Ainda que esta Seção Especializada em Execução, através da Orientação Jurisprudencial n.º 31, tenha firmou entendimento no sentido de

Nesse passo, a *holding* ajudará na "blindagem" do patrimônio, mas dependerá da conduta dos sócios e administradores (muitas vezes, nos negócios familiares, a mesma pessoa), para que não seja atingido o patrimônio pessoal destes.

O último ponto a ser abordado é a possibilidade real de manter o controle das *holdings* familiares com o patriarca ou matriarca (fundadores). O controle é detido por quem vence as deliberações sociais (assembleias ou reuniões de sócios) e elege a maioria dos administradores.[26] Assim, com arranjos societários, seja com o controle direto pelo fundador da família, seja através da doação de participação societária com reserva de usufruto, ou ainda por meio de acordo de sócios, é possível respeitar a vontade da família, do sucedido e do sucessor, sobre o poder dentro da sociedade empresária.

Aqui vale um importante parênteses. O documento mais importante na maioria dos planejamentos patrimoniais sucessórios não é propriamente a *holding* e sim o acordo de sócios que deve ser assinado conjuntamente com a constituição da sociedade controladora de bens e direitos. O acordo de sócios[27] é um instrumento parassocial que disciplina direitos e obrigações entre os sócios signatários, tais como, mas não se limitando, a compra e venda de ações, o direito de preferência, o exercício do direito a voto e o poder de controle,[28] trazendo estabilidade para a família e para a empresa. Nas sociedades familiares, os acordos de sócios também

---

que é "viável o redirecionamento da execução contra sócios-controladores, administradores ou gestores de sociedade anônima quando caracterizado abuso de poder, gestão temerária ou encerramento irregular das atividades empresariais", em se tratando de sociedade anônima de capital fechado, o tratamento a ser dado em relação à responsabilidade de seus sócios ou acionistas é a mesma das sociedades limitadas porquanto o vínculo é pessoal e não por capital. Caso em que também há no conjunto probatório elementos suficientes para autorizar a responsabilização patrimonial dos gestores da devedora principal insolvente. Agravo de petição não provido. (TRT-4 – AP: 00204594520185040005, Data de Julgamento: 18.11.2022, Seção Especializada em Execução– Relator: Janey Camargo Bima).

25. Art. 50 Código Civil. Em caso de abuso da personalidade jurídica, caracterizado pelo desvio de finalidade ou pela confusão patrimonial, pode o juiz, a requerimento da parte, ou do Ministério Público quando lhe couber intervir no processo, desconsiderá-la para que os efeitos de certas e determinadas relações de obrigações sejam estendidos aos bens particulares de administradores ou de sócios da pessoa jurídica beneficiados direta ou indiretamente pelo abuso.
26. Art. 116 Lei das Sociedades Anônimas. Entende-se por acionista controlador a pessoa, natural ou jurídica, ou o grupo de pessoas vinculadas por acordo de voto, ou sob controle comum, que: a) é titular de direitos de sócio que lhe assegurem, de modo permanente, a maioria dos votos nas deliberações da assembleia geral e o poder de eleger a maioria dos administradores da companhia; e b) usa efetivamente seu poder para dirigir as atividades sociais e orientar o funcionamento dos órgãos da companhia.
27. Fábio Ulhoa Coelho assim define: "No Brasil, os acionistas interessados em estabilizar relações de poder no interior da companhia *podem negociar obrigações recíprocas que garantam certa permanência nas posições*. As principais matérias de composição negocial, neste caso, são o exercício do direito de voto e a alienação das ações. [...] Assim, sobre o exercício do voto de vontade e *demais aspectos das relações societárias, os acionistas podem livremente entabular as tratativas que reputarem oportunas à adequada composição de seus interesses*"(*Sociedades*. 19. ed. São Paulo: Saraiva, 2015. v. 2).
28. Art. 118, LSA: Os acordos de acionistas, sobre a compra e venda de suas ações, preferência para adquiri-las, exercício do direito ao voto, ou do poder de controle deverão ser observados pela companhia quando arquivados na sua sede.

procuram alinhar a expectativa dos fundadores e dos sucessores, com regras de entrada[29] e saída de herdeiros da sociedade, sempre visando à perpetuidade da organização, a harmonia de seus membros e o propósito comum de preservar o legado familiar.

3. NOTAS FINAIS: A NECESSIDADE DE MUITA REFLEXÃO!

As *holdings* certamente são importantíssimos instrumentos de planejamento patrimonial sucessório, controlando o patrimônio dos sócios e instituindo as primeiras regras de governança (familiar).

Naturalmente, ela poderá ajudar a balizar poderes, trazer transparência na gestão, com informações claras e precisas sobre os negócios, implementar procedimentos para as reuniões e alçadas para a tomada de decisões. Será importantíssimo avaliar a necessidade da formação do conselho de administração e/ou do conselho familiar para que seja possível discussões – saudáveis – sobre os rumos dos negócios e da família.

Entretanto, como vimos, a *Holding* é somente uma das ferramentas, devendo ser sopesado pelos fundadores da família e seus membros a necessidade de elaboração de acordo de sócios, testamento, protocolo familiar etc., tudo para alinhar direitos e expectativas, respeitando os desejos e anseios dos fundadores, com estruturas societárias que atendam a intrincada fusão entre patrimônio, poder e sentimentos em uma família.

REFERÊNCIAS

COELHO, Fábio Ulhoa. Sociedades. 19. ed. São Paulo: Saraiva, 2015. v. 2.

KPMG. *Retratos de Família*: um panorama das práticas de governança corporativa e perspectivas das empresas familiares brasileiras. Disponível em: https://assets.kpmg/content/dam/kpmg/br/pdf/2021/02/Retratos-Familia.pdf. Acesso em: 04 abr. 2022.

HOUAISS, Dicionário. *Holding*. Brasil: Objetiva, 2007.

TJ-SP – APL: XXXXX20228260356 SP XXXXX-82.2022.8.26.0356, Relator: Ricardo Chimenti, Data de Julgamento: 04.11.2022, 18ª Câmara de Direito Público, Data de Publicação: 04.11.2022.

TJ-SP – AI: 2034697-18.2020.8.26.0000, Relator Renato Rangel Desinano, Data de Julgamento: 26.10.2020.

TRT-4 – AP: 00204594520185040005, Data de Julgamento: 18.11.2022, Seção Especializada em Execução– Relator: Janey Camargo Bima.

VENOSA, S. S. *Direito Civil*: Sucessões. 14. ed. São Paulo: Atlas, 2014.

---

29. Caso um dos herdeiros se divorcie, o genro ou nora entrará na empresa familiar? Este é um dos temas que podem ser tratados no acordo de sócios.

A MULTIPROPRIEDADE E A COPROPRIEDADE IMOBILIÁRIA

Marcelo Peruffo

Pós-graduado em Direito Imobiliário pela Unisinos. LLM em Direito Empresarial pela FGV, tendo realizado o Programa Master de Desenvolvimento da Liderança – Cyrela com módulo internacional na Northwestern University – Kellogg School of Management. Gerente Jurídico da Goldsztein Cyrela Empreendimentos Imobiliários S/A.

E-mail: marcelo.peruffo@cyrela.com.br.

Rafaella Nogueira de Carvalho Corti

MBA em Business Law pela FGV. Pós-Graduada em Direito Notarial e Registral pelo IBMEC. MBA em Gestão Empresarial pela Fundação Dom Cabral, com formação em Executive Education pela Northwestern University – Kellogg School of Management. LLM Executivo pela CEU Law School. Professora na Futurelaw em Planejamento Estratégico e Introdução ao Direito 4.0. Professora da Pós-Graduação de Direito Digital da Escola Paulista de Direito e Coeditora da Revista da Carreira, uma revista digital com foco em temas de Gestão e Carreira. Diretora Estatutária com mais de 10 anos de experiência em gestão de departamento Jurídico e Compliance na Cyrela Brazil Realty. Responsável pela direção estratégica das áreas Jurídica, Compliance, Privacidade e ESG da Companhia. Posições institucionais como membro nas Comissões da OAB RJ, no Comite Jurídico da ABRAINC, no Comite Jurídico do GRI e no Conselho da Mulher na ACRJ.

E-mail: rafaella.carvalho@cyrela.com.br.

Sumário: 1. Introdução – 2. O condomínio em multipropriedade imobiliária – 3. A venda fracionada de propriedades imobiliárias – 4. A multipropriedade e a copropriedade imobiliária como meios de fruição para utilização própria ou como investimento financeiro – 5. Considerações finais – Referências.

1. INTRODUÇÃO

A humanidade evolui constantemente e, por consequência, a relação entre as pessoas e destas com seus bens da mesma forma. Nesta esteira de transformações, o conceito de domínio, uso e fruição patrimonial vem se alterando ao longo do tempo. O direito real de propriedade, o domínio e posse plena sobre bens, tanto móveis quanto imóveis, mudou de forma substancial ao longo dos últimos anos, e especialmente no direito brasileiro, trazendo novas possibilidades de uso, gozo e aproveitamento de tais patrimônios.

Ou seja, o paradigma do proprietário único e exclusivo dá lugar a uma visão relativizada do direito real de propriedade. Neste novo cenário surge o compartilhamento de bens, seja para uso próprio ou para exploração como investimento. O mundo atual, demanda que sejamos criativos, múltiplos e dinâmicos inclusive na concepção e estruturação jurídica de produtos imobiliários. A atratividade e a lucratividade dependem disso: do quanto criativos, inovadores, múltiplos e funcionais formos.

Mas não são apenas estes atributos que caracterizam o compartilhamento de bens, e em relação à esta abordagem específica, os imóveis. Devemos ressaltar também a característica importante da flexibilidade, sob mais de um aspecto, uma vez que a aquisição de porção ou fração de imóvel, seja na propriedade em si, ou na propriedade no tempo, poderá se dar tanto para uso próprio, como também para exploração, ou seja, com viés de investimento, onde o atributo da liquidez das frações torna o negócio flexível, ganhando espaço entre outros perfis de cliente.

Enfim, neste artigo, faremos uma abordagem com ênfase na multipropriedade e na copropriedade sobre bens imóveis, e os reflexos para os seus respectivos titulares. Abordaremos, ainda, com um pouco mais de profundidade, o compartilhamento de bens imóveis como meio de fruição para utilização própria de seus titulares ou como ativo imobiliário gerador de receita, ou seja, com o viés de investimento. Não teremos a pretensão de esgotar o tema, mas sim, trazer um viés objetivo e prático destes institutos no dia a dia daqueles que operam ou consomem estes produtos, tanto para uso, como para investimento.

2. O CONDOMÍNIO EM MULTIPROPRIEDADE IMOBILIÁRIA

Indo diretamente ao tema, em breves linhas e de forma bem didática, pode-se definir que "A multipropriedade imobiliária consiste na divisão do domínio em unidades de tempo, juridicamente autônomas, as quais conferem a seus respectivos titulares, alternadamente, no mínimo por sete dias ao ano, direitos exclusivos de uso e fruição da totalidade de um bem imóvel, de acordo com as regras previstas no ato de instituição e na convenção. Trata-se de direito real sobre coisa própria".[1]

No passado, o ordenamento jurídico brasileiro não contemplava regramento expresso acerca do instituto da multipropriedade sobre bens imóveis. Assim, era muito utilizado para este segmento imobiliário os tipos jurídicos adotados por empreendimentos denominados comumente como *time sharing* (*p.ex.* também em algumas situações identificados como *propriedade compartilhada, propriedade fracionada* ou até mesmo *fractional ownership*, este último mais utilizado para a multipropriedade sobre bens móveis, tais como aeronaves, embarcações etc.).

---

1. TEPEDINO, Gustavo. *Multipropriedade imobiliária*. São Paulo: Saraiva, 1993, p. 1.

Tais estruturas encontravam guarida no Decreto Federal 7.381/2010, regulamentador da Lei Federal 11.771/2008, conhecida como Política Nacional de Turismo e pela Deliberação Normativa 378 do Ministério do Turismo. Desse modo, permitia-se a utilização de determinado bem imóvel por um certo período de tempo. Ou seja, uma espécie de hospedagem no sistema de tempo compartilhado, porém baseado em avenças de natureza contratual e obrigacional, ou seja, não eram revestidas de natureza jurídica de direito real.

A Lei Federal 13.777/2018 veio satisfazer a lacuna legislativa no que se refere ao instituto da multipropriedade imobiliária. Agora, contudo, com laços respaldados em um contorno de direito real, e não mais somente em caráter meramente obrigacional.

Dita inovação legislativa conferiu a tal instituto a natureza de direito real, inclusive com a previsão de registro perante a matrícula do imóvel. Esta lei, na prática, introduziu os artigos 1.358-B a 1.358-U perante o Código Civil Brasileiro (Lei Federal 10.406/2002) bem como alterou a redação conferida ao artigo 178, inciso III da Lei de Registros Públicos (Lei Federal 6.015/1973), contemplando o direito civil brasileiro com este instituto da multipropriedade imobiliária.

Assim, normatizada de forma sistemática e sem a necessidade de interpretações e/ou utilização de institutos correlatos, a multipropriedade ganha estabilidade. Com o advento desta legislação especial e de caráter material, agora contemplada no código civil, buscou-se regrar a relação dos titulares do bem imóvel em um condomínio em multipropriedade.

Em termos efetivos, trata-se da multipropriedade periódica, onde o titular de tal direito real é proprietário do bem imóvel em condomínio com outros, por uma fração de tempo. Dentro deste modelo, o proprietário poderá, neste interim, gozar e usufruir de tal bem em sua plenitude, com exclusividade e encontrando limitação, tão somente, nos regramentos que tais proprietários vierem a estipular ou aderir previamente.

A bem da verdade, estabelece-se uma nova perspectiva, em que a múltipla detenção da propriedade sobre bens imóveis se institui por frações determinadas ou determináveis de tempo. Os proprietários, de forma alternada, exercerão com exclusividade o uso e gozo da totalidade do bem imóvel, cada qual em sua fração de tempo. O imóvel detido em propriedade é indivisível não comportando extinção condominial ou divisão e incluindo tudo que pertencer ou guarnecer referido bem destinados ao seu uso e gozo, e também, porque não, fruição.

O cerne do condomínio em multipropriedade sobre um bem imóvel reside no compartilhamento da propriedade por uma pluralidade de titulares do bem, aos quais são atribuídos a estes, respectivamente, determinados períodos de utilização correspondentes à sua respectiva fração de propriedade do dito bem no tempo. Ou seja, o objetivo é que todos, cada uma na sua vez, no seu respectivo tempo, exerçam as prerrogativas plenas sobre dito ativo.

Em suma, é o "parcelamento temporal do bem em unidades autônomas periódicas",[2] onde um mesmo bem imóvel é objeto de propriedade ou titularidade de vários detentores. Contudo, cada um tem o direito de usar, gozar ou fruir do dito bem com exclusividade, por um certo ou determinado período de tempo. Ao final deste lapso de tempo, estas prerrogativas de uso, gozo ou fruição são transferidas para o próximo proprietário e assim sucessivamente, constituindo-se em um ciclo que se renova continuamente.

A multipropriedade, via de regra, é instituída por instrumento público ou particular e registrada perante o Ofício de Registro de Imóveis competente, objetivando-se que passe a surtir efeitos de direito real bem como revestido do conceito *erga omnes*. Recomenda-se que tal instituição preveja, além do período de fração de tempo que cada proprietário deterá sobre a titularidade do bem imóvel, outros elementos que complementem e deixem mais clara a forma de utilização de tal bem condominial. Um exemplo é a identificação do bem específico, objeto e o fim a que se destina o seu uso, direitos, obrigações, custeios, vedações etc.

Neste aspecto, especificamente, a estruturação jurídica do empreendimento lastreado nesta modalidade de aquisição em multipropriedade é de suma importância, pois é ela que irá prever os mecanismos que venham a assegurar aos multiproprietários a exclusividade de utilização do bem no tempo cabível ao mesmo, assim como a viabilidade e a sustentabilidade do empreendimento em si, onde os mecanismos da vida condominial ganham relevância exponencial, seja pelo número múltiplo de proprietários, seja pela complexidade e especificidade da administração de empreendimentos desta natureza.

A utilização do bem detido em multipropriedade, poderá se dar pelos próprios titulares da fração de tempo ou de quem estes autorizarem tal uso, mas também, com o objetivo de exploração comercial, através da locação ou até mesmo hospedagem, caso a unidade esteja inserida dentro de um empreendimento desta natureza (*p.ex.* hotéis, resorts etc.).

No caso específico dos empreendimentos mais vocacionados para lazer, o formato de exploração poderá se dar mediante a destinação do bem através de pool de locação ou também de intercâmbio, onde o titular do direito destina a sua fração de tempo para ser oferecida ao mercado, e através de uma plataforma de intercâmbio.

---

2. RIZZARDO, Arnaldo. *Condomínio Edilício e Incorporação Imobiliária*. 7. ed. Rio de Janeiro: Forense, 2019, p. 63.

Esta característica permite o intercâmbio de tempo na sua localidade de origem por uma estadia em uma propriedade afiliada diferente, inclusive em outros países, fornecendo assim flexibilidade e opções aos proprietários de imóvel em tempo compartilhado.

Obviamente, que a utilização do bem imóvel detido em multipropriedade concederá ao seu titular respectivo na fração de tempo determinada, os direitos, mas também os deveres e obrigações inerentes à propriedade imobiliária. Alguns direitos são de ordem básica tais como utilização, gozo e fruição plena no período que lhe é cabível de direito, assim como a obrigação de ratear as despesas com a manutenção do bem, inclusive aquelas de natureza condominial. Mas há também outros direitos e obrigações que poderão ser criados ou acrescidos mediante disposições contempladas em convenção condominial ou no próprio ato de instituição do condomínio em multipropriedade,

Outra peculiaridade deste instituto é a previsão de que a transferência da propriedade no tempo ou sua oneração (*p.ex.* instituição de direitos reais em garantia tais como hipoteca, alienação fiduciária etc., ou de ônus judicial tal como a penhora, o arresto etc.) não depende da anuência ou aquiescência dos demais proprietários. Nestas transações não incide o instituto do direito de preferência, tal como previsto comumente no condomínio civil ou nas locações.

Enfim, é certo que o instituto da multipropriedade imobiliária veio para ficar, revelando-se um instrumento poderoso na fomentação da atividade imobiliária. A indústria do turismo e demais setores da economia podem também ser beneficiados. Tal figura jurídica objetiva potencializar a comercialização e o aproveitamento de bens imóveis os quais, se fossem de titularidade de apenas um ou poucos proprietários, muito provavelmente restariam subaproveitados em termos de uso, gozo ou fruição.

Vejam que a adoção de tal instituto não se encerra somente para a utilização de bens imóveis de uso urbano (comerciais e/ou residenciais). Ela pode ser aplicada inclusive para imóveis rurais, abrindo-se a possibilidade de formação de condomínio sobre a propriedade de imóveis desta natureza, que assegure a cada um dos proprietários, o uso e gozo exclusivo da propriedade em determinado espaço de tempo, para que cada um destes, no tempo a si reservado, empreenda sobre o imóvel a atividade econômica que lhe caiba ou melhor lhe aprouver.

Os imóveis rurais podem ter sua propriedade atribuída aos proprietários, por exemplo, de acordo com as estações do ano, sendo em determinados períodos usados para uma determinada cultura ou atividade.

Tal fomento se consolidou com o advento da Lei Federal 13.777/2018, que contemplou regramento claro e objetivo na disposição acerca do regime jurídico da multipropriedade e seu registro. Este ordenamento proporcionou o exercício efetivo da função social da propriedade, no caso, imobiliária.

Ampliou-se o alcance do imóvel ainda que com as limitações impostas pela natureza do regime condominial em multipropriedade, para utilização como uma segunda moradia ou destino de férias, com custos e despesas reduzidas ou otimizadas, sem também afastar a possibilidade de utilização do imóvel como meio de geração de receita, ou seja, como um investimento.

3. A VENDA FRACIONADA DE PROPRIEDADES IMOBILIÁRIAS

Esta figura jurídica, apesar de trazer um conceito aparentemente similar ao do condomínio em multipropriedade, com alguns pontos de convergência, não se confunde com tal instituto. O condomínio em multipropriedade está fundamentado no conceito de propriedade plena de um titular sobre um bem imóvel no tempo, com regulação pela Lei Federal 13.777/2018 que introduziu capítulo específico no Código Civil acerca da multipropriedade imobiliária. Já a venda fracionada de um imóvel está amparada basicamente nos ditames do condomínio civil regulado pelo Artigo 1.314 e ss. do Código Civil Brasileiro.

Nesta modalidade jurídica, as unidades imobiliárias são comercializadas e, portanto, adquiridas de forma fracionada por diferentes adquirentes, que delas se tornam titulares em condomínio civil *pro indiviso*. Desta feita não se estabelece a divisão da unidade em si, mas sim, a venda fracionada da unidade autônoma que se mantém una. Este condomínio civil que se forma em cada unidade não se revela em si uma multipropriedade, porque a divisão não está atrelada a tempo de uso.

Na copropriedade, existem múltiplos proprietários que vão dividir rendimento que aquela unidade proporciona em uma exploração comercial do ativo imobiliário. Ou seja, em um ativo imobiliário comercializado de forma fracionada, o coadquirente não busca essencialmente ser dono da unidade imobiliária, mas sim, ter o rendimento que este ativo possa vir a lhe proporcionar.

A venda fracionada de propriedades imobiliárias geralmente está atrelada a um conceito de contrato de investimento coletivo. Não se trata, portanto, de uma simples aquisição de imóvel por duas ou mais pessoas, sejam estas físicas ou jurídicas, as quais detém a propriedade e, portanto, o uso, gozo ou fruição em uma relação condominial civil sobre referido bem. Pelo contrário, ela é mais complexa do que isto, pois traz em sua conceituação, uma forma alternativa para alcançar um maior número de clientes adquirentes, geralmente, quase sempre, com viés de investimento.

Aliás, por se tratar de um produto imobiliário com forte viés de investimento, uma das suas principais características é a vedação ao adquirente do uso do imóvel, conferindo-lhe, todavia, direito aos rendimentos que dito bem vier a proporcionar. Vejam que pela sua natureza de investimento, esta modalidade de aquisição é mais afeita a produtos imobiliários tais como hotéis, edifícios de escritórios ou consultórios (*p.ex.* medical centers), centros comerciais etc.

Nestes produtos se viabiliza a aquisição de fração ou quota de imóvel por potenciais investidores, de forma pulverizada, e concedendo a possibilidade de retorno deste investimento, na proporção da fração detida por tal coadquirente sobre aquele determinado ativo imobiliário.

Na atualidade, o produto imobiliário que tem mais atraído esta modalidade de aquisição ou investimento são aqueles com atuação econômica no ramo hoteleiro ou até mesmo de prédios – residenciais ou comerciais – vocacionados para a locação.

E em razão desta natureza de aquisição de ativo imobiliário para fins de investimento objetivando retorno financeiro é que a oferta desta modalidade de produto deverá passar por processo de registro de oferta pública perante a Comissão de Valores Mobiliários (CVM). É importante restar claro que a comercialização fracionada de unidades onde se busca no mercado um número maior de investidores atraídos pela rentabilidade decorrente da exploração do imóvel é que confere esta exigência do registro de oferta pública perante o referido órgão regulador. Ou seja, se atrelar essa oferta à obtenção de rendimento para o adquirente, a depender do foco dado na publicidade e na abordagem inerente à comercialização do produto, é que se definirá a necessidade de tramitação do registro perante a CVM.

Cumpre destacar que em tal processo, além do requerimento de registro propriamente dito, deverá o mesmo ser acompanhado de uma série de documentos e dados como laudo de análise de mercado, memorial de incorporação, registro da incorporação imobiliária, convenção de condomínio, Quadros da NBR 12.721, contrato com a administradora da exploração, prestação de serviços de administração condominial, entre outros, para que o pretendente à aquisição tenha acesso a toda a gama de informações que possam influenciar ou esclarecer a sua aquisição.

Na prática, este produto imobiliário por geralmente restar atrelado à renda, ou seja, por não se tratar, digamos, de um produto imobiliário puro, necessita ser explorado por uma operadora ou administradora, e o investidor adquirente não possui direito a uso ou gozo do imóvel, mas tão somente ao que a operação do empreendimento vier auferir e distribuir em termos de resultado.

Enfim, esta modalidade de venda fracionada de propriedades imobiliárias especialmente aquelas voltadas para geração de receita, vem tomando corpo nos últimos anos, sendo muito adotada para a promoção e o desenvolvimento de empreendimentos vocacionados para a exploração comercial.

4. A MULTIPROPRIEDADE E A COPROPRIEDADE IMOBILIÁRIA COMO MEIOS DE FRUIÇÃO PARA UTILIZAÇÃO PRÓPRIA OU COMO INVESTIMENTO FINANCEIRO

Nos tópicos acima, buscamos de uma forma bem objetiva e com a pretensão de ser didática, expormos as duas modalidades mais usualmente adotadas atualmente no mercado no que se refere à detenção conjunta da propriedade sobre bens imóveis.

Mas na prática, o que isto resulta ou provoca no mercado imobiliário como um todo?

Certamente, nos parece que tal formato de aquisição se revela em um mecanismo fomentador do mercado de imóveis, senão vejamos.

A adoção da multipropriedade na aquisição de imóveis como meio de utilização para uso próprio ou como investimento objetivando retorno financeiro, vem ganhando força dia após dia. Hoje, em termos de Brasil, existem diversos empreendimentos imobiliários já em operação há muitos anos, assim como outros em construção ou em etapa de lançamento que só reforçam esta afirmativa, especialmente aqueles destinados à lazer, férias ou até mesmo como segunda moradia. Eles também estão mais localizados em áreas com forte potencial turístico, tais como praias, cidades serranas ou com vocação para termas, por exemplo.

Tal incremento desta natureza de produto imobiliário também restou consolidada com o advento da Lei Federal 13.777/2018, que trouxe para dentro do Código Civil Brasileiro todo um capítulo exclusivamente para tratar desta modalidade de aquisição de imóvel no tempo. E esta inovação jurídica legislativa veio dar a segurança e o respaldo jurídico que tal instituto clamava, eis que até então, as avenças inerentes à propriedade estavam apenas calcadas em ordenamentos de cunho obrigacional. Sem a robustez e solidez de natureza de direito real que tal legislação conferiu ao modelo de aquisição imobiliária em questão.

Mas o instituto da propriedade não se resume tão somente para utilização como segunda moradia ou como destino de férias. Ele também se aplica para aqueles que buscam a fruição do bem imóvel compartilhado, objetivando um rendimento, ou seja, um retorno financeiro. Dita fruição poderá se dar, tão somente, através da disponibilização do bem para locação ou hospedagem, ou seja, mediante decisão do próprio proprietário, liberando a sua fração de tempo para que o referido bem seja ocupado por terceiro que lhe pagará por conta desta utilização, ou também, no seu nascedouro, como um ativo imobiliário gerador de receita, ou seja, com o viés de investimento puro.

Nestes casos, o oferecimento de tal modalidade dependerá do registro prévio da oferta pública perante a CVM, eis que objetiva ao público em geral o conhecimento ou acesso ao conjunto de regras que visam proteger e informar o adquirente a respeito das características do produto imobiliário que está adquirindo.

Já a copropriedade imobiliária, salvo raras exceções, nasce em empreendimentos que são formatados neste modelo de detenção conjunta da titularidade sobre bens imóveis com o intuito de exploração do bem imóvel como investimento mesmo. Não se fundamenta mais na propriedade de uma fração no tempo, mas sim, de um condomínio civil onde dois ou mais titulares do bem o detêm de forma conjunta, sendo que o mesmo será destinado a exploração com o objetivo de retorno do investimento realizado.

Atualmente, diversos empreendimentos imobiliários estão sendo concebidos neste formato, com a venda fracionada das unidades que o compõem, com vinculação das frações ideais a contrato de investimento coletivo. Os empreendimentos com exploração no segmento hoteleiro ou de locações, comerciais ou residenciais, são os que mais atraem esta modalidade de aquisição conjunta da propriedade imobiliária.

Estes empreendimentos conseguem atingir um número maior de clientes investidores, ofertando a possibilidade de aquisição de uma parte do imóvel vocacionado para exploração comercial, com o retorno igualmente compatível com tal investimento. Assim é possível popularizar a aquisição de imóvel com finalidade de renda, eis que propicia que mais pessoas tenham acesso a esta modalidade de investimento lastreada em um ativo imobiliário gerador de receita.

Na realidade, esta aquisição pulverizada no que concerne à propriedade oportuniza que mais pessoas consigam investir em um imóvel (no presente caso, uma parcela deste).

Na prática, na maior parte das situações, resulta em um ticket de aquisição mais palatável para o cliente adquirente, assim como também, via de regra, melhora a viabilidade econômico financeira do empreendedor que levará tal produto imobiliário ao mercado. E da mesma forma, se o produto for levado a mercado com este viés, obrigatoriamente também terá que passar pelo crivo da CVM, mediante o pertinente registro de oferta pública, tal como anteriormente retratado.

Por fim, ao abordarmos a copropriedade imobiliária como meio de fruição de um bem imóvel como investimento financeiro, não poderíamos também de mencionar a figura da *tokenização* de bens imóveis, que ainda é nova no Brasil, mas tem crescido rapidamente através de diversas startups no setor.

Mas em que consiste o instituto da *tokenização* imobiliária?

Em suma, a *tokenização* de bens em geral como bens móveis, artigos de luxo, obras de arte, e até um bem imóvel, importa em transformar o ativo em NFT que é a abreviatura de *Non Fungible Token* que em tradução direta significa *Token não Fungível*. Esse NFT representa um token conectado a tecnologia *blockchain*[3] e criptografado vinculado a um ativo tangível ou intangível. No presente caso em que estamos abordando sobre propriedade imobiliária, um bem imóvel, portanto, um bem tangível.

Mas como se *tokeniza* um imóvel?

Bom, o primeiro passo será a análise e aprovação da *tokenização* por parte do interessado, que pode ser o empreendedor imobiliário e da empresa *tokenizadora*. Cria-se os *smart contracs*[4] e o token criptográfico que representa o imóvel, sendo o mesmo dividido em partes, justamente para aumentar a atratividade no mercado e forma pulverizada de comercialização deste ativo.

Os tokens e o *smart contract* serão negociados no mercado através da tecnologia blockchain, utilizando-se para tais operações alguma criptomoeda. Ao final da operação a blockchain executa os *smart contracts* e entrega para cada adquirente os tokens adquiridos e os valores para o emissor do token, sendo que, todas as transações são feitas de forma digital e controladas, pois todos os computadores da blockchain testam a integridade do emissor do token, garantindo a segurança do processo.

A grosso modo, o ativo imobiliário *tokenizado* não é fracionado diretamente e levado a mercado para aquisição direta a seus pretendentes, eis que o bem imóvel permanece de titularidade de um ente, mas ele é fracionado através dos tokens, que somados representam o imóvel como um todo. E é neste formato, agora não mais direto, que se opera a copropriedade, ou seja, não mais através da titularidade direta sobre o referido ativo, mas sim, através de um token que representa e consolida nele esta copropriedade sobre o dito bem.

Este formato pulverizado na copropriedade mediante à *tokenização* do ativo, não divide a propriedade direta sobre bem imóvel em si. A divisão é feita através

---

3. Tecnologia na qual a informação é transferida em blocos sequenciais de dados que formam uma corrente praticamente impossível de ser corrompida, conferindo segurança às informações e consequentemente as transações operadas através desta tecnologia.
4. Os *smart contracts* são contratos digitais autoexecutáveis que usam a tecnologia para garantir que os acordos firmados serão cumpridos. Em outras palavras, podemos entender esses contratos inteligentes como códigos de programação que definem as regras estritas e as consequências – da mesma forma que um documento tradicional, estabelecendo obrigações, benefícios e penalidades devidas às partes em diferentes circunstâncias. A diferença de um contrato tradicional é que *smart contract* é digital, não pode ser perdido ou adulterado e é autoexecutável. Ou seja, ele garante a segurança da execução do acordo, usando, para isso, a tecnologia *blockchain*.

dos diversos tokens emitidos e negociados, que na sua totalidade representam o imóvel como um todo. O modelo propicia a democratização do mercado imobiliário e torna possível a compra de um imóvel de alto valor, por exemplo, por um preço que cabe no bolso do interessado, uma vez que se o cliente não tem condições de adquirir o imóvel como um todo, poderá adquirir parte deste e usufruir dos ganhos que a exploração deste bem vier a gerar na mesma proporção detida.

E o que é ainda mais promissor na *tokenização* imobiliária é a possibilidade do adquirente de um imóvel *tokenizado* vir a ser proprietário de uma parte do bem e utilizar o bem para uso próprio, remunerando os detentores dos demais tokens naquela parcela que ele não os detém. Daí temos a figura da mesclada de propriedade sobre uma parcela do imóvel (representada pelos tokens detidos pelo usuário do bem) e de remuneração aos detentores dos demais tokens emitidos e que formam o ativo imobiliário como um todo.

5. CONSIDERAÇÕES FINAIS

Enfim, almejamos com este artigo dar uma breve abordagem acerca do instituto da multipropriedade assim como da copropriedade na aquisição fracionada de propriedades imobiliárias, buscando retratar de forma bem objetiva, as peculiaridades e características de cada um destes modos de aquisição conjunta da propriedade sobre bens imóveis, com as características de cada um em relação à sua estrutura assim como do modo de utilização ou fruição e tudo o que mais deriva deste.

A multipropriedade imobiliária, outrora baseada em avenças apenas de natureza obrigacional, ganhou posição de destaque na legislação civil brasileira, inclusive com capitulo específico para tratar de tal instituto no Código Civil vigente. Assim, ganhou status de direito real sobre bens imóveis, este não mais baseado na propriedade plena e absoluta de tal bem sobre todo o tempo, mas sim, tão somente sobre uma fração de tempo. Com base neste conceito e estrutura, se abriu toda uma gama de produtos imobiliários destinados à utilização como segunda moradia, ou como destino de lazer ou férias, mas também, com a possibilidade de se auferir receita, uma vez que sejam disponibilizados para locação ou hospedagem, sendo assim, um investimento onde se busca um retorno financeiro.

De outro lado, a aquisição fracionada de propriedades imobiliárias, nasce da necessidade do mercado em oferecer ao público consumidor em geral, um produto de investimento lastreado na exploração do imóvel e a figura deste como gerador de receita. A pretensão não é de ser proprietário do bem (apesar de sê-lo em relação a fração ou quota deste), mas sim, de uma posição na titularidade deste bem imóvel que confira ao seu coproprietário a rentabilidade que este bem possa lhe proporcionar com a sua exploração, sempre respeitando a proporcionalidade detida.

Neste cenário, surge de uma forma disruptiva, a figura da *tokenização* imobiliária, que veio aquecer ainda mais o setor, já que imóveis novos ou subutilizados ganham novas utilidades e geram receita aos donos, resultado de uma evidente cultura de inovação de negócios, onde todo o processo é desburocratizado, seguro e ágil e sem a necessidade de intermediários.

Importante, ao fim e ao cabo, ressaltar que a aquisição de frações de imóveis, seja no formato de multipropriedade ou de copropriedade, o que vai definir se o mesmo deverá passar pela etapa de registro de oferta pública perante a CVM é a forma de como ele será oferecido ao mercado. Se for com o viés de investimento objetivando retorno financeiro, certamente deverá ser submetido à esta etapa perante o referido órgão regulador.

REFERÊNCIAS

RIZZARDO, Arnaldo. *Condomínio Edilício e Incorporação Imobiliária*. 7. ed. Rio de Janeiro: Forense, 2019.

TEPEDINO, Gustavo. *Multipropriedade imobiliária*. São Paulo: Saraiva, 1993.

O REGISTRO DO MEMORIAL DE INCORPORAÇÃO FRENTE ÀS RECENTES ALTERAÇÕES LEGISLATIVAS

Marcio Romano

Notário há 25 anos, exercendo hoje a função de tabelião substituto do 10 ofício de notas da Capital do Rio de Janeiro. Diretor de Operações do Grupo Romano, que atua assessorando incorporadoras em todas as fases de uma incorporação imobiliária.

E-mail: marcioromano@grupo-romano.com.

Sumário: 1. Memorial de incorporação – 2. O regime especial de afetação patrimonial de uma incorporação.

1. MEMORIAL DE INCORPORAÇÃO

O *memorial de incorporação* é o documento que assegura a regularidade jurídica de um empreendimento imobiliário, que, somente a partir de seu registro no competente cartório de Registro de Imóveis, suas unidades autônomas em construção podem ser alienadas ou oneradas.

Existem três modalidade de incorporação imobiliária.

1 – Por conta e risco do incorporador:

Nessa modalidade, o incorporador compromete-se a construir ou terceirizar a construção, sob sua responsabilidade. As vendas podem ocorrer na planta, durante a obra ou após sua conclusão. Descrita no artigo 55 da Lei 4.591/64 essa modalidade também é conhecida como "construção a preço fechado".

2 – Por empreitada:

Na incorporação por empreitada é contratado um construtor (empreiteiro) sob um preço que pode ser fixo ou sofrer reajustes, mas que deve obedecer aos limites (que envolvem os padrões exigidos e os lapsos temporais) decorrentes da Lei 4.591/64.

3 – Por administração:

Essa modalidade também é conhecida como "a preço de custo", na qual o condomínio é obrigado a custear a obra, havendo, assim, a transferência dos riscos para os compradores das unidades. Essa modalidade consiste no grupo de proprietários do terreno contratarem uma construtora/empreiteira e custearem a obra, pagando a ela uma taxa de administração.

Os empreendimentos podem ser edifícios verticais em um único bloco ou mais de um, condomínios horizontais, ou ainda, condomínio de lotes; podendo ainda serem faseados ou registrado em um único ato, a critério do incorporador.

O memorial é – *sem dúvida* – a peça onde se encontra os detalhes de todas as ações tomadas e a serem ainda feitas em uma obra ou construção. Em outras palavras, é peça fundamental na hora de adquirir ou vender um imóvel em construção. Ele é composto por duas pastas de documentos essenciais, as quais, após o registro, o cartório fica com uma via (chamada pasta original), devolvendo ao incorporador a outra (chamada de pasta cópia), com todas as suas páginas numeradas e carimbadas pelo Oficial Registrador.

A Lei 4.591/64, conhecida como a Lei dos Condomínios, foi a primeira lei criada com o objetivo de dar regras à convivência nos condomínios. Ela aborda inúmeros aspectos cruciais relacionados à vida condominial, como o uso da edificação, direito de propriedade, definição de áreas comuns e áreas privativas, regras para convocação e realização das assembleias condominiais, detalhes sobre receitas e despesas do condomínio, dentre outros aspectos.

De acordo os seus artigos 29 e 30, "entende-se por incorporador, a pessoa física ou jurídica, comerciante ou não, que embora não efetuando a construção, compromisse ou efetive a venda de frações ideais de terreno objetivando a vinculação de tais frações a unidades autônomas, em edificações a serem construídas ou em construção sob regime condominial, ou que meramente aceite propostas para efetivação de tais transações, coordenando e levando a termo a incorporação e responsabilizando-se, conforme o caso, pela entrega, a certo prazo, preço e determinadas condições, das obras concluídas, estendendo-se a condição de incorporador aos proprietários e titulares de direitos aquisitivos que contratem a construção de edifícios que se destinem a constituição em condomínio, sempre que iniciarem as alienações antes da conclusão das obras".

As pastas que compões um memorial de incorporação devem – *necessariamente* – conter todos os documentos elencados no artigo 32, que estabelece que o incorporador somente poderá alienar ou onerar as frações ideais de terrenos e acessões que corresponderão às futuras unidades autônomas após o registro, no cartório Registro de Imóveis competente, do memorial de incorporação, composto pelos documentos listados nas 14 alíneas abaixo, que, hoje, considerando as alterações da Lei 4.591/64, são:

a) título de propriedade de terreno, ou de promessa, irrevogável e irretratável, de compra e venda ou de cessão de direitos ou de permuta do qual conste cláusula de imissão na posse do imóvel, não haja estipulações impeditivas de sua alienação em frações ideais e inclua consentimento para demolição e construção, devidamente registrado;

É o título aquisitivo do terreno que deve constar na alínea "a", independente de qual seja. Pode ser uma escritura, uma carta de adjudicação, uma partilha, uma arrematação, investidura, enfim, qualquer outro documento translativo de direito ou propriedade comprovando a transmissão de titularidade do imóvel em favor do atual proprietário.

b) certidões negativas de impostos federais, estaduais e municipais, de protesto de títulos de ações cíveis e criminais e de ônus reais relativas ao imóvel, aos alienantes do terreno e ao incorporador;

Na alínea "b" devem constar todas as certidões de feitos ajuizados de ações cíveis, de direitos reais, criminais, de interdições e tutelas, de falências e concordatas, fiscais em relação ao proprietário, ao incorporador, seus sócios e diretores e também ao imóvel. Dependendo da Comarca, e considerando a informatização de dados, boa parte das certidões podem ser centralizadas em poucos órgãos. Importante constar as certidões das respectivas PGE, PGM, de ISS, ICMS, de Tributos Federais. Igualmente importante ressaltar que, na hipótese de existir apontamentos em alguma certidão, deve ser apresentado ao Oficial Registrador uma declaração do incorporador, bem como da pessoa, física ou jurídica, cujo apontamento existe, afirmando possuir patrimônio suficiente que garanta a boa liquidação de eventuais dívidas, responsabilizando-se por quaisquer ônus por ventura daí advindos, e, ainda, declarando que os apontamentos não representam riscos para os futuros adquirentes das unidades autônomas.

c) histórico dos títulos de propriedade do imóvel, abrangendo os últimos 20 (vinte) anos, acompanhado de certidão dos respectivos registros;

Na alínea "c" devemos anexar – além da certidão vintenária do RGI – uma declaração apontando todo o histórico de sucessões e transferências de direitos reais e titularidades do imóvel nos últimos 20 (anos).

d) projeto de construção devidamente aprovado pelas autoridades competentes;

Na alínea "d" devemos anexar todas as plantas do projeto arquitetônico aprovado e suas eventuais alterações, devidamente assinadas pelo arquiteto responsável pelo projeto, acompanhado da(s) respectiva(s) licença(s) de obras, bem como do documento de Anotação de Responsabilidade Técnica do arquiteto, devidamente quitada. Se for o caso de projeto aprovado em dois ou mais imóveis contíguos, é necessário anexar o respectivo projeto de remembramento/unificação com a certidão expedida pela Secretaria competente da Prefeitura local e a planta do remembramento/unificação para registro/averbação na(s) matrícula(s). De igual forma, em havendo doação de recuo, doação de lote destinado a escola e/ou equipamento urbano, ou até mesmo investidura, esses títulos também deverão ser registrados/averbados antes ou concomitantemente ao registro do remembramento/unificação e do memorial de incorporação.

e) cálculo das áreas das edificações, discriminando, além da global, a das partes comuns, e indicando, para cada tipo de unidade a respectiva metragem de área construída;

> Na alínea "e" devemos anexar os quadros I, II, IV-A, IV-B e o quadro V da Norma Brasileira ABN NBR 12721 (Avaliação de custos unitários de construção para incorporação imobiliária e outras disposições para condomínios edilícios, elaborada por profissional legalmente habilitado). A NBR127221 possui um detalhamento do empreendimento a ser construído com cálculos e números divididos em 08 (oito) quadros. Deve ser apresentado e anexado aos quadros da NBR 12721 a respectiva Anotação de Responsabilidade Técnica, devidamente quitada, em nome do engenheiro que os elaborou. *Todos* os quadros, sem exceção, devem estar assinados pelo proprietário, pelo incorporador e pelo engenheiro que os elaborou.

f) certidão negativa de débito para com a Previdência Social, quando o titular de direitos sobre o terreno for responsável pela arrecadação das respectivas contribuições;

> Na alínea "f" deve ser anexada somente a Certidão de Tributos e Contribuições Federais e da Dívida Ativa da União expedidas para os nomes do proprietário, do incorporador, seus sócios e diretores.

g) memorial descritivo das especificações da obra projetada, segundo modelo a que se refere o inciso IV, do art. 53, da mesa Lei;

> Na alínea "g" devemos anexar os quadros VI, VII e VIII da Norma Brasileira ABN NBR 12721 antes mencionada. Importante lembrar que *todos* os quadros deverão estar assinados pelo proprietário, pelo incorporador e pelo profissional legalmente habilitado que os elaborou.

h) avaliação do custo global da obra, atualizada à data do arquivamento, calculada de acordo com a norma do inciso III, do art. 53 com base nos custos unitários referidos no art. 54, discriminando-se, também, o custo de construção de cada unidade, devidamente autenticada pelo profissional responsável pela obra;

> Na alínea "h" devemos anexar o quadro III da Norma Brasileira ABN NBR 12721 antes mencionada. Importante lembrar que *todos* os quadros deverão estar assinados pelo proprietário, pelo incorporador e pelo profissional legalmente habilitado que os elaborou.

i) instrumento de divisão do terreno em frações ideais autônomas que contenham a sua discriminação e a descrição, a caracterização e a destinação das futuras unidades e partes comuns que a elas acederão;

> Na alínea "i" devemos anexar uma declaração especificando o empreendimento como um todo, de forma coerente com o projeto aprovado e com os quadros da NBR 12721, bem como as especificações das frações ideais de cada uma das unidades autônomas, seus assessórios como vagas de garagem, boxes, áreas de uso comum mas de direito exclusivo.

j) minuta de convenção de condomínio que disciplinará o uso das futuras unidades e partes comuns do conjunto imobiliário;

> Na alínea "j" devemos anexar a Minuta de Convenção de Condomínio do empreendimento, onde deverão estar estabelecidas as normas mais gerais da estrutura organizacional e de

funcionamento do edifício ou conjunto de edificações, descritas, de forma completa, todas as áreas do condomínio, o que auxilia futuros moradores. O regimento interno do Condominio é o instrumento que diz respeito aos acordos e as condutas que os condôminos, bem como os visitantes, devem ter dentro dos espaços do condomínio.

l) declaração em que se defina a parcela do preço de que trata o inciso II, do art. 39 da mesma Lei;

Na alínea "l" devemos anexar uma declaração estabelecendo se o pagamento do preço do terreno ocorreu totalmente em moeda corrente nacional ou se existe a quota-parte da área das unidades a serem entregues em pagamento do terreno que corresponderá a cada uma das futuras unidades autônomas, a qual deverá ser expressa em metros quadrados (m²). Deverá constar, também, de todos os documentos de ajuste, se o alienante do terreno ficou ou não sujeito a qualquer prestação ou encargo.

m) certidão do instrumento público de mandato, referido no § 1º do artigo 31 da mesma Lei;

Na alínea "m" devemos anexar declaração que especifique se o incorporador é o próprio titular e proprietário do terreno ou se a incorporação é celebrada através de mandato a ele outorgado, pelo proprietário. No caso da incorporação ser firmada através de mandato, deverá ser anexado o referido instrumento público de procuração outorgado pelo proprietário, o promitente comprador e cessionário deste ou o promitente cessionário, devendo a procuração fazer menção expressa da Lei 4.591/64 devendo estar transcrito o disposto no § 4º, do art. 35, para concluir todos os negócios tendentes à alienação das frações ideais de terreno, mas se obrigará pessoalmente pelos atos que praticar na qualidade de incorporador.

n) declaração expressa em que se fixe, se houver, o prazo de carência (art. 34 da mesma Lei);

Na alínea "n" devemos anexar uma declaração fixando o prazo de carência da incorporação. O prazo de carência de uma incorporação é aquele definido pelo incorporador, dentro do qual lhe é permitido desistir de levar adiante com a construção do empreendimento. Em caso algum poderá o prazo de carência ultrapassar o termo final do prazo da validade do registro ou, se for o caso, de sua revalidação. Em havendo a desistência da incorporação, esta deverá ser denunciada pelo incorporador, mediante requerimento próprio ao Cartório de Registro de Imóveis competente, acompanhada de declaração de que nenhuma unidade autônoma foi comercializada ou então de ciência e anuência de eventuais adquirentes, conforme for o caso.

o) (atestado de idoneidade financeira expedido por instituição nacional) – (revogada);

De acordo com a Lei 14.382, de 2022, *esta alínea foi revogada*, não necessitando mais o incorporador apresentar atestado de idoneidade financeira.

p) declaração, acompanhada de plantas elucidativas, sobre o número de veículos que a garagem comporta e os locais destinados à guarda dos mesmos;

Na alínea "p" devemos anexar os croquis das vagas de garagem, em todos os pavimentos destinados a estacionamento. Os croquis também deverão estar assinados pelo proprietário e pelo incorporador. Além dos croquis, devemos anexar uma declaração bem detalhada de quantas vagas existem, a quantidade em cada pavimento, se existem vagas cobertas e descobertas, suas numerações e nomenclaturas administrativas, se for o caso. Essa, talvez, seja a alínea que mais exija detalhes, em virtude das Prefeituras locais. Dependendo de cada Comarca, as vagas podem ou não serem duplas, suas medidas lineares mínimas podem variar de acordo com cada Cidade, podem existir vagas através de equipamentos duplicadores, enfim, existem diversas formas de contabilizar vagas de garagem e os espaços destinados a parqueamento. Na declaração dessa alínea também deve estar consignada a disposição do uso de cada vaga, se serão vinculadas às unidades autônomas ou se serão área comum mediante uso a ser destinado em convenção de condomínio, ou, ainda, se também serão unidades autônomas com frações ideais e matrículas próprias. Esta, talvez, seja a alínea que requeira mais atenção, tanto do incorporador, como do Oficial Registrador no momento da análise dos documentos.

2. O REGIME ESPECIAL DE AFETAÇÃO PATRIMONIAL DE UMA INCORPORAÇÃO

Uma ferramenta muito utilizada atualmente é a adoção do regime de *afetação patrimonial* à incorporação. Em 2004, através da Lei 10.931, o Governo Federal instituiu esse regime especial de tributação aplicável às incorporações imobiliárias, enquanto existirem direitos de crédito ou obrigações do incorporador junto aos adquirentes dos imóveis que compõem a incorporação.

Para isso é preciso apresentar uma série de documentos à Receita Federal, bem como peticionar ao oficial do cartório de Imóveis a averbação de patrimônio de afetação (afetação do terreno e das acessões objeto da incorporação imobiliária, conforme disposto nos arts. 31-A a 31-E da Lei 4.591/64. Nesse caso, o terreno e as acessões objeto da incorporação imobiliária, bem como os demais bens e direitos a ela vinculados, não responderão por dívidas ou obrigações da incorporadora relativa ao IRPJ, à CSLL, à COFINS e a PIS/PASEP, exceto aquelas calculadas na forma do art. 4º sobre as receitas auferidas no âmbito da respectiva incorporação.

O interessante, tributariamente falando, é que para cada incorporação submetida ao regime especial da afetação patrimonial, a incorporadora ficará sujeita ao pagamento equivalente a 4% (quatro por cento) da receita mensal recebida, o qual corresponderá ao pagamento mensal unificado do IRPJ, CSLL, COFINS e PIS/PASEP.

O regime especial da tributação será aplicado até o recebimento integral do valor das vendas de todas as unidades que compõem o memorial de incorporação registrado, independentemente da data de sua comercialização, e, no caso de contratos de construção, até o recebimento integral do valor do respectivo contrato.

O patrimônio de afetação não se comunica com os demais bens, direitos e obrigações do patrimônio geral do incorporador ou de outros patrimônios de afetação por ele constituídos e só responde por dívidas e obrigações vinculadas à incorporação respectiva. Os bens e direitos integrantes do patrimônio de afetação somente poderão ser objeto de garantia real em operação de crédito cujo produto seja integralmente destinado à consecução da edificação correspondente e à entrega das unidades imobiliárias. Os recursos financeiros integrantes do patrimônio de afetação serão utilizados para pagamento ou reembolso das despesas inerentes à incorporação. As quotas de construção correspondentes a acessões vinculadas a frações ideais serão pagas pelo incorporador até que a responsabilidade pela sua construção tenha sido assumida por terceiros, nos termos da parte final do § 6º do art. 35.

Excluem-se do patrimônio de afetação:

I – os recursos financeiros que excederem a importância necessária à conclusão da obra (art. 44), considerando-se os valores a receber até sua conclusão e, bem assim, os recursos necessários à quitação de financiamento para a construção, se houver; e

II – o valor referente ao preço de alienação da fração ideal de terreno de cada unidade vendida, no caso de incorporação em que a construção seja contratada sob o regime por empreitada (art. 55) ou por administração (art. 58)

O patrimônio de afetação extinguir-se-á pela:

I – averbação da construção, registro dos títulos de domínio ou de direito de aquisição em nome dos respectivos adquirentes e, quando for o caso, extinção das obrigações do incorporador perante a instituição financiadora do empreendimento;

II – revogação em razão de denúncia da incorporação, depois de restituídas aos adquirentes as quantias por eles pagas (art. 36), ou de outras hipóteses previstas em lei; e

III – liquidação deliberada pela assembleia geral nos termos do art. 31-F, § 1º. renoeacessõesobjetodaincorporaçãoimobiliária,bemcomoosdemaisbensedireitosaelavinculados,nãoresponderãopordívidastributáriasdaincorporadorarelativasaoIRPJ,àCSLL,àCOFINSeàPIS/PASEP,excetoaquelascalculadasnaformadoart.4ºsobreasreceitasauferidasnoâmbitodarespectivaincorporação

.